聘任制下高校教职工权益保障体系研究与实践

赵凤琴　主　编

北京工业大学出版社

图书在版编目（CIP）数据

聘任制下高校教职工权益保障体系研究与实践／赵凤琴主编．
—北京：北京工业大学出版社，2013．1
ISBN 978－7－5639－3398－3

Ⅰ．①聘…　Ⅱ．①赵…　Ⅲ．①高等学校—教师—权益保护—保障体系—研究　Ⅳ．①D922．16

中国版本图书馆 CIP 数据核字（2012）第 316932 号

聘任制下高校教职工权益保障体系研究与实践

主　　编：赵凤琴
责任编辑：李　华
封面设计：何　强
出版发行：北京工业大学出版社
（北京市朝阳区平乐园 100 号　100124）
010－67391722（传真）bgdcbs@sina.com
出 版 人：郝　勇
经销单位：全国各地新华书店
承印单位：徐水宏远印刷有限公司
开　　本：787 mm×960 mm　1/16
印　　张：17．25
字　　数：270 千字
版　　次：2013 年 1 月第 1 版
印　　次：2013 年 1 月第 1 次印刷
标准书号：ISBN 978－7－5639－3398－3
定　　价：35．00 元

编　委　会

顾　问：何劲松　张青山　史利国

主　编：赵凤琴

编　委：（以姓氏笔画为序）

王　玲　冯世勇　冯爱玲　李越苹

朱　静　许春燕　杨文锋　张　英

余　立　陈太栋　赵凤琴　郭冠伟

靳万民　韩莹莹　董　静　解进强

序　言

党的十八大指出，要实施创新驱动发展战略。强调科技创新是提高社会生产力和综合国力的战略支撑，必须摆在国家发展全局的核心位置。高校教职工是实施创新驱动发展战略和人才强国战略的重要力量。

世界技术革命激烈竞争的形势，社会主义现代化建设的过程以及由此引起的教育自身的改革和发展都日益显示出教师的重要作用和地位。高校教师队伍的整体素质如何，关系着我国教育事业的兴衰成败，也关系着我国现代化建设事业的成败。高等教育担负着培养高级专门人才、繁荣和发展科学技术和文化、提高全民族思想道德素质和科学文化水平的任务，在我国社会主义现代化建设中发挥着极为重要的作用。高校教师作为高等教育的一个重要主体，无疑起着至关重要的作用。

实施教师聘任制是高校教师管理制度上的一项重大改革，它既是教育适应社会主义市场经济发展的需要，也是教育适应教育改革自身的需要。教师聘任制建立的最终目的是提高教师地位，改善教师待遇，在此基础上促进人才的成长和师资队伍建设，促进学科的发展，促进学校整体办学水平的提高。

目前，从总体上说，我国现有法律法规所确立的有关教师权益保障的制度和措施，在保障教师权益方面确实发挥了极其重要的作用，但也存在一些不足和缺失，如对教师作为专业人员的法定权益和地位缺乏明确的法律规定，高校教师权益保障机制亟待完善。随着高校人事制度改革的全面实施，高校劳动关系、利益关系的市场化、契约化初见端倪，教职工下岗待岗、劳动争议矛盾等新问题也相继出现。高校教职工的任用方式，将逐渐从传统的任命制向聘任制转变。如何在劳动关系矛盾中切实维护教职工的合法权益，使聘任制的终极目的得以实现，成为摆在社会面前一个必须回答的问题。如何在聘任制下依法保护教职工的合法权益，充分调动教职工的积极性，就成为教育管理的重要内容和教育法制建设的重要任务，同时也需要社会各部门的全力配合。明确教职工的合法权益，有利于教师聘任制的实行，从而促进高校管理体制改革的顺利进行；构建完善的高校教职工权益保障体系，对于高校教职工、高校以及国家经济社会的发展都有着重大的作用。

北京物资学院课题组在北京市教委、北京市教育工会和部分高校同行支持下，在如何构建聘任制下高校教职工权益保障体系方面做了卓有成效的研究，对完善高校教师聘任制下权益保障的立法保障、行政保障、司法保障的多元机制；完善法律和高等教育相关制度；规范聘教职工聘任行为；加强校工会的维权力度，完善高校工会和教职工代表大会参与民主管理的操作机制；强化民主管理机制，实施合理的考评与激励机制；强化契约在高校教职工权益保障机制中的作用；完善高校的规章制度，建立健全高校教师权益申诉救济制度；完善教职工社会保障体系方面所做的探索，值得肯定和倡导。也希望他们能以此为起点，在新的研究领域中作出进一步的贡献。

北京市教委副主任 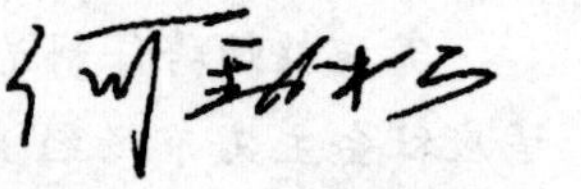

2012 年 11 月

目 录

第一章　高校教师聘任制改革问题研究[1]

摘要：本章以我国高校人事制度改革为大背景，从历史演进的视角分析我国高校教师聘任制的过去、现状和未来，通过比较分析国内外教师聘任制实践的异同，提出适合我国高校实情的教师聘任制改革与发展的建议，为进一步研究聘任制下教师权益保护问题奠定扎实的基础。

振兴民族的希望在教育，振兴教育的希望在教师。重视和加强师资队伍建设对提高教育教学质量、全面实施素质教育具有十分重要的战略意义。长期以来，我国在教师队伍管理制度上实行的是教师任命制和终身任用制，即学校或上级教育主管部门在定岗、定编、定员、定责的基础上，按照规定的管理权限和职务数额对符合相应任职条件的教师进行任命，并满足教师相应需求的一种制度。这种计划调配、统一管理的高校传统人事管理制度，是在计划经济体制下形成并与计划经济相适应的。随着我国改革开放的不断深入和社会主义市场经济体制的不断完善，这种制度的弊端越来越突出，致使高校人力资源使用效率低下，广大教师的积极性、创造性不能充分调动和发挥，已经无法适应经济体制改革和教育改革的需要。因此，在教育领域引入市场机制，充分发挥市场机制在高校人力资源配置中的作用，建立适应社会主义市场经济体制、政治体制、科技体制改革需要的学校人事管理制度，推行教师职务聘任制就成为必然。

积极推进教师聘任制是深化高校人事制度改革，实现高校真正意义上的人力资源管理的有效方式和实现途径。聘任制下，教师作为独立的个体

---

〔1〕 作者简介：解进强，副教授，北京物资学院劳动科学与法律学院副院长。

与校方间法律地位平等，教师有权选择在适合的学校开展工作，校方也希望通过聘任招募到更多优秀的人才来校工作。聘任制打破了高校历史上的教师终身制，初步建立了与市场经济相适应的激励、竞争机制，把高等教育改革推向了一个新的阶段。只有通过实施和完善教师聘任制，才能有效落实大学的用人自主权，同时通过合适的制度设计来约束用人单位的人事行为，保障建立劳动关系双方权利和义务的平衡，实现单位自主用人、个人自主择业、学校自主办学、政府依法监督，真正建立起人员能进能出、职务能上能下、待遇能高能低、人才合理流动、充满生机与活力的用人机制。自1986年以来，我国高校开始逐步实行教师聘任制，并由点及面，不断深入，较好地配置了高校人力资源，调动了教师的积极性。由于我国不同地区、不同学校的实际情况，教师聘任制正有步骤、稳妥地进行。目前，教师聘任制正由评聘制向岗位聘任制转轨，开始摒弃“重评轻聘”的传统做法，逐步建立“突出岗位、严格考核、按绩聘任”的新机制。但是，我国高校在进行聘任制改革时，仍然面临着一些问题。

第一节　高校教师聘任制概述

一、高校教师聘任制的概念与特点

（一）高校教师聘任制的概念

我国的教师聘任制是以法律形式确立的教师管理制度，学校和教师双方在平等自愿的基础上以签订聘任合同的方式确认教师职务职责以及双方的权利和义务的教师任用制度。

高校（本书所及高校专指我国公立高校，一般是由政府出资兴办、政府管理的事业法人）教师聘任制是指高等学校与教师之间就任职期限、条件以及双方的权利、义务和责任等在平等自愿的基础上达成协议，依据协议实施契约管理的一项教师任职制度。[1]它的实施标志着高校的管理性质由政府直接管理学校转变为利用法律制度进行宏观调控，以高校领导层为本的管理也将转变为民主、平等的社会性合约管理。

高校教师聘任制的全面推行，将实现教师和高校之间的两个转变：由行政依附关系向平等人事主体关系的转变，由国家用人向单位用人的转变，教师与学校在聘任合同中是平等的劳动契约关系。这一概念包含了四层涵义：（1）教师聘任制是一种劳动合同制度，教师和学校之间是一种劳动合同关系，而非人事行政管理关系；（2）由学校和教师签订的聘用合同，应该明确规定双方的权利、义务，特别是被聘用人员的岗位职责、要求、解聘与续聘的条件等；（3）教师聘任制的实施基础是教师职务制度，教师职务是对一个工作岗位的要求，而不是对教师的直接评价；（4）对教师工作的评价是将岗位的要求与教师的实际工作成果相比较来进行的。

（二）与高校聘任制相关的几组概念的辨析

1. 任命制、聘任制与终身制

教师任命制是我国计划经济时期行政事业一体化人事制度的产物。所谓任命制，是指由立法机关或其他任免机关经过考察而直接任命产生行政领导者的制度。在任命制下，学校实质上是教育机关的附属物，只接受国家的授权运作和管理教育，没有用人自主权。高校实行与国家机关相同的分配制，造成了一次分配定终身，能上不能下，能进不能出，人才积压浪费，人浮于事等弊端。

聘任制与任命制有着明显的不同，从教师聘任制的特点来看，教师聘任制的特点是按需设岗、评聘结合，以聘为主，考核择优等，因而适应了市场经济对人力资源开放性的要求，把高校教师推向市场。通过竞争，用人单位根据岗位需要择优录用最佳人选，教师则根据个人特点和需要寻找理想岗位，这有助于实现资源优化配置，有利于调整教师队伍结构，以满足市场经济和社会发展的需要。

而教师职位终身制在由美国大学教授联合会和美国大学联合会共同发布的关于学术自由和终身职位原则的声明（1940）中被看作是保证学术自

---

〔1〕 李钦．浅议高校教师职务聘任制［J］．华东经济管理，2004:237－238.

由、提供经济保障以吸引优秀人才从事教育职业的一种手段。[1]确切地说，终身职位制度并不是对教师终身职业的一种担保，它只是强调一个人一旦经过特定长度的试用期获得终身职位后，没有正当的理由就不能随便被解雇。终身职位制度的支持者强调，终身职位是学术自由和学术独立的基本条件，它确保教师的研究成果或学术思想不会受到外界压力的约束和引导，也使那些支持和信赖教师职业诚信的学生和公众安心，因为教师的学术观点完全来自于他最佳的专业性判断，而不是对失去工作的畏惧。其反对者则认为这种制度保护无成就的教授、助长平庸。

在我国高校教师的人事制度改革上，正经历着由任命制向聘任制过渡的时期。从美国教授终身制的发展来看，聘任合同制与终身制作为两种不同的聘任方式，并非相互排斥，它们可共存于同一管理体系中，关键在于找到其互补点。美国任何一所实行终身制的高校，同时也都有大量合同制教师。

2. 聘任合同与劳动合同

劳动合同，又称为“劳动契约”、“劳动协议”，是劳动者与用人单位确立劳动关系，明确相互权利与义务的协议。[2]根据《中华人民共和国劳动法》的规定，成立劳动关系必须订立劳动合同。劳动合同不仅为确立用人单位和劳动者双方劳动关系所必须，同时也成为合同履行和争议解决的依据。劳动合同作为合同的一种，有着一般合同共性的内容及特征，但劳动合同在我国是自成体系、独立立法的。

教师聘任合同是学校和教师双方在平等自愿、协商一致的基础上，就双方的权利、义务和责任签订的具有法律约束力的合同，是高校与教师之间建立的一种平等的合同关系。这种关系从教师是劳动者（专业技术人员）这一角度来看，应属于一种劳动合同，适用《中华人民共和国劳动法》、《中华人民共和国劳动合同法》。[3]

《最高人民法院关于人民法院审理事业单位人事争议案件若干问题的规

[1] 顾建民．美国大学终身教职制度改革［J］．清华大学教育研究，2006（1）：18－22.

[2] 参见《中华人民共和国劳动法》第16条。

[3] 王鹏炜．我国公立高等学校教师聘任制的法理学分析［D］．西安：陕西师范大学教育学院，2004.

定》指出："事业单位与其工作人员之间因辞职、辞退及履行聘任合同所发生的争议，适用《中华人民共和国劳动法》的规定处理。"[1]

2001年出台的《中华人民共和国劳动合同法》第二条第二款明确指出："国家机关、事业单位、社会团体和与其建立劳动关系的劳动者，订立、履行、变更、解除或者终止劳动合同，依照本法执行。"即《中华人民共和国劳动合同法》将适用于教师聘任合同，这给聘任制下的教师维权带来了法律依据。

（三）高校教师聘任制度的特点

高校教师聘任制度的特点包括：（1）以聘任合同为中心。高等学校与教师通过签订合同的形式，明确双方的权利、义务和责任。聘期内实行契约管理，实现教师管理的法制化。（2）实行任期制。高等学校聘任教师有明确的任职期限，体现在合同中。（3）聘任双方主体平等。高校与教师之间的主体地位平等，并在签订聘任合同时遵守双方平等自愿、协商一致的原则。高等学校具有依法聘任和解聘教师的权利，教师具有择业的自由和权利。（4）聘任双方自主。对高等学校来说，落实了高等学校办学自主权，使教师聘任权回归高等学校；对高等学校教师来说，教师的选择权加大，教师可以在服务学校受聘，也可以同时受聘几所高等学校。实行教师聘任制度后，政府评审、政府审批将成为历史。高等学校教师聘任制将是高等学校与教师之间，聘任主体就任职期限、条件以及双方的权利、义务和责任等达成协议，依据协议实施契约管理的一项教师任职服务制度。（5）开放性聘任。高等学校聘任教师，打破部门单位所有制，面向社会，公开招聘，拓宽了师资来源渠道，实现了教师资源配置社会化、市场化。[2]（6）引入竞争机制。聘任公开化扩大了招聘范围，明确了任职条件和权利、义务、责任，带来了高等学校和教师的适度竞争和人才流动。高等学校积极创造条件吸引优秀教师，教师积极创造条件参与竞争，在竞争中优胜劣汰，形成激励机制。

---

〔1〕 参见《最高人民审判委员会法释》。

〔2〕 刘献君．我国高校教师聘任制的特点及实施策略选择［J］．高等教育研究，2003（5）：26－29.

二、聘任制下教师权益保护的内容

（一）高校教师的职业特殊性

高校教师的职业特殊性是相对于与其他类别教师的职业特点而言的，高校教师更多地承担了科研和服务社会的职责。运用学术职业的理论对高校教师职业进行分析可以发现他们的工作内容具有以下几点特征。

1. 研究性

高校教师区别于其他教师的一个很显著的特征就是承担了学术研究的职责。他们不仅是知识的传播者，也是知识的发现者。从柏拉图学院的诞生之日起这一职能就与高校教师紧密相连，特别是在研究型大学建立以后，publish or perish（不出版便死亡）[1] 的工作压力迫使教师转变工作的重心，将更多的时间和精力投入学术研究中。高校教师不仅仅承担教育学生的责任，同时也是从事学术研究的学者。例如，美国近十年来诺贝尔奖得主中80%以上的人来自于在大学工作的学者和教师。根据中国校友会网大学评价课题组《2009中国两院院士调查报告》显示，在1955—2009年期间，我国先后有1938名科学家当选中国科学院和中国工程院院士，其中来自高等院校的院士占40.92%，也就是说，高校教师已经成为我国科研工作的主要承担者。

2. 教育性

教书育人是教师的天职，但是相对于中小学教师的工作内容，高校教师的工作具有明显的区别。大学生需要掌握的是一种学习的方法而不仅仅是具体的知识，大学生学习的目的是为了提高自己的实际操作能力，从而

[1] 这是美国大学教师们最爱说的一句口头禅。其背后信息包括：在美国当大学老师绝非易事，必须拿到博士学位才成，即便拿到博士进入大学后也并非捧上了铁饭碗，而是从此开始了4~7年艰苦的试用期。这一期间当助教必须兢兢业业，恪尽职守，主要业绩体现在教书和科研成果上。4~7年后评副教授时，没有发表过文章或著述是很难过关的，如果始终发表不了文章就无法得到晋升，得不到晋升就只好走人失业，因而便有了publish or perish（不出版便死亡）的说法。

为以后的工作、生活做好充分的准备。所以高校教师更加注重对学生综合素质和实践能力的培养。

3. 自主性

高校教师职业的另一个特点是高度的自主性。教师可以自主确定专业方向，选择讲授的课程及其教学内容和教学方法，甚至考试方式；自主确定研究方向，选择研究课题；自主决定社会服务的方向、内容；自主安排时间。这些都是其他职业难以做到的。因此，教师聘任制应充分考虑这一特点，如岗位职责和要求宜粗不宜细，聘期考核应重质不重量，为教师提供宽松的学术环境，充分调动教师的积极性。

4. 发展性

人一生都需要发展，都在发展。但与其他职业人相比，发展对于高校教师具有特殊的重要性。这是因为科学技术日新月异，社会生活不断变化，高校教师面对的是思维活跃、有一定知识基础的学生，这些学生在一代一代地发展、变化。高校教师如果不学习，不发展，将无法更好地教书育人。因此，教师聘任制必须考虑这一特点，岗位职责的制定要考虑这一方面的内容，要有学术休假制度、进修培养制度与之呼应。

5. 流动性

在市场经济条件下，只有人的流动才能使资源得到合理配置，才能有信息的流动和知识的流动。由于学科相通，高校教师职业具有极大的流动性。只要有真才实学，可以到世界任何一个国家、任何一所大学去应聘。这种大跨度的人才流动，有利于学校聘请优秀人才，有利于教师跟踪国际科技文化前沿，发展自我。高校教师聘任制在实施中亦应考虑这一特点。一方面，要通过教授的职位分等或设立特聘教授，提高待遇，吸引高水平的优秀教师；另一方面，要通过聘任合同、聘期考核、“非升即走”等方式，使在高校教师岗位上不称职、不合格的教师主动去选择适合个人能力水平的职业、单位、岗位。

（二）高校教师所应享有的特殊权益

由以上分析可知，高校教师和其他类型的教师相比，在工作内容和性质上存在着一定的区别，因此有必要为高校教师提供一些特殊的保障措施。在美国，学术职业的特殊权力和利益包括：没有政治和外界的干预的教学和研究自由，参与有关课程和研究议程的决策，在高校教师受雇的机构中参与到决定生活和工作条件的事件权利，终身制的保障，满意的雇佣条款和条件等。在我国，高校教师享有的权益应该有以下几点。

1. 享有宽松自由的学术氛围

具体包括自主开展研究，参加或组织学术组织和各种学术活动；教师自行决定教学的内容和方式并有权拒绝外界不当的干涉。由于高校教师偏重于研究，而研究工作的意义就在于对现有知识和理论的创新，而不仅仅是继承。在研究过程中不可避免地会对现有的结论提出怀疑和否定，甚至研究本身也会出现一些错误，这些都需要得到外界的包容和理解。学术活动是一种脑力劳动，具有极高的自主性，只有当事人自己才能很好地掌握工作的方向和进程。想法的来去行踪不定，并非随叫随到。最佳想法的来临如伊赫林所描述的："发生在沙发上燃一支雪茄时，或像赫尔姆霍兹以科学的精确性谈论自己的情况那样，是出现在一条缓缓上行的街道漫步中。"[1] 剑桥大学的阿什比爵士曾经说过："在文明的国家里，学术自由已经发展成为一种受到特别保护的思想的自由。它并不是学术界有些人所宣称的乃是个人的特权，学术自由是一种工作的条件。大学教师之所以享有学术自由乃是基于一种信念，即这种自由是学者从事传授与探索他所见到的真理之工作所必需的；也是因为学术自由的气氛是研究最有效的环境。"[2] 因此学校应该给教师提供一个宽松的工作环境并较少干涉他们的研究工作，将主导权交还给教师，由教师来决定工作的目标和方式。"教师可以自主地确定专业方向，选择讲授的课程、教学内容和教学方法，甚至考试的方式；自主确定研究的方向，选择研究课题；自主决定社会服务的方向、内容，自由安排考试时间。"所以高校教师应该享有高度的自由，这不仅是教师应该享受的权利，也是教师工作的必要条件之一。

2. 良好的工作条件和完善的生活保障体系

"教师角色的行为方式和职业特点，常常是与教师的社会地位联系在一起的。"高校教师作为一种专业人员，在掌握知识和技能、履行社会职责的过程中要花费更多的社会必要劳动时间，所以也有资格要求更多的回报。

[1] 贺国庆，等. 外国高等教育史［M］. 北京：人民出版社，2003:200.
[2] 张博. 聘任制下教师权益保障研究［D］. 武汉：华中科技大学，2007.

1966 年联合国教科文组织在《关于教师地位的建议中》提出："教师职业应享有较高的经济地位。教师的工资反映教育对于社会的重要性，从而反映出教师的重要性以及教师从就任教职以来的一切责任；应比支付给需要同类的或同等资格的其他职业更为有利的工资；应保证教师本人及家属的合理的生活水平，并为教师通过进一步进修和参加文化活动提供提条件；应考虑到教师地位将需要更高的资格和经验并赋予更大的责任。"

在 2004—2005 年期间，美国年收入最高十所公立（私立）高校教师的平均收入均在 10 万美元以上，相对于美国同年 3.1 万美元的人均收入，高校教师的收入明显处于一个相当高的水平上。在 2001 年进行《高等教育总法》修订时，德国教育部长布尔曼说过："我们再也不能让德国最好的'脑袋'往外跑，仅仅是因为那里的工作提条件比我们这里好。"德国政府 2002—2006 年拿出近两亿欧元，建立了"青年教授"制度，鼓励一批在学术上取得优异成果的年轻学者；向教师提供良好的工作条件和完善的生活保障体系，免除教师对生活上的顾虑，让他们专心地投入学术研究活动中去。这也是对于教师拒绝外界的邀请专心从事本职工作的一种褒奖。教师享有这些良好的生活保障还可以体现出社会对于教育和科研的尊重，提高教师的社会地位；在一定程度上也有助于吸引更多的优秀学者加入到高校教师的队伍中来。

3. 享有参与学校管理事务的权力

教师有权就学科的发展和学校的发展规划提出自己的意见和看法，学术权力的力量应该得到凸现。教师是学校的主人，教师工作、学习、生活都在高校，他们的个人命运和学校的发展是紧密联系在一起的。所以教师有权参与到学校的建设和发展中来，特别是有权力对于一些与教师权益紧密相关的事件提出自己的意见和看法。托尼·布什等人从专业角度进行论述，认为："高度专业化的系所建制，使大学中各基层部门间更多存在分割与断裂，组织内部如教学和科研活动在本质上还是由活动主体自作主张的分割与断裂的状态。"而学校的发展需要所有院系的积极配合，全体教师的共同努力；行政部门要想从整体上促进学校的发展就必须团结全体教师，帮助教师理解并且支持学校的各项方针、政策，将自己看作学校的主人，爱校如家；这样学校才能获得真正意义上发展。民主管理不仅是教师行使参与权的一个重要表现，同时也是学校发展的必由之路。

4. 完善的权利救济途径

英国法学家韦德曾经说过：“权利依赖于救济……有权利就必须有救济……没有救济的权利不是真正的权利。”完善的权利救济途径可以保证教师在合法权利遭到侵犯时，能诉诸法律，有效地维护自身的应得利益。法律制度要保证教师所应享有的各项权利，并将其落到实处。

以美国教授协会为代表的一系列教师专业团体的建立可以更好地维护教师的合理权益。这类组织将教师的个人力量有效地汇集到一起，通过组织表达出教师群体的共同诉求。教师需要这类团体为他们提供了一个交流和聚会的平台，教师们在此可以结识更多志同道合的同事、朋友；还可以发布最新的学术研究成果，共同对感兴趣的问题进行研究探讨。所以教师专业团体的建立不仅可以更好地维护教师的权益，还有利于密切教师之间的联系，拉近彼此间的距离。

三、实施教师聘任制的意义

高校教师聘任制，是指在双向选择的基础上，以聘任合同的形式把岗位设置、任职资格、招聘过程、任用管理、争议处理等环节同学校和教师双方的责任、权利、义务组合而形成的教师管理和任用制度系统。

（一）促进教师队伍建设走上法制化、规范化的轨道

《中华人民共和国教师法》和《中华人民共和国教育法》的颁布对实行教师聘任制尽快走上科学化、规范化和法制化的轨道奠定了坚实的基础。1993 年颁布的《中华人民共和国教师法》第十七条规定：“学校和其他教育机构应当逐步实行教师聘任制。教师的聘任制应当遵循双方地位平等的原则，由学校和教师签订聘任合同，明确规定双方的权利、义务和责任。”其后颁布的一系列的法律、法规逐步完善了关于教师聘任的规定，使得高校教师的聘任工作逐步制度化、规范化。1998 年《中华人民共和国教育法》第三十四条规定：“国家实行教师资格、职务、聘任制度。”同年出台的《中华人民共和国高等教育法》第四十八条明确规定：“高等学校实行教师聘任制。教师经评定具备任职条件的，由高等学校按照教师职务职责、条件和任期聘任。”2000 年中组部、人事部、教育部联合下发了《关于深化高

等学校人事制度改革的意见》明确规定："专业技术职务聘任工作要理顺评审与聘任的关系，淡化身份聘任，强化岗位聘任。"聘任制的具体条款日趋完善也表明了国家实施教师聘任制的决心。2002 年 7 月，人事部出台了《关于在事业单位试行人员聘用制度的意见》，之后以北京大学为代表的一批高校率先开始试行教师聘任制，这标志着我国高校教师聘任制度的正式启动。

（二）有效激发高校的内部活力

一套切实可行的聘任制度能够有效激发我国高校人事制度的活力，改变学校和教师间僵化关系，还可以有效地保护高校教师的合法权益。实行聘任制，能使学校有用人管人的自主权，教职工也有了选择岗位的权利。学校能够自主决策，决定聘任多少和聘任什么样的员工，决定员工的待遇。学校内部每个教职工能否上岗，担任什么职务，承担什么责任，都与每个人的政治思想素质、文化业务水平、工作态度及效果有直接关系，每个人都存在被聘、辞聘、待聘或落聘的可能性。实行教师聘任制能有力地激发教师工作的积极性，在教师中形成一种努力做好本职工作，争取不被解聘，而且能获得较好职务的心理动因，从而激发学校的内部活力，提高工作效率，提高教育教学质量。

（三）不断优化竞争机制，激发高校教师的工作责任心和积极性

在教师聘任制基础上，实行岗位聘任与职务聘任相结合，在干部、职工中形成能上能下、能进能出、人尽其才的氛围，使有能力、有责任心的优秀教师能够充分发挥才干与潜力，使那些不思提高教学质量、混日子的教师产生"危机感"，增加压力，不断优化竞争机制。如此，不仅可以提高教师的责任感，淘汰不具备任教能力的庸才，而且可以充分利用社会人力资源，减少人力资源的浪费，还可以打破传统教师任用制度，增进各地区教育、科研和文化的交流和传播。

总之，实施高校教师聘任制的意义在于打破了学校终身制和"铁饭碗"，打破了高校选人、用人的局限，是教育适应社会主义市场经济发展的积极抉择，也是教育自身发展的必然。

第二节 我国高校人事制度改革历程的分析与评价

一、我国高校人事制度改革历程

高校人事制度决定着高校人才资源使用的效益和效率，在高校改革发展和提高学校核心竞争力中起着重要作用。受各国政治经济制度的制约，不同国家的高校人事制度也各不相同，在有些国家，高校教师被看成自由职业者，而有的国家把高校教师界定为国家公务员。中国在传统的计划经济体制下，整个社会组织被划分为行政单位、事业单位与企业单位，而高校被划归为事业单位。《中华人民共和国教师法》明确规定了教师实行聘任制，“教师是履行教育教学职责的专业人员”，即通过教育教学工作履行一种国家公务人员的职责。但从聘任制本身这种用人形式来说，与国家公务员和企业职工又有明显的不同，是有其符合高等教育规律自身特点的人事制度。

高校人事管理就是高等学校的领导及其他管理人员对教师、管理人员和科研人员在教学、科研等过程中进行的组织、计划、协调、控制、监督等活动，其目的在于圆满实现高等学校为现代化建设培养合格人才的目标。所谓高校人事管理制度，是指高校在人事管理过程中为正确处理人与人、人与事之间的关系所遵循的一系列行为规范和工作准则。它由高校内部的机构设置、用人制度、分配制度及其他规章制度组成。我国高校人事制度从高校建立时就已经产生，高校人事制度作为国家人事制度的一部分，其形成和发展与国家人事制度的形成和发展密不可分，并随着国家政治、经济的发展及高校自身的发展而不断地成熟和完善。历史地看，现代高校人事制度的发展过程大致可以划分为五个阶段：

1. 第一个时期（1949—1966）：初步建立起高校教师职称制度

新中国成立之初，我国高校教师队伍处于整顿、改造时期，高校教师的职务等级审定和晋升工作基本没有开展，各高校仍然沿用新中国成立前的高校教师等级制。自1950年起，国家有关部门陆续开始颁布相关文件，规定高校教师是国家工作人员，由中央统一领导，实行职务升等制度。

该时期高等教育纳入计划经济的轨道，具有鲜明的计划经济特点。我国高校大部分具体的人事管理实际上是被纳入到国家的人事管理制度中，高校的教师和管理人员都被称为国家干部（或技术干部），纳入到国家机关工作人员的管理范围。高校教师管理工作实行中央统一领导，高校师资统一由国家调配，学校没有人事权力，教师的任免、调配以及职务升等权利统一划归中央。

2. 第二个时期（1966—1976）：停滞状态

这个时期，国家的人事制度遭到极大的破坏，高校人事工作基本处于停滞状态。

3. 第三个时期（1976—1986）：扩大高等学校的办学自主权，聘任制进入萌芽期

“文化大革命”结束后，伴随着国家人事制度的恢复，高校也恢复了原有的一些人事管理法规。党的十一届三中全会到1987年党的十三大，是我国高校人事制度改革的初步探索阶段，国家根据新形势发展需要，颁布了一些新的人事管理法规及条例。

该时期，我国高校实施教师任职资格的评审及教师职务的聘任和任命工作，高校助教、讲师的任职资格由高校审定，教授、副教授的任职资格由所在省、自治区、直辖市的主管部门审定。

1986年1月，党中央、国务院召开全国职改工作会议，做出了改革职称评定、实行专业技术职务聘任制度的重大决定。国家教委正式颁布《高等学校教师职务试行条例》，明确规定了高校各级教师职务的职责、任职条件、任职资格评审、聘任及任命等方面。同年2月，国务院颁布了《关于实行专业技术职务聘任制度的规定》（以下简称《规定》），根据《规定》，各高校开展了专业技术职务的聘任工作，办理聘任手续，签订聘任合同。但由于受到传统的职称观念的影响，聘任制在执行的过程中，聘任合同流于形式，基本上没有教师不被聘任，聘任合同变成了终身契约。

4. 第四个时期（1986—1997）：聘任制进入尝试期和深化期

党的十三大之后，党中央提出政治体制改革的宏伟构想，人事体制改革作为政治体制改革的重要内容在这一时期获得极大的注意。在小平同志

南行讲话和党的十四大精神指引下，我国高等教育加快了改革的步伐。这一时期高校人事制度改革进入了深化阶段和创新阶段。

这一阶段高校人事制度改革领域拓宽、层次深入，其主要内容是下放权力、扩大高校管理自主权，推行专业技术职务聘任制。

1993 年《中华人民共和国教师法》颁布，明确规定教师实行职务聘任制度。该阶段，以政府为主导，发起、推进了以人事分配制度改革为重点的高等学校内部管理制度改革。国家进一步下放高校管理自主权，推进了专业技术职务聘任制度改革，并建立了一系列选拔、鼓励、培养优秀中青年教师的制度。

1995 年颁发的《中华人民共和国教育法》，以法律的形式进一步强调，国务院和地方各级人民政府根据分级管理、分工负责的原则，领导和管理教育工作。

从党的十四大到党的十五大，高校人事制度改革开始进入了研究思路、总结经验、制定政策、探索建立与社会主义市场经济体制相配套的高校人事制度改革阶段。社会主义市场经济体制的提出和逐步建立，迫切要求大力推进高校人事制度改革，一些有条件的高等学校进行了机构和人事制度改革的试点。

这一阶段的改革，国家从法律上对教师的聘任制作出了明确规定，高校进一步推进专业技术职务聘任制度改革，完善聘后管理，加强了对教职工的履职考核。在队伍建设上，采取有力措施，加快选拔培养优秀中青年人才，以顺利实现师资队伍的新老交替。

5. 第五个时期（1997— ）：创新发展阶段

这一时期开始探索建立中央和省级政府两级管理、以省级政府统筹为主的管理体制，是我国高等教育难度、力度、进度最大的一次全局性改革。

1998 年《中华人民共和国高等教育法》颁布，明确规定高等学校实行教师聘任制。1999 年 9 月教育部发布了《关于当前深化高等学校人事分配制度改革的若干意见》，提出了高校人事制度改革的“三制式”，即教师和专业技术人员实行专业技术职务聘任制、党政管理人员实行教育职员聘任制和行政管理职务聘任制、后勤服务人员实行劳动合同制。这一改革措施在一定程度上激活了用人机制，合理配置了人力资源，但只是在总体上确立了一个大的改革框架和指导思想，具体操作模式仍需根据各个高校的不同情况加以完善。

2008年1月1日开始实施的《中华人民共和国劳动合同法》第二条第一款规定："中华人民共和国境内的企业、个体经济组织、民办非企业单位等组织（以下称用人单位）与劳动者建立劳动关系，订立、履行、变更、解除或者终止劳动合同，适用本法。"第二款规定："国家机关、事业单位、社会团体和与其建立劳动关系的劳动者，订立、履行、变更、解除或者终止劳动合同，依照本法执行。"第九十六条又规定："事业单位与实行聘用制的工作人员订立、履行、变更、解除或者终止劳动合同，法律、行政法规或者国务院另有规定的，依照其规定；未作规定的，依照本法有关规定执行。"《中华人民共和国劳动合同法》第二条第一款的规定表明：实施聘任制的民办学校（属于民办非企业单位）订立、履行、变更、解除或者终止教师聘任合同适用《中华人民共和国劳动合同法》调整；第二条第二款和第九十六条的规定表明：实施聘任制的公立学校（属于事业单位）订立、履行、变更、解除或者终止教师聘任合同也适用《中华人民共和国劳动合同法》调整，但第九十六条的规定同时表明：作为事业单位的公立学校、科研单位，其劳动合同具有复杂性和特殊性，可以就其合同的订立、履行、变更、解除或者终止等问题在法律、行政法规或规章中另行规定。由此可见，至今我国的法律、行政法规或部门规章等任何层次都未就包括教师聘任合同的订立、履行、变更、解除或者终止等问题在内的相关问题作出明确具体的规定。

二、教师聘任制取得了阶段性成果

自1993年颁布《中华人民共和国教师法》明确规定教师实行职务聘任制以来，教师聘任制已走过了近二十年的历程，尽管至今并没有实现聘任制的全部内涵，有些方面因流于形式未达到预期的效果，但已取得的阶段性成果是有目共睹的，尤其在一些试点学校教师聘任制已经发挥优势。

高校教师聘任制自1986年实施以来，较好地配置了高校人力资源，调动了教师的积极性。目前，教师聘任制正由评聘制向岗位聘任制转轨，开始摒弃"重评轻聘"的传统做法，逐步建立"突出岗位、严格考核、按绩聘任"的新机制。随着高校教师聘任制改革的逐步深入，各高校在聘任制模式的选择上呈现出多样性的特点。从总体上看，这些探索取得了以下成果。

一是观念的转变，为进一步改革奠定了认识基础。多数高校在教师用人制度与分配制度改革中引进竞争机制、供求机制、价格机制，并认识到高校教师是学术劳动力。教师作为学术劳动力从事的工作也是一种商品，因此高校教师可以自由择业、择岗，学校可以择优聘任。

二是机制的转变，带来了教师资源配置效率的提高。聘任制改革实现了资源配置的转向，从单一的计划配置转向了以市场配置为基础与计划配置相结合的“混合型”配置机制。计划配置体现了“编”的概念，而市场配置则体现了“岗”的概念，在“岗编统一”的指导思想下，教师资源配置效益有了明显提高。但高校劳动关系的“市场化、契约化”仍旧带有浓厚的行政色彩，真正公平、竞争、平等、自由的用人机制尚未形成，主要问题是现行的聘任制度不是真正意义上的聘任制。

1. 教师注重个人专业素质提高

实施教师聘任制之前，教师的职称与工资待遇挂钩，与岗位职责相脱节，教师对个人能否评上职称的关注程度，远远超过了在岗位上才干能够发挥的程度。比较普遍的一种现象就是，教师在晋升职称前一二年，论文发表比较多，职称晋升后，论文发表数量呈明显的下降趋势。

随着教师聘任制的实施，对岗位职责设置具体的要求，对考核指标进行细节量化，把教师的教学、科研、论文等工作折算为分值或业绩点，客观公正地评价教师取得的成绩。这就要求教师不能只关注论文发表的数量，更要注重提高发表论文的质量；除了具备优良的教学技能外，还要有独立的科研能力，促使教师将更多的精力放在专业素质的提高上。

2. 高校教师队伍整体结构优化

教师聘任制遵循公平原则，公开选拔人才，教师的晋级不再是论资排辈的传统模式，使高学历的优秀年轻教师脱颖而出。很多高校在引进紧缺专业优秀博士时，因其论文、著作和课题三项指标达到了副教授要求，可以破格录用，这大大激励了优秀中青年教师的工作积极性。

从以下数据可以看出，教师队伍中具备高学历层次的人数比例加大，学历结构明显改善，整体素质逐步提高。2007 年全国普通高校专任教师达到 116.8 万人。教师队伍结构进一步优化，40 岁以下教师占 64.3%，具有博士和硕士学位的教师占 42.3%。高层次人才队伍进一步壮大，高校有中科院院士 332 人、工程院院士 290 人，分别占两院院士总数的 45.4% 和 40.2%；高校有长江学者特聘教授、讲座教授 1308 人，94% 具有海外留学或工作经历。[1]

3. 高校人才引进工作思路拓宽

实行教师聘任制以来，高校人事工作逐渐向人力资源开发管理转型，在人才引进工作上，从以前的人才单位所有，转变为以“不求所有，但求所用”为原则，运用签约聘用方式、弹性工作制、短期工作安排等灵活、操作性很强的工作手段，多渠道、多方式地引进高层次人才，并将“引人—引智”相结合，使人才引进工作的思路不断拓宽。

例如，“长江学者奖励计划”，前五批直接从海外引进 200 人；2003 年首批实施“985 工程”的 9 所重点大学直接从海外引进优秀人才数量比 1998 年增长了 1.7 倍。引进国内外知名学者的高端智力，充分开发与利用他们的国际影响力，既提高了学校的知名度，也有效地提高了学校科研学术水平，积极地推动了学科的发展。

三、教师聘任制存在的问题

目前，高校人事制度改革正处于整个社会转型的大环境中，经济体制改革尚在进行中，政治体制改革不断向前推进，法制建设还相对滞后，在这种过渡阶段，教师聘任制存在着一些短期内无法解决的问题。这些问题有的需要高校自身，包括每一位高校教师自己来解决：而有的不是高校自身能够解决，更不是靠学校人事部门制定若干改革方案就能避免的，它需要依靠社会改革整体推动。高校既是改革的实践者，又是改革的受益者，不可能也不能够坐等社会转型彻底完成后，再来考虑、实施改革方案，而要在社会转型的大环境中，借其力与其同步推进。

[1] 李卫红，深入学习实践科学发展观 全面推进高校人事人才工作再上新台阶［J］. 中国高校师资研究，2009 (1):1－9.

（一）教师聘任制的社会环境问题

人事制度改革是一个系统工程，制度性障碍是高校人事制度改革步履维艰的重要原因，社会外部制度的不完善给高校人事制度改革造成极大的困难，成为现阶段教师聘任制不能很好实施的根本原因。

1. 社会保障制度不够完善

我国社会保障体系包括社会保险、社会救济、社会福利、优抚安置和社会互助、个人储蓄积累保障，其中，社会保险是社会保障制度的核心，包括养老保险、失业保险、医疗保险、工伤保险和生育保险等各项内容。要使“高校人”成为真正意义上的“社会人”，必须建立起健全的社会保障体系，尤其要做好失业保险、养老保险、医疗保险工作。

目前，《中华人民共和国劳动法》实施对象是企业及其职工，《国家公务员暂行条例》适用范围是政府机关及公务员，《中华人民共和国高等教育法》虽然针对高校教师这一群体有原则性规定、要求，但尚无明确具体的、可操作性的法律规范作为依据，在这种背景下，讨论教师聘任制显然空洞无力。只有建立符合高校教师职业特点的医疗、养老、失业等社会保障制度，才能切实保障教师合法权益，为高校教师的“进”、“出”，人才的流动提供全面有效的社会保障，消除教师的后顾之忧，为高校教师聘任制度的推行提供坚实的社会保障。

2. 相关配套法律法规缺失

在原有计划经济体制下，高校教职工实行的是国家计划分配制度，学校通过国家的法律、法规和内部制定的管理规定来约束职工的行为，教职工与学校的关系是行政隶属关系，“管理论”是双方共有的价值取向。随着高校推行人事制度改革，教师聘任制成为改革核心，学校与教师是平等协商、权利义务对等的法律合同关系，教师和学校一样成为具有民事行为能力的主体，双方的一切行为均由法律、法规和制度进行规范。教师与学校的关系从原来的“服从型”转为现代的“契约型”。

但到目前为止，我国对于教师聘任制还没有统一的人事法规和聘任合同，对国家、高校、教师的责任、权利、义务没有给予明确的界定，合同未起到应有的规范作用，与实施聘任制相配套的法律法规也不健全，仍然是“一校一制”，一旦教师与学校双方发生争议或纠纷，很难依“法”

行事。

只有按照《中华人民共和国教师法》第十七条的规定，尽早实现“实施教师聘任制的步骤、办法由国务院教育行政部门规定”，完善配套的法律法规才可能保护教师聘任制的顺利实施。

3. 教师维权机构尚待建立

教师聘任制这一理论前提，使得高校作为聘任人与受聘教师是平等主体之间的法律关系，聘任合同的达成是平等双方基于共同意愿表达基础上形成的；但在聘任行为的实际操作过程中，高校既是管理者又是聘任者，在这种双重身份下，高等学校很难主动放弃行政职权，而把自己摆在与教师平等的地位。这样高校与教师又回到了命令与服从，管理与被管理的原始状态。因此，在教师聘任制实施过程中，必须建立相应的教师维权机构协调、处理高校和教师的人事纠纷等问题，保护教师的合法权利，有效地维护教师聘任制的深化。西方国家设立的一些机构，如英国的“劳资仲裁法院”、美国的“功绩制保护委员会”、日本的“公平委员会”等，通过妥善解决人事纠纷，保障双方的合法权益，确保教师的正常流动。

教师聘任制改革在实施过程中，无法逾越计划经济时代形成的固有的社会环境这一障碍，这是其一；其二，教师聘任制改革的法律适用性问题在理论界仍存在争议，对其法律依据以及改革方案尚无定论。

一种观点认为，对于实行教师聘任制后，要实现平等聘任，教师就不能按干部对待，但按我国现有的法律规定，如果不将教师定位为国家干部，那就只能定位于另一编制——工人，即普通劳动者，这样高校作为用人单位与教师签订的聘任合同自然就成为劳动合同。而问题在于对于教师身份的界定还存在分歧，没有定论的情况下，教师与高校之间的法律关系是否可以认定为劳动（雇佣）关系，是否适用于《中华人民共和国劳动法》在理论界和司法实践中还存在较大争议，因此该观点认为高校这次改革是不具备合法性的。

另一种观点则认为，《中华人民共和国高等教育法》对于教师聘任制早有规定，至于法律实施细则不完备或某些相冲突的地方，可以在改革进行中加以完善，而不应坐等一切法规俱全再进行，只要改革具有“合宪性”即可。符合现有的法律条款叫做具有合法性，但是较之更高的概念是合宪性，意为合法的必须是合理的，如果不合理，就必须进行变革。所以在创造一个能给人类社会带来更高价值的制度时，不能简单用现有法律去看。另外，从学术上讲，法律也有实证法与自然法之别。从实证法来看，所有由国家颁布的法律都是合法的，但从自然法来看，只有符合人性的、符合公共价值的东西才是合法的。意指这次改革至少基本受到现有法律的支持，对于不受支持的某些环节，改革方案至少是有合宪性的自然法，所以应该通过下一步的完善法规来使之兼具实证法与自然法、合法性与合宪性之性质，而不是因噎废食，不加快实施人事制度改革。

虽然双方观点有分歧，但都以赞成教师聘任制改革为前提，只是对于怎么改意见不一，尽管没有一个最终的结果，但学者们的学术论战使改革者们对改革的逻辑、方法和意义进行了思考，有助于理清改革思路，使改革之路得以顺利进行。

（二）教师聘任制的学校改革问题

1. 学校“两项并行措施”不到位

推行全员聘用制是高校人事制度改革适应市场经济体制所必须迈出的基础性、关键性的一步，要确保教师聘任制的落实，有两项改革措施必须并行：一是明确定位从事管理和服务工作的人员，使其向职业化、专业化的方向发展；二是严格定编定岗，分流富余人员，做到“无情下岗，有情安置”。

高校的发展需要高质量的师资队伍，如果这两项改革措施不并行到位的话，很难让教师心服口服地接受从原有的教师终身制到现有的教师聘任制的转变，推行教师聘任制就成了不合理也无法实现的空想。同时，在社会保障制度等必要的经济生活条件尚不具备的条件下，如果不考虑教师的心理承受能力，不广泛征求教师的合理意见，仓促实施不完善的聘任制，容易激化学校的劳动关系和人事争议矛盾，给学校的正常教学秩序造成混乱，违背聘任制的初衷。

2. 学校内部管理制度不健全

内部管理制度是用人单位为了加强管理，在本单位实施的保障聘用主体双方权利和义务的行为准则。高校制定内部管理制度不仅是为了约束教职工的行为，更要保障教职工的合法权益，推行“以师为本”的人力资源管理方式，体现对人的尊重。

在现阶段，各高校进行人事制度改革普遍采用的“三制式”，即聘任制、考核制和奖惩制，以其科学性和法制化优于传统的人事制度，要保证它的顺利实施，需要各高校根据自己的实际办学情况，建立健全各自的内部管理制度。但由于改革的渐进性、过渡性特点，与之相应的内部管理制度不够健全，例如岗位管理制度、公开招聘制度、定期考核制度、解聘辞聘制度、未聘人员安置制度等。

首先，按需设岗的机制尚未形成。在大环境方面，长期以来，我国对高校专业技术人员的管理一直采取编制控制的办法，学校各类人员的编制是由上级主管部门下达的，但下达的编制一般是滞后的，未能根据学校工作任务的变化及时调整编制。这种带有明显计划经济特点的管理方式，与高校按需设岗的发展要求相差甚远；而在高校内部，一直没有进行过系统科学的教师岗位设置，教师的岗位职责也不明确。

其次，遴选机制不健全。高校教师队伍中“近亲繁殖”的现象依然普遍存在。这种做法不利于学科的交叉与互补，反而导致了高校内的论资排辈，在评定职称这一事件上表现尤为突出。职称评定不是根据个人的能力、成果和其他表现，而是根据他的导师或者直接领导进行判断。这便严重影响了个人工作的积极性，也成了学术腐败的根源之一。同时，高校在遴选人才的程序上也不够规范，未能公开透明。遴选过程随意性很大，暗箱操作的现象时有发生，没有真正做到任人唯贤。整个遴选过程没有透明化，影响了高校教师聘任的公平、公正、公开原则的发挥。

再次，淘汰机制缺乏。由于高校并没有真正意义上实行聘任制，教师没有淘汰和压力的工作环境，这样就教师个人而言，不可避免会存在个别教师因为没有压力与动力而不思进取，不能将其全部精力投入教学、科研中去，影响了正常的教学、科研活动和学校发展的整体进程，也会对其他教师的成长造成不利影响。就整个教师队伍来看，由于表现差的没有被淘汰，反而继续占用学校的编制，优秀的人才想进入教师队伍却会由于编制的限定而空留遗憾。这就造成了学校没有形成一个很好的优胜劣汰机制，无法形成人力资源的合理配置。

最后，考核评估机制不够完善。当前我国教师评估正趋于制度化，但从暂时的效果看，还没有达到应有的目的。原因主要在于制度不规范、不完善，集中表现在两个方面：一是有的高校没有落实考核制度，尤其是一些师资力量缺乏的学校，学校领导为避免师资过度流失，只好放松对教师科研、教学等方面的考核，只要教师能够完成学校规定的教学任务，就不再对教师的实际教学效果和科研情况做进一步的要求；二是有的高校在制定考核标准时有失偏颇，在指定教师考核标准时，忽略了教师工作的基本规律，在考核教师的科研情况时盲目追求高质量、高目标，制定出的考核标准并不符合教师工作的实际情况。

3. 学校人才流动机制不成熟

教师聘任制既需要人才流动，也为人才流动创造条件，但在社会转型的过渡阶段，很可能出现人才流动的无序现象：从全国范围来看，顶尖人才往国外发展，造成人才一流失；其他人才向经济发达地区流动，造成人才过剩；而经济欠发达地区的现实条件难以吸引人才，造成人才匮乏。这种无法避免的势位差加剧了教育资源配置的不平衡，使学校间的差距不断加大。在这种大环境的影响下，如何制定符合自身学科建设需要的人才流动机制，来保障“紧缺”人才的“流入”和“饱和”人才的“流出”，是每所学校迫切需要解决的现实问题。

4. 学校聘任年限设置不合理

大学教师和基础研究者的教学及学术研究是一个长期行为，其成果获得具有周期性长的特点，因而需要一个安定思考与规划的研究环境。而聘任制的短期行为无法满足基础性研究周期性长的要求，聘任制提倡的人才流动性，无法给予高校教师相对稳定的研究环境。学校在设置聘任年限时，为了达到人才流动的目的，势必会压缩聘任年限；但同时又要实现出好成果的目标，无法避免地陷入两难境地，导致聘任年限设置不合理。

我国高校教师聘任制尚在探索之中，许多方面还不成熟、不完善，迫切需要进行理论研究及实践探索。

（三）聘任制中教师个人问题

1. 思想观念尚未转变

在计划经济时代形成的依赖思想——个人依赖学校，学校依赖国家，这一思想在短期内很难完全彻底地消除。目前，我国公立高校的主体部分主要由政府出资、国家包办，高校对政府的依赖程度很高，未真正成为面向社会依法自主办学的法人实体。同时，个人对学校的依赖思想也很严重，将自己看作“高校人”而非“社会人”，认为自己上不了好岗位，得不到晋升是学校领导的责任，是学校没有安排好。

“平均主义”思想形成的习惯性思维，导致有些人认为通过改革提高大家收入是理所应当，却意识不到个人应承担与之相对应的责任，还有些人对待遇提高多一点的人耿耿于怀，对别人作出的贡献却视而不见。因此，每一位高校教师都要转变观念，接受能升能降、能进能出的人事管理制度。

2. “官本位”意识普遍存在

长期以来，高校过分注重个人的身份，在对人的管理上存在严重的“身份管理”意识，职务与职责分离，却又与待遇挂钩，使得教职工过分追求个人身份，出现让优秀的教学科研人员从事管理工作就意味着对他的重用与提拔的现象，这种暗示无形中使学术科研的意义变味，导致学术职称的贬值。另外，在行政干部管理上，能上不能下，能官不能民，导致因人设岗，学校机构并非按照学校事业的内在关系、学科发展的要求来设置。这种人事制度弱化了高校教学科研工作的意义，忽略了专业工作本身的价值，这种不科学的管理方式未能发挥人力资源管理中“用人所长”的作用，造成了人力资源的浪费。

3. 教师不适应聘任制的要求

聘任制的最大特点和最终目标就是通过双向选择，实现人才自由、合理、有效的流动，给业务强、专业精、素质高的年轻教师提供更多施展自己能力、才华的机会，为学校聘任到合适的优秀人才提供条件。

按照依岗聘任的原则，一些教师因业务能力、专业素质等个人原因，胜任不了岗位职责要求，无法满足学校现实发展需要，可能无岗可上，必然不愿接受聘任制。再者，有些教师根据自身条件，有机会选择其他学校，但由于家庭原因，例如：子女教育、配偶工作等问题的牵绊，只能放弃。因此，教师本身的原因，造成流不动的现象普遍存在。

实施教师聘任制面临的多种问题是客观存在的，在短期内不可能彻底消除，它是一个渐进的、逐步完善的过程，需要从内部改革、外部保障上双管齐下，共同努力。在这个过程中学习并掌握国外高校教师聘任的运行特点和先进经验，借鉴现存的、合理的、有效的具体方法，并根据国情、结合校情加以改良，为我所用，有利于建立健全我国高校教师聘任机制，使我国的高校教师聘任制日臻完善。

第三节 发达国家高校教师聘任制改革的有益经验

优质、高效的师资管理是高等教育质量的重要保证，推行教师聘任制度是我国目前高校师资管理改革的重点。纵观国外发达国家，实行高校教师聘任制已有多年，基本上形成了较为固定、完整的教师聘任制体系，积累了丰富的经验。分析、借鉴国外高校师资聘任制度的经验，有助于这项改革的深入推进与发展。

一、具有代表性的聘任制类型

目前，发达国家实行高校教师聘任制可分为三种类型：一是美国式，即聘任制与试用制、契约制、终身制同时并行运作，对高级职称者没有任期规定，而对低级职称者规定有聘任期；二是德国式，大学教师中除了教授，其他都有任期规定；三是日本式，由“终身雇用”和“年功序列”向“选择性”聘任制转轨的模式，日本正在准备实施以助教、副教授和教授等所有的大学教师为对象，由各大学自己决定的选择性聘任制。下面分别以美国、英国、法国、德国、日本为例，分别概述，从中寻求一些借鉴和启示。

（一）美国式聘任制

1. 美国的高校教师聘任制

美国高等教育管理体制实行的是各州分权管理体制，从法律上把教育管理权划归给各州，50 个州就可以有 50 种关于教育的立法，联邦政府主要通过立法和政府拨款与研究基金发挥对大学的导向作用。

美国高校对初任教师实行试用期，这是一种临时的不定职位。在试用阶段如果校方认为这些教师能够胜任工作，则可以转为正式聘用，否则就会被辞退。一般来说，没有教学经验的新任教师需要 7 年的试用期；对于有教学经验的教师，其试用期限为 7 年减去已有的教学经验年限，但计算已有的教学经验年限的上限为 3 年，如果教学经验年数超过 3 年，也按 3 年计算。因此教师的试用期期限一般为 4～7 年。

美国高校聘任类型有终身聘用与非终身聘用之分。讲师的聘任合同多为 1 年，到期如校方不再需要，即被辞退。对于助理教授一般实行任期制，聘期一般为 3 年，在校连续工作 6 年成绩卓著者通过晋升程序晋升为副教授，一般也同时获得终身雇佣资格，即转为终身教职，然后可以循程序继续升教授。助理教授申请晋升的评议，实行“非升即走”的原则，也就是说评议结果要么是成为终身教职，要么被解聘。教授在受聘时，自动享有终身雇佣资格。否则，校方必须在招聘广告中注明“合同教授”，合同期若干年等。据统计，在美国高校教授队伍中，有终身职位的约占 60%，约占整个教师队伍的 35%。

对于是否改革大学终身教职制度，美国近几年争论颇为激烈，面对来自各方面的改革压力，主张废除终身教职制度的有之，主张维持终身教职制度现状的也有之，但更多的是采取折中调和方式，提出各种改革方案，例如使用长期合同制，暂停或废除“非升即走”制，减少终身职位、实行限额制，改革聘任主体，调整薪酬体系，实行终身教职聘后评议制等。

2. 英国的高校教师聘任制

英国高校教师终身在职权在 1988 年《教育改革法》中被终止，这使大学教师身份保障发生重大变化，该法以时间为界限，对 1987 年 11 月 20 日之前取得终身在职权的教授保留其职位和工资不变更，允许在职到退休为止，1987 年 11 月以后被任用或升任的教授不享有终身在职权，并且规定教师第一次订立的是 3 年或 5 年的合同，其中一类是不转终身制的，另一类则是可以转终身制。

3. 法国的高校教师聘任制

法国高校教师分为正式教师和非正式教师两大类，正式教师主要由教授和副教授构成，属于国家公务员，除医学专业助教外，都属于教师职业终身制。

助教由学院（系）规定任期。法国高校在招聘教师时，最大的特色是，对于未被推荐和聘任的申请者，负责招聘的专家委员会要写出书面报告，说明未被推荐和聘任的原因，以便这些申请者有针对性地改进不足，提高水平，便于今后继续应聘。

（二）德国式聘任制

德国高校专职教师分为教授和中层人员，只有教授实行终身制，而讲师任期一般为6年，高级助教任期一般为4年（医学6年），高级技师聘期一般为6年，学术助教和艺术助教任期一般为3年。以1991年的数据为例，德国大学教师142418人，其中专任教师101517人，临时教师40901人，教授约占教师数的21%。

教授为国家公务员，实行终身制，比例为33%左右。1987年4月9日公布的《高等教育大纲法》第45条对教授任用规定：教授之职必须公开招聘。公开招聘时，必须明确应履行任务的种类及范围。教授根据大学的要求由州法规定的有权威的机关任命。在任命高等专科学校教授及其他大学高等专科学校课程教授为第二教授职（指同一大学C2级升任为C3级教授职）时，上述的规定不适用。如果任命候补者名簿以外者，必须符合州法规定的条件。对于没有参加公开招聘者的任命也被否认。教授缺少乃至得到补充期间，被委托担任教授职者可以不受第一项及第二项规定的约束。

德国高校专职教师的中层人员包括助教、合作教师和特殊任务教师。助教水平较高，一般具有博士学位，相当于我国的讲师，是通往教授的过渡性学术职位；合作教师是指在教学和科研方面与教授合作教学的人员，受聘期限可长可短；特殊任务教师是合同教师，负责某些特殊教学环节或实践教学环节的教师。

德国的大学除了教会系统以外，基本上是州立的，各州按照大学大纲法制定本州大学法，规定大学教师的聘任条件，州立大学的教师是公务员，也称为官吏。德国教师的晋升与招聘是结合在一起进行的，助教晋升为教授之前，必须先获得教授备选资格，然后作为私家讲学在大学自由讲课，直至被某大学聘任为教授，经州教育部批准后才能成为正式教授。

德国高校的基层管理单位是“讲座”，通常一个讲座设一位教授，教授是讲座的主持者，具有开课、主持考试、确定科研项目、组织教学科研实施、参加院系和研究所管理等权利，教授对于讲座具有绝对的权威，是德国高校教学科研的核心力量。

（三）日本式聘任制

“终身雇用”和“年功序列”是日本高校人才录用的惯行体系。日本早期《教育公务员特例法》规定，高校教师职务分为教授、副教授、讲师、助教，总称为教员，国立高校教员属国家公务员，公立高校教员属地方公务员，副教授以上的教员一旦经过考核被大学录取为正式教师后，没有任职期限的限制，实行终身制。

高校教师一旦当上教授，就可以得到保险35年左右，及至规定的退休年龄，教学与研究都无压力。日本大学教师由于在职身份得到法律保障，有的对大学研究和教育活动的热情减退，导致高等教育的质量下降，遭到社会各界的批判。1995年9月，作为文部大臣咨询机构的大学审议会提出实行聘任制的建议：（1）不论国立、公立，还是私立大学，聘任制以助教、副教授和教授等所有的大学教师为对象；（2）是否实行聘任制，委托给大学方面判断（选择性聘任制）；（3）实行聘任制的期间、作为对象的教师和学部、有无再任等由各大学自己决定。关于能否再任，各大学应该设定标准，不仅是研究业绩，而且要考虑到学生的授业评价和讲义内容等教学业绩。1997年8月，日本政府颁布实施《关于大学教员等的任期的法律》，规定大学教师实行任期制，但具体由各大学自主决定哪些部门、哪些岗位实行任期制以及任期时间的长短，也就是通常讲的“选择任期制”。以北路尖端科学技术研究生院为例，其任期制规定，（副）教授任职期为10年，可以再任，但再任期不超过3年，讲师和助教为5~7年，再任不超过3年。有关统计显示，截至2000年8月，日本已有42所大学制定了关于教师的任期规定，但绝大多数的学校还只是在部分学科实施该制度，关于教师任期的规定也长短不一，大多数学校将任期定在5年左右，届满可再任一次。

目前，日本有10%以上的大学实施任期制，如早稻田大学规定所有助教的任期原则上为3年，最长不能超过5年；东京大学法学部规定助教任期为3年、讲师任期为2年；庆应义塾大学从1995年开始实施从校外聘请教师规定任期的制度；筑波大学尖端学际领域研究中心（TARA）为贯彻竞争原理的基本方针，1994年，首次在《SCIENCE》和《NATURE》杂志刊登求人广告，公开招聘7名教授。来自26个国家的187人提出申请，由校外专家占三分之二的审查委员会进行公开审查，结果任用校内3人、校外4人

（其中1个是美国人）。事先规定这7名新任用的教授“若在7年中没有研究成果，就要离开TARA以及筑波大学”。按照文部省的官方解释，即使本人“不想离职”，也必须遵守法律的规范。由此可见，文部省对实施大学教师任期制是有法可依的。1996年后日本内阁向国会提交“关于大学教员等任期的法律草案”，试图对目前的大学教师人事制度进行改革，增加包括选择性聘任制的新内容。诸如，通过流动确保高校师资队伍的多样性人才，以求改善大学的教育研究组织；从事研究者可以担任助手之职；根据特定目的在既定期间可以担任教育研究之职；有关大学教师的岗位种类和任期长短由各大学自主制定公布，但要得到应聘者本人的同意。这种国家主导的大学教师任期制正在激烈的争议中迅速实施，其目的在于打破大学固有的安于现状和解决人才难以流动等实际问题，唤起大学教师的改革意识及其职责使命。

二、国外高校教师聘任制的共性和特点

（一）国外高校教师聘任制的共性

1. 以职务为核心

国外高校教师聘任制主要有两种模式：学衔（资格称号，国内称为职称）和职务合一的聘任模式与学衔和职务分离的聘任模式。

前者以事为中心、以职位分类为依据，特点是评聘结合。教师获得某种职务，既代表其作为专业人员的能力水平，也代表所从事专业工作的职务，既是资格称号，又是职务名称，一旦失去职务，也就失去了象征能力的资格称号。后者以职位、人的管理、事的管理相结合为主要依据，其特点是评聘分离。教师要想获得某种职务，必须先获得相应任职资格，再去应聘该职务，资格称号与职务相互分离。

可以看出，这两种聘任模式的共同点就在于：以职务聘任为核心，职务是资格称号的根本，一旦失去职务，资格称号就丧失实际意义，这种评聘分离的原则可以避免评与聘的矛盾发生。因此，国外高校在执行聘任制过程中，学衔与职务是严格分离的。通常当职务出现空缺时才公开招聘，并且严格控制招聘和晋升的考评条件，能够符合条件、通过竞争，最终成

功申请到职务的教师都有相应的教学科研任务，不会出现某个职务徒有“虚位”而无“实岗”的现象。

国外高校这种以职务为核心的聘任方式，使得职务聘任既是手段也是目的，既理顺了评聘关系，又为高校选拔出优秀的教师人才，实现了通过实施教师聘任制建设高素质师资队伍的目标。

2. 以合同为依据

发达国家健全的法律制度、完善的社会保障体系为高校教师聘任制提供了有力的支撑，因此高校与教师之间以合同的形式来规范聘任双方的关系，这种契约合同关系是一种基于自愿的平等关系。高校或教育行政部门有面向全社会、广泛筛选、招聘人才的自由，教师也有实现自我价值、自主择业的自由。聘任合同明确规定双方的权利和义务，同时明确任期以及工资、福利等待遇方面的约定。聘用方在合同中明确规定受聘方应在一定的任期内履行岗位职责和完成任期目标，任期期满后按任期目标进行期满考核，以决定是否继续聘任。受聘方在任期内承担岗位职责和完成任期目标的同时，也有权对聘约合同中约定的有关事项以及学校为其工作提供必要条件等方面提出合理的要求，享受相应的工作保障和生活待遇。聘任合同的内容是双方共同认可后约定的，是建立在法律效力基础上的，任何一方违反聘约，均应依法承担责任。聘任关系合同化使得聘任双方都以合同内容来规范、约束自己的行为，履行职责、承担义务、享受权利。合同成为高校考核教师业绩的主要依据，也为解决双方争议提供法律依据。

3. 以兼职教师为补充

国外高校均聘请大量的兼职教师来承担基础课和实践课的教学工作，一方面为专职教师提供时间，让他们有更多的精力从事科研工作，另一方面可以降低学校教育成本，弥补办学经费不足的问题。更为重要的一点是，在热门学科、边缘学科、新兴学科不断出现的今天，兼职教师解决了学校短期内无法开设这类课程的尴尬，满足了学生要求和办学需要。兼职教师制度促进了校际之间及学校同社会的沟通和交流，同时也不断自发地调整高校教师的合理结构。

例如，20 世纪 70 年代后，美国学术劳动力市场急剧变化，兼职教师的人数快速增加。有数据显示，美国高校 20 世纪 70 年代中期聘用的兼职教师比例是 22%，80 年代末兼职教师比例增长到了 33%，到 90 年代初增长为

42%。最新研究表明，目前美国高校的兼职教师比例已经达到40%～45%，一些两年制社区学院的教师队伍中约有68%是兼职教师。美国兼职教师队伍渐成为美国高等教育的重要力量，成为一个具有相当数量具不容忽视的群体。[1] 在日本，《教育公务员特例法》中，对兼职教师明文规定，“高校的教师在不妨碍本职工作的情况下，可以在校外兼课兼职。”一般来说，“国立大学专任教师占教师总数的68.2%，兼任教师占31.8%。而在私立大学，兼任教师的比例则为46.4%”。目前，国外各类大学兼职教师人数仍有增长的趋势。

（二）国外教师聘任制特点

1. 高校在教师招聘中享有较高自主权

教师的招聘主要由缺员学校组织进行。美国各级教师的聘任权也在高校手中，即使在法国、日本这些权力比较集中的国家，教授、副教授等高级职务的聘任需要国家统一审批，但讲师、助教等中、初级职务的聘任则由学校或较低的行政部门批准即可。高校在教师招聘中的自主权还体现在对缺员的控制上，对教授的缺员控制尤为严格，如在德国、法国、日本，教授席位根据专业需要设置，是固定的，有一定职数限制，只有当教授因故空出席位或新学科、新专业发生缺额时，才考虑招聘问题，这样不仅保证了教授的质量，而且控制了教授的数量。

2. 教师招聘工作具有公开性

高校一经决定招聘教师，便会向其他院校及有关专业学会发出征求信，同时在全国专业报刊上刊登招聘广告，面向社会广泛筛选。有些国家的高校，如美国，为了避免“近亲繁殖”及抑制本校毕业生可能形成的学阀帮派或在招聘过程中掺杂私人感情，都比较自觉地把本校毕业的教师比率抑制在全体教师总数的三分之一以下，甚至规定不从本校应届毕业生中招聘教师。德国甚至规定教授的提拔也不从本校助教中进行，助教在任期满后，只能申请应聘其他大学的教授。这种面向社会的公开招聘制度有利于学校之间、学校与社会不同学术流派的交流，有利于维持和提高大学教师队伍

---

[1] Lenington R. L. Managing higher education as a business [M]. Phoenix: American Council on higher education and Oryx Press, 1996.

的质量。

3. *有着严格的教师聘任条件及考核程序*

各国对各级教师职务都有着明确的备选条件，主要包括学历、学位、教学、科研等几个方面的要求。如美国高校规定，讲师要具有硕士学位或博士候选人资格；助理教授要具有博士学位，并且要表现出在教学和科研工作方面的潜力，还要有2~3年的教学经验；对副教授及教授的要求就更高了。又如德国任用大学教授的必要条件，一是具有学术性业绩或者艺术性业绩；二是在从事职业后的5年中能使学术观点和方法得到应用与发展，并取得特殊业绩；三是从事的职业最少必须有3年以上是在校外进行的。成为教授，须以优秀成绩达到博士考试的合格标准，教授资格考试包括专题著作或研究论文的正式审查以及学术研讨会的讲演等。根据官吏法的规定，可以任命为附有任期的大学讲师，一般任期为6年。再如日本《大学设置标准》就规定了教员资格。教授的资格条件是：（1）具有博士学位；（2）被认定为具有与博士相当的研究业绩者；（3）在大学里任教授的教师；（4）在大学里任过副教授并被认定为具有教学研究业绩者；（5）在高中、专门学校及被认定为同类学校担任过教授5年以上，具有教学研究业绩者；（6）在文体艺术方面具有特殊技艺并具有一定教学经验者。

除了对教师的聘任条件有着明确规定外，各国还具有一套严格的考核制度，以确保所聘教师的质量，这种考核还运用于教师的晋升过程中，如美国实行“非升即走”的原则，规定讲师聘任合同为1年，助理教授为3年，还可延聘3年，到期后，如通不过专门委员会对其教学效果、科研能力、论文及著作水平及咨询或服务质量等方面的考察，就得被解聘离校。日本更为严格，即使“贵”为教授、副教授，每隔3~4年也要进行一次“业务审查”，通过者方可继续聘用。日本高校对教师的晋升考核主要体现在三个方面：（1）学历、学位条件（即《大学设置标准》所规定的资格要求）；（2）任现职最低年限，助教1年，讲师3年，副教授6年；（3）教学和科研水平的确定。这种制度能激励教师勤奋上进，不断提高专业水平和敬业精神，有利于人尽其才和人才流动。

三、国外高校教师聘任制带来的启示

国外高校教师聘任制经过多年的实践、摸索，已形成了一整套比较完备的聘任制度、成熟的管理模式和丰富的实践经验，主要表现在以下几个方面。

（一）推动高校教师聘任制度法律化，教师聘任工作规范化、制度化

将高校教师聘任制度法律化，使教师聘任工作规范化、制度化，以法律手段予以保障。例如，英国的教育改革法促使既定的大学教师身份保障发生重大变化，从法律上停止大学教师直到退休的终身在职权；日本内阁已经提交国会审议有关大学教师任期制的法案，以法律为依据强调“不想离职”者也必须遵守法律规范。我国的《中华人民共和国教师法》对教师聘任作了原则性规定，但具体到每一所高校而言，还需要从学校自身情况出发予以细化。当前在高校教师的聘用期限、考核评估、职务晋升等方面还亟待制定具体的法规细则，以使我国高校教师的聘任工作全面纳入法制化轨道。

（二）打破教师终身制，实行任期制，严格任期考核

教师终身制使教师收入稳定，职业得以保证，确保教师的经济地位和学术自由，但其最大弊端是抑制了人才的流动，无法调动教师的工作积极性，影响教学质量的提高。实行任期制，相当于国外的“非升即走”制，他要求教师在规定的聘任期限内，通过考核必须达到晋升条件，否则学校不予续聘。

（三）发挥高校潜力，开放人力资源市场，吸引社会优秀人才

现代经济条件下高等学校与社会的交流与合作日趋广泛与密切。从政府来讲，通过采取各种优惠措施，增强高校教师职业吸引力；从高校而言，面向社会公开招聘，通过提供良好的研究条件、研究资金等方式吸引社会优秀人才。这不仅促进了学校与产业界、政府之间的人才交流，密切了学校与社会的联系，而且推动了高校的学术交流与合作，为高校自身发展注

入了新的活力。

（四）发挥审议机构的中介作用

对于任期制这一涉及各种利害关系的敏感性问题，委托由社会知名人士组成的审议机构提出政策性建议，这样可以避免政府部门与利益团体或个人之间的正面冲突。日本大学审议会是在广泛征求意见和调查研究的基础上倡导实施由各大学自己判断的选择性任期制。

（五）重视校外工作与研究的经历，吸纳来自国外或企业的优秀人才

美国大学研究生毕业后留下来直接当教师的极少，一般是毕业后去其他大学从事教育研究工作一段时间再返回；德国原则上不允许同一大学的副教授直接升为教授，教授从校外招聘，规定最少须有 3 年以上在校工作的经历。同时，美国大学善于聘用和发挥国外优秀人才的作用，而在这方面一直封闭保守的日本也开始注意改变自己的形象，希望各大学进一步认识任用外国优秀研究者和企业富有经验者到大学执鞭任教的重要性。

我国高校教师聘任制成为一种制度确立并完善，在借鉴国外成功经验的同时，需要依靠相关措施保障才能得以实现：一方面，各高校在实际操作中，依照公正、公平、公开的原则，采取“平稳而富有特色，规范而富有人情”的方式，根据校情稳步推进教师聘任制：另一方面，政府要从宏观上给予法律支持、政策引导，加快社会保障、法律保障、制度保障措施的建立、健全。

第四节　推动我国高校教师聘任制改革的几点思考

高校教师聘任制的实施目的之一就是为了更好地保护教师的各项权益，在制定教师聘任制时就应该充分考虑到高校教师的所应享有的各项权益，以此作为制度的核心。高校教师职业和其他类别的教师职业相比有着明显的区别，因此在制度设计时就应该体现出这些差异，从教师的实际需要出发来制定教师聘任制的具体内容，切实保障好教师的各项权益。

一、高校教师聘任制的合理分析

虽然本节旨在讨论现阶段我国推行教师聘任制的过程中所产生的一系列法律问题，但也应该看到高校教师聘任制这一制度本身所具有的合理性。正如上文所述，实行教师聘任制已经成为高校教师管理制度改革的必然趋势。因此，应在这一合理性的基础上，反思教师聘任制实施的现状，从而为将来更好地落实这一制度提供一些法理上的预测和支持。根据教师任用制度的发展历程，并结合我国的现有国情，推行高校教师聘任制在法律上的合理性主要体现在以下几个方面。

（一）充分体现了公平原则

《中华人民共和国教师法》规定："学校和其他教育机构应当逐步实行教师聘任制，教师的聘任制应当遵循双方地位平等的原则，由学校和教师签订聘任合同，明确规定双方的权利、义务和责任。"

这一规定从法律的角度对教师聘任的原则做了明确的界定。据此规定，教师任用制度由原来的任命制转变为聘任制，因此调整该法律关系的手段也应随之改变，应由过去任命制下的人事制度调节转变为聘任制下的合同机制调节。而合同的一个实质性原则即为公平原则，是合同的双方主体在平等自愿的基础上，对合同条款经过相互协商，在意思表示一致后签订合同。在教师聘任合同的签订和实施过程中，教师和学校之间的法律地位是平等的，权利是对等的，学校和教师双方自愿协商签订聘任合同来调节双方之间的关系，强调教师和学校之间地位的平等，学校可根据自身的发展状况和用人需求，来择优录用其所需的教职人员，而教师也可依自身的兴趣爱好自由地选择就职的学校，这充分体现了公平原则，也是其与以往任命制最大的不同之处。

（二）符合效益原则的价值要求

亚当·斯密认为，最能满足人类生活需求的经济体制，就是让人们自由劳动，自由交换的市场体制。在市场经济中，分工能够发展，消费能够最有效地得到满足，生产效率能够最快地得到提高。在他看来，市场经济中，虽然没有人统筹计划，但全社会的生产、流通、交换和分配却可以有效地进行。高校教师聘任制适应市场经济的一个显著特点便是使学校的教师人力资源通过市场调节，取得高效益。教师聘任制的主要特征在于按需设岗，按岗聘任，评聘结合，以聘为主，考核择优等，因而适应了市场经济对人力资源开放性的要求，把学校教师推向市场。此外，教师聘任制也有利于实现资源的优化配置，教师和学校双方都可基于聘任合同在双方法律地位平等的前提下，进行相互选择和淘汰。聘任制灵活的用人机制摆脱了以往任命制中存在的师资队伍来源单一，人身依附严重，缺少合理流动，缺乏动力机制和有效的激励机制等弊端。

（三）体现了以人为本的精神

高校教师聘任制以聘任合同为中心调节机制。通过聘任主体自主表达意志来约定双方的权利、义务和责任。该机制充分尊重了聘任双方的意志自由，在公平正义原则的引导下有效地保障了双方的合法利益，体现了以人为本的精神。在聘任制下，教师的生存权利和学术自由能够通过约定的形式得以确立和维护，教师可以预期自己想要的工作环境和待遇，并通过合同条款的形式与校方协商达成一致。

二、推进我国高校教师聘任制的路径分析

我国高校推行教师聘任制度不仅要借鉴发达国家的成功经验，更要立足我国国情、省情、校情，探索适合高校教师聘任制改革的道路。

（一）加大宣传力度，尽快转变观念

高校要促使教师强化竞争意识，使其产生紧迫感，进而激发其上进心和积极性。为此，首先要从学校中高层管理人员做起，因为他们是教师职务聘任工作具体实施的组织者和执行者。只有他们的观念真正转变了，才会在聘任制工作中做好教师的思想工作，才能真正做到严格执行，才能真正消除聘任流于形式、讲平均、讲人情的不良风气。

（二）科学合理定岗、定编

教师聘任就是教师职务岗位的聘任。职务就是岗位，能否聘任，首先取决于岗位。没有岗位，即使具备任职条件，也不可能取得相应的职务。因此，科学定岗、定编是高校教师聘任的基础，是岗位设置的首要环节。

岗位是根据编制和需求来确定的。编制由教育行政部门核实，在此不作论述。需求源于学校教育教学工作总量，一所学校的院系，学科门类众多，需求不一，如何设置岗位，难度很大。因此，各高校必须坚持“按需设岗、公开招聘、平等竞争、择优聘任、严格考核、合约管理”的原则全面推行，逐步实现由“身份管理”到“岗位管理”的转变。高校应根据本校学科建设和教学、科研任务的需要以及社会对人才的需求，制定一定时期的发展规划，并在此基础上逐步调整学校的学科和专业设置，科学合理设置不同层次的岗位，明确岗位职责和任务、聘用期限和待遇等，在设岗管理中，应坚持动态管理的原则，根据工作需要及时调整岗位的数量、性质和级别。

从目前来看，各校的做法有以下三类：（1）按照学科设岗。通常的做法是将学科分成重点学科、博士点、硕士点和一般学科等三到四类。对重点学科和博士点学科，设置较多的高级职位，其主要优点是有利于发展优势学科。在资源有限的前提下，集中精力发展本校的特色和优势。缺点是不言而喻的，非重点学科和非优势学科处于不利地位，同时，教学受到冲击。从实践看，研究型大学采用此类标准的居多。（2）按照学校任务分配岗位。将学校承担的教学、科研任务分解为若干类别或层面，根据任务的数量和水平要求设置不同的职位。其优点是对教师产生直接的激励，教师的责任比较明确；缺点是不利于发挥教师从事学术研究的内在动力，距离学科建设的目标比较远。（3）按照学科和任务结合的原则设岗。这是以上两种方式和原则的结合。但从实践看，要做到两者的有效结合绝非易事。因为学科和任务是两个不同层面、不同类别的概念，一个体现了学术发展的内在逻辑，一个则表征了社会对教师的期望和认识，这两种要求之间，常常发生冲突。

以中国农业大学教师聘任制改革为例。其具体做法是对院系的岗位设置根据“基础数”和“调节增加数”两类指标核算。所谓“基础数”是根据各实体院系拥有的全国重点学科、博士点学科、国家重点实验室/工程中心、教育部文科重点研究基地、省重点研究基地、省重点学科、硕士点学科、教育部开放实验室、工程中心、本科专业、全校公共课教学等指标确定；“调节增加数”则根据各实体院系拥有的一级学科博士学位授予权、教育部人才培养基地、在读研究生数、在读本科生数、省级以上重点课程、全校公共课教学授课时数等指标确定。各院系的编制核定和岗位设置，每学年进行一次。每年7月由学校人事处负责统筹，按照上述原则，计算出下一学年各院系的编制数和岗位数，在新学年开始前，由学校编制核定与职务聘任委员会审核并公布。

（三）建立多元的聘任模式和科学的聘任标准

随着改革的不断深化，高等教育将加大与社会的联系。高校的招生人数、科研项目等会经常发生变化，因此，要建设一支专兼职相结合的师资队伍。在高级职务教师岗位相对固定的基础上，探索灵活多样的用人模式，打破单一的聘任模式，“不求所有，但求所用”，采取“柔性引进”、专兼结合、项目合作等模式，采用外聘、特聘、兼职、返聘等多样化的灵活聘任形式作为专职教师队伍建设的补充，实现教师资源的社会共享，使校内人力资源配置得到优化。

1. 健全考核评价体系，过程管理与目标管理相结合

在聘后管理中，高校要发挥聘任制的优点就必须建立健全岗位考核评价体系，首先根据本校学科专业及师资队伍情况，从本校实情出发制定一套合理、科学、可行，又便于具体操作的考核评价体系，同时，为了克服重聘任轻管理的弊端，要坚持过程管理与目标管理相结合，把起点、过程及终点管理列为一个整体。避免两者相脱离，有的高校聘任制之所以流于形式，很多就是考核评价体系不完替，没能把过程管理与目标管理结合起来。

2. 制定具体而又切实可行的任职标准

首先在任职标准上要求具体而又切实可行，对于不同类型、不同层次的高校要区别对待，在教师聘任标准上就要充分考虑其各自的特点，结合其各自情况制定区别对待的任职标准，如重点高校与一般高校、西部高校与东部高校、老牌高校与新建高校、普通高校与成人高校等，又如，医科

院校、农业院校、师范院校所制定的任职标准应不同于一般高校的标准，而且它们彼此间也应有所不同。在同一高校内要注意考虑不同学科专业特点，要从有利于学科专业发展，有利于教学水平和人才培养质量提高的角度来制定聘任标准。在制定标准时要掌握好其难易程度，既要达到一定高度，发挥激励作用，又不可太高，挫伤教师工作积极性。同时要注意循序渐进，逐步提高要求，充分保证教师队伍素质的稳步提高。

3. 确保聘任标准执行的延续性与稳定性

制定了切实可行的标准后，就要在实行过程中努力确保聘任标准执行的延续性与稳定性，不仅在评审时要坚持，聘后考核过程中更要严格执行，使标准的执行始终贯穿于评审—聘任—聘后（履职）考核的全过程中。只有这样才能使评、聘相分而又不完全分离，真正理顺评、聘的关系，达到激励与选拔优秀人才的目的。加强聘任标准的考核力度，避免聘任制流于形式，不少高校之所以出现实际效果不佳的结果，其中主要原因之一是没有严格执行聘任标准，重聘任，轻考评。其实教师聘任制要让其制度设计上的优点充分发挥出来，最终的落脚点是聘任标准的严格执行。

4. 体现与维护聘任标准的权威性

实施教师聘任制，教师的权利与义务具有相当程度的对等性。教师在行使权利的同时，认真履行岗位职责。教育管理机关聘任教师后，要严格按照聘任前所定的各岗位职责，加强对教师的过程管理，定期对照岗位职责进行考核评估，教师在经过了严格的考核，按要求履行了相应岗位职责后，聘任部门也要确保其应享有的权利和待遇，根据岗位职责完成的情况给予相应的待遇。

（四）完善招聘和管理体制

我国高校教师聘任制要实现信息公开化、程序公开化。教师的补充必须通过面向社会公开招聘的方式进行，遵循“公开、平等、择优”的原则，广泛吸收社会各界的优秀人才。通过校外的广泛应聘、竞争、选拔，有利于大学之间、大学与社会之间不同学术流派、学术思想和不同学风的交流，从而活跃了学术思想，促进了国家科学技术的发展，也促进了高校间合理的教师流动，避免了“近亲繁殖”现象的发生。我国要推行真正的高校教师聘任制，管理一定要合同化，逐步实现人员行政依附关系到契约合同关系的转变。学校和教师的关系就是以合同形式约定的受法律保护的聘用关系，包括学校对教师的履职考核、奖惩以及双方的权利、义务等都以合同的约定为依据，合同没有规定的，对双方都没有法律约束力。如果教师和学校发生劳动合同纠纷，依法解决纠纷的唯一依据是双方依法签订的聘用合同。

（五）完善激励机制

看似与教师聘任工作没有联系，但激励机制对实施教师聘任制具有巨大的推动作用。这就需要在分配制度上注重体现“以岗定薪”。因此，高校教师薪酬必须体现出三层含义：一要能体现出教师潜在的和现实的工作能力，体现劳动者的素质；二要保证在职务工资不作调整时，教师工资能随物价上涨而上浮，满足教师基本生活需要；三要考虑教师现时的工作质量和数量，直接与个人实际贡献挂钩，体现出薪酬的激励功能。这样，才能逐渐形成一种按劳分配、优劳优酬、能上能下、能高能低的新机制。在精神上，一方面高校应为教师制定明确的教学、科研目标，给予教师有发展前景的工作任务，激励教师工作的欲望与热情；另一方面，高校在教师任教的过程中为其提供培训和深造的机会，充分调动教师的工作积极性。

（六）建立科学合理的考核评估体系

教师实行聘任制后，考核成为聘后管理的主要手段。一要完善教师业务档案，对教师的生活、教学、科研、获奖等各方面情况进行详细的记载，为教师的综合评估提供依据。二要建立科学的评价体系，要形成学生评价、管理部门评价、社会评价、教师评价的多元评价体系，确保评价指标的科学性、明晰性和完整性。三要进一步量化评估标准，对不同职称的人员分别进行考核。四要建立健全考评制度，加大考核力度，如在教学上不只限于对教学工作量的考核，还要考核教学效果；在科研上不仅要看发表论文的数量，还要看论文的质量。建立科学规范的教师年度考核标准，采取定性与定量相结合的方法，客观、公正地评价教师的思想政治表现、教学工作量和教学质量、学术水平等。五要考核结果与聘任、晋升和工资待遇等直接挂钩。如果教师在聘任期内没有履行合同所规定的条款，将被解聘或调整到别的岗位，实行优胜劣汰，以促进教师队伍的发展，保证教学质量。

（七）建立高效、系统的落聘人员安置机制

对落聘人员实施高效和系统的安置，有利于整个高校的和谐稳定。高校应该设置专门的有关落聘人员安置指导机构，为妥善安置未聘及流动人员提供信息和其他帮助。学校可以采取内部转岗、内部消化的措施，也可帮助落聘人员积极寻求在其他高校再次就业的机会，还应鼓励落聘人员转变就业观念，走出校门，在社会其他行业中寻求适合自身发展的新岗位。

（八）建立健全社会保障体系

在高校建立符合教师职业特点的医疗、养老、失业等社会保障制度，是切实保障教师合法权益的有效手段，也能够为流动到高校体系之外的人员提供较为全面和有效的社会保障。消除教师的后顾之忧，为高校教师聘任制度的推行提供有力支持。目前高校的社会保险体系还不是特别完善，涉及面并不广。很多高校仅含有医疗保险这一保障措施，无法为落聘教师提供完善的保障体系，这难免为推行以任期制和淘汰制为核心的教师聘任制造成阻碍。因此应尽快建立健全高校内部的社会保障体系，这也是人才得以合理流动的必要基础。

从 1993 年《中华人民共和国教师法》中的“学校和其他教育机构应当逐步实行教师聘任制”，到 1998 年《中华人民共和国高等教育法》中的“高等学校实行教师聘任制”，高校教师聘任制逐渐步入了法制轨道。高校教师聘任制的实施打破了学校行政干部终身制和教职工的“铁饭碗”，打破了高校选人、用人的局限，学校与教师“遵循双方平等自愿的原则”签订聘任合同。但由于高校教师劳动的特殊性，他们所从事的是公法上的教育，教师与学校的关系不是纯粹的民事合同或者劳动合同关系，而是教育行政权推行过程中的公法合同关系。“这决定了高等学校等事业单位、社会团体的人事争议，既不能适用公务员系统的法律规范，亦不能适用《中华人民共和国劳动法》有关仲裁机制。”中国人民大学法学院教授杨建顺表示，尽管《中华人民共和国教师法》、《中华人民共和国教育法》、《中华人民共和

国高等教育法》等都明确了教师聘任制中教师的地位和作用、权利和义务，尤其是《中华人民共和国教师法》，更对教师的任用、考核等做了全面规定，但教育行政部门和人事部门出台的具体的实施细则和配套的规章文件还不够完善，这是影响教师聘任制顺利实施的一个核心因素。

第二章　聘任制下高校教师权益内涵[1]

摘要：教师聘任制的实施使得高校与教师法律关系发生了变化，从而也使高校教师的权益保障面临新的问题，如：在聘任制下，高校教师自我保障能力偏低；高校内部管理机制在一定程度上也对高校教师权益的保障造成了阻碍，致使高校教师权益保障程度较低，尤其体现在参与民主管理及带薪培训等方面；目前的社会保障机制还未能与聘任制相匹配；现有的教育法规制度也不足以应对聘任制带来的新问题。因此，教师权益的保障问题理所当然受到各方面的关注。

第一节　聘任制下高校教师的法律地位

一、我国教师权益保障的发展过程

我国封建帝制覆灭之后，教育从少数人的特权变成了每一个人的基本权利；教师由“传道者”变成了“教育教学专业人员”；教师的选任由“以学者为师、以吏为师”变为“以师范院校毕业生充任”；从事教职者由很少变为较多。民国政府对于教育和教职工也给予很大关注，教育部曾一度设

---

〔1〕 作者简介：余立，副研究员，北京工业大学校两办副主任。

立教师节以尊崇教师，教师待遇也得到很大提高，教师权益的保障有了实质的内容。新中国成立以后，教师的政治地位、社会地位和经济地位都得到了确定和不同程度的提高。“文革”十年浩劫，给教育与教师带来了极大的冲击，教师地位一落千丈。十年动乱结束后，邓小平提出了“我们要提高人民教师的政治地位和社会地位。不但学生应该尊重教师，整个社会都应该尊重教师”[1]的思想。十一届三中全会以后，党和政府在提高教师的政治地位、社会地位、经济地位方面采取了一系列的重大措施，其中包括提高教师的工资收入水平、确定教师节、颁布保障教师合法权益的法律。

1985年为提高教师的政治地位和职业声望，我国将每年9月10日定为教师节，教师的权益保障再度重新被重视。1986年颁布的《中华人民共和国义务教育法》中第十四条规定：“全社会都应当尊重教师。国家保障教师的合法权益，采取措施提高教师的社会地位，改善教师的物质待遇，对优秀教师给予奖励。”这一规定第一次以法律的形式提到了教师的合法权益的保障问题。随后，原国家教委又于1992年12月颁布了《教师和教育工作者奖励暂行规定》，在该文件中提出：对长期从事教育、教学和管理、服务工作并取得显著成绩的教师和教育工作者，分别授予“全国优秀教师”、“全国优秀教育工作者”称号，颁发相应的奖章和证书；对其中有突出贡献者，授予“全国教育系统劳动模范”称号。奖励工作两年进行一次，对获奖者给予物质奖励，享受一次性奖金。1993年10月颁布的《中华人民共和国教师法》第四条第二款规定：“全社会都应当尊重教师。”第七条规定了教师享有的六项权利；第二十五至三十二条规定了教师的各项待遇，其中包括“教师的平均工资水平应当不低于或者高于国家公务员的工资水平，并逐步提高”，“享受教龄津贴和其他津贴”、对教师住房的建设、租赁、出租实行优先、优惠，对教师提供医疗方便并享受同国家公务员同等的医疗待遇，享受国家规定的退休或退职待遇；第三十五、三十六条规定了保护教师政治及人身权利的法律措施等。《中华人民共和国教师法》的颁布与实施，使我国教师的地位有了法律的保障，教师的权益保障不再只是一种思想，而有了实质的内容。

《中华人民共和国教师法》实施后，我国又陆续颁布了一些教育法规，

---

〔1〕 中共中央文献研究室．邓小平论教育［M］．北京：人民教育出版社，1995:72.

出台了一些政策来保障教师权益。1995 年颁布的《中华人民共和国教育法》第三十三条明确规定了国家保护教师的合法权益，改善教师的工作条件和生活条件，提高教师的社会地位。教师的工资报酬、福利待遇，依照法律、法规的规定办理。1998 年颁布的《中华人民共和国高等教育法》第一次明确地提出了对于高校教师合法权益的保障，第五十条规定“国家保护高等学校教师及其他教育工作者的合法权益，采取措施改善高等学校教师及其他教育工作者的工作条件和生活条件”。同时，国家最高行政机关还依据宪法和教育法律制定了一系列的教育行政法规，如教学成果奖励条例、教师和教育工作者奖励规定等，各地方立法机关出台了一些地方性法规，国务院教育行政部门（教育部和原国家教委）也发布了一些规范性文件，这些都对教职工的权益保障做出了明确的规定。至此，我国在保障教职工合法权益上，已经初步建立了以宪法为基础，以教育法为核心，以各种教育专门法和行政法规为框架，以教育规章和各种规范性文件为补充的法律体系。随着各种新生教育事物的出现，更为先进、更为有效率的保障手段必将会陆续实施，我国教师的权益必将会得到更好的保障。

二、高校教师的法律地位

高校教师的法律地位是指以法律形式规定的高校教师在各种社会关系中的位置，它往往取决于一个国家在某一个历史时期对教育职业及其作用的定位。这主要涉及教师与政府、教师与学校、教师与学生、教师与社会所构成的法律关系中所处的地位以及教师权利的行使和义务的履行等方面。

（一）聘任制实施前高校教师的法律地位

实施聘任制以前，符合高校教师资格的教师由教育行政机关向各高校分配，高校代表教育行政机关对高校教师进行管理。高校教师和学校双方的权利和义务都是由法律所规定的，在这种制度下，学校与教师之间的关系实际上是教育行政机关与教师的关系。因此，学校与教师之间实质上是一种行政法律关系。行政法律关系是行政法规范对一定社会关系调整后所形成的特定法律关系的总称，具体是指行政法对由行政活动产生的各种社会关系加以调整后所形成的行政主体之间的以及行政机关与其他各方之间的权利义务关系。行政法律关系双方的权利义务具有对应性和不对等性[1]。与民事法律关系不同，它不是由当事人的意识表示为设定的，而是由法律直接规定的。在这种行政法律关系下，高校教师的身份实质上是等同于国家公务员的。

（二）聘任制实施后高校教师的法律地位

随着1995年《中华人民共和国高等教育法》的颁布，高校取得了法人资格，具有了聘任教师的权利。教师聘任制，就是指高校教师与高校之间，按照国家有关法律、政策，在平等自愿、协商一致的基础上，就任职条件、任职期限以及双方的权利、义务和责任达成一定的协议，并据此签订合同而形成的一种教师任用方式。高等学校实行聘任制总的原则是，按需设岗、公开招聘、平等竞争、择优聘任、严格考核、合约管理。它具有聘任关系平等化、契约化；聘任过程社会化、公开化；聘任形式多样化、灵活化的特点。教师聘任制度主要包括公开招聘、签订聘任合同、定期考核、解聘辞聘等制度。实施聘任制后，从聘任合同本身的规定来看，它是在遵循双方地位平等的原则的基础上订立的，法律关系的主体、客体和内容都取决于法律双方主体的约定，这完全符合一般劳动合同的要求，合同关系表现为一种民事关系。由此，在聘任制下，高校与教师之间的关系不单是教育行政机关与教师的关系，双方也不再仅仅有行政隶属关系，以聘任合同为基础的平等法律关系也成为双方关系的一种。在高校教师聘任制条件下，高校与教师的关系既不是纯粹的民事关系，也不是纯粹的行政关系，而是二者兼而有之。在双方签订合同时，遵循契约自由原则，更多地体现私法色彩；在签订合同之后，遵循公共利益优先原则，具有浓厚的公法色彩。这是高校教师聘任制度与行政任用制、企业职工劳动合同制的区别所在。

与企业的劳动合同制一样，高校教师聘任制也坚持效率、平等的价值定位，“效率优先，兼顾公平”是两者共同遵循的价值原则。但由于大学毕竟是具有社会公益性的学术机构，追求真理、发展学术是其本质所在。大学的公法人性质要求高校教师聘任制度必须坚持人本、学术自由的价值规

---

〔1〕方世荣．行政法与行政诉讼法学［M］．北京：人民法院出版社，2003

则，也就是说，高校与教师之间签订的聘任合同受到公法上的一些特殊的监督和制约，并不像签订企业劳动合同那样实行完全的自治。教师聘任制的推行并不意味着公立高等学校与教师之间将转变为纯粹的民事关系。从聘任合同的主体构成性质来看，合同的一方——高校是独立的法人，同时它也依然是国家机关授权的组织，《中华人民共和国高等教育法》授权公立学校聘任教师及其他职工以及对之实施奖励或处分，显然这些是行政性的职能，高校在执行这些职能时其身份仍然是行政主体，这也与教师权利救济的特殊性即教师申诉制度与人事仲裁制度的行政性相吻合。学校的公法人特性决定了其不同于一般的雇主，学校和教师所签的聘任合同仍然要受公法上一些特殊监督和制约。所以，教师聘任合同也不是一般的劳动合同。由此，高校和教师的关系呈现二元化的趋势。

尽管高校与教师的关系发生了明显的变化，但变化后两者关系的实质仍然处于一种相对模糊的状态，这很大程度上是因为教师本身的法律地位尚未有一个真正的界定。聘任制以前，我国历来把高校教师作为国家干部纳入国家行政干部系列，其法律地位属于国家工作人员。但新的国家公务员制度实施后，未把教师继续纳入公务员的体系之中。但从实务上来看，教师和国家工作人员，在任用、晋升、工资福利、退休、奖惩等方面目前仍适用同一类法律，统一按行政管理的方式进行。尽管公务员改革并没有把高校教师纳入公务员系列，但《中华人民共和国劳动法》也并未将教师纳入自由职业者的行列，而是认为教师聘任合同不同于劳动合同。然而，最高人民法院在2003年8月27日公布了“关于人民法院审理事业单位人事争议案件若干问题的规定”，从审判实践上明确了“事业单位与其工作人员之间因辞职、辞退及履行聘任合同所发生的争议，适用《中华人民共和国劳动法》的规定处理”，用司法解释的形式纠正了行政机关制定的聘任制度意见中一些欠公正的规定，以解决当前因聘任合同所引起的人事争议的诉讼问题。《中华人民共和国教师法》第三条规定“教师是履行教育教学职责的专业人员”，把教师确定为专业人员，但该法一些规定中（如第二十九条关于待遇的规定；第三十九条关于申诉的规定）我们仍能看出与1993年实施的《国家公务员暂行条例》相似的条款，出发点仍是把教师纳入传统的行政管理的框架中去考虑的，和一般的专业工作者显然不具同等的法律地位。这表明，在聘任制下，高校教师身份的实质不再等同于国家公务员，但基于教育的公益性而言，高校教师和专业人员也有显著的不同，可以说高校教师的目前的身份是有公务员特征的专业人员。

第二节　高校教师合法权益内容

一、高校教师权益

《中华全国总工会关于加强协调劳动关系、切实维护职工合法权益、推动构建社会主义和谐社会的决定》（以下简称《决定》）中明确指出了当前形势下维护职工合法权益工作的七项基本任务：一是维护职工劳动就业权利；二是维护职工获得劳动报酬权利；三是维护职工社会保障权利；四是维护职工劳动安全卫生权利；五是维护职工民主权利；六是维护职工精神文化权利；七是维护职工的社会权利。这七项基本任务的提出，为工会维权工作指明了方向。在当前形势下结合我国构建和谐社会的总体目标及教育系统职工特殊性的特点，教育工会应把维护教职工政治、经济、文化和社会权益作为维护职能的基本任务。

（一）政治权利

政治权利主要是指教师的民主权利。随着市场经济的逐步完善，出现了经济关系多元化、劳动关系、利益关系复杂化的趋势。我国社会主义国家的性质决定无论社会发展到何种程度，无论经济关系、劳动关系怎样复杂多变，工人阶级主人翁地位是不会改变的。教育系统是知识分子相对集中的领域，知识分子作为一个社会阶层，是工人阶级的重要组成部分。他们具有知识水平高、思想进步、民主意识强的特点。科学和民主历来是广大知识分子始终高举的两面大旗。也就是说知识分子在崇尚科学的同时，始终对民主有孜孜不倦的追求，这是与他们具有较高的科学文化素质紧密联系在一起的。文化素质高，理解能力和自律能力强，决定了他们有能力参与国家和社会事务的管理。中国共产党历来以实现和发展人民民主为己任，并在实践中大力推进社会主义民主政治建设，这又为实现广大知识分子的民主诉求提供了现实的可能。通过调查显示，当前职工群众所要求的民主权利也已经从选举权，被选举权，财产权，言论、集会、结社权，信仰自由权等基本权利上升为知情权、参与权、决策权及平等竞争、公平获取、平等发展等，这是我国民主政治建设不断前进的象征，也是民主随着实践的发展而发展的必然要求。教育工会要顺应时代发展的潮流坚定不移地依靠方针、政策保障知识分子当家做主的地位。

（二）经济权利

《决定》中指出的劳动就业权、获得劳动报酬权、社会保障权、劳动监督卫生权都可以概括为经济权力。改革开放以来，随着教师社会地位、经济地位的提高，教师已成为令人神往的职业。同时，教师的经济利益在社会关系、劳动关系不断变化、调整中也不同程度地受到冲击。

（三）精神文化权益

精神文化权益主要指教师的学习权、再教育权、发展权。管理心理学认为：按需要的对象划分，需要包括物质需要和精神需要。在当前政治经济快速发展的时代，教师物质生活水平在不断改善，随之而来的精神文化的需求必然与日俱增，尤其是知识分子相对集中的教育系统，他们对精神文化有着更高的需求。这就要求工会必须维护好教师的精神文化权益，尽量满足教师的精神文化需要，为教师提供良好的继续教育平台；开展丰富多彩的文化、体育、知识竞赛、经验交流、各种“建功立业”等活动，为提高教师思想道德、政治素质、业务水平等创造条件，把广大教师培养成有理想、有道德、有文化、有纪律的劳动者。

（四）社会权益

工会要组织和代表教师参与国家和社会事务的管理及社会经济利益的调整，保证教师在社会生活领域拥有的各项权益，享受社会公共事业的服务与保障；要深入调查研究，及时、准确地向党和政府及主管部门反映广大知识分子的意愿、呼声和要求，加强源头参与，争取在行政决策和立法中体现广大知识分子的合理要求并维护教师享受社会进步的成果及社会保险、社会福利的权力。

二、高校教师的职业权益、精神权益和物质权益

（一）高校教师职业权益

教师职业权益则是指作为高校教师所特有的基于法律的特别规定所享有的专属利益，即《中华人民共和国教师法》、《中华人民共和国教育法》、《中华人民共和国高等教育法》及其他教育法律法规所赋予教师的，为保证教师在教育教学活动中能正常履行职责，专门赋予教师的特定利益。它是基于教师的特定身份而产生，受教育法律规范的调整，反映了教师的职业特征、教育工作的价值取向的权益。该权益是宪法规定的抽象权益在教师身上的具体体现和实然的转化形式，是事实上的应有权益在教育系统内部被自觉认识和特殊配置的结果，在教师的权益体系中居于核心地位。按照《中华人民共和国教师法》第七条的规定，我国教师的职业权利可概括为教育教学权、进行科学研究与学术活动权、学生管理与学业评定权、获得劳动报酬和享受福利待遇权、参与民主管理权、参加进修和培训权。

1. 教育教学权

教师享有进行教育教学活动，开展教育教学改革和实验的法律权利。教育教学改革和实验是教育发展的客观要求。教师有权针对不同的教育对象，实行因材施教，在教学形式、内容、进度、方法等方面进行改革和完善。

2. 科研学术权

教师享有从事科学研究、学术交流，参加专业的学术团体，在学术活动中充分发表意见；这是我国公民言论、出版、集会、结社等宪法权利在教师身上的具体化。教师享有充分的学术自由，可以通过各种形式发表自己的学术意见。

3. 学生管理权

教师享有知道学生的学习和发展，评定学生的品行和学业成绩的权利，教师在教育教学活动中处于主导地位，有权根据学生德、智、体、美、劳

等方面的综合表现对学生的成绩做出客观的评价。

4. 获取报酬权

教师享有按时获取工资报酬，享受国家规定的福利待遇以及寒暑假期的带薪休假；这一权利是教师生活的基本保证，与教师的切身利益休戚相关。该权利的实现程度是调动教师积极性的前提和基础。

5. 参与民主管理权

对学校教育教学、管理工作和教育行政部门的工作提出意见和建议，通过教职工代表大会或者其他形式，参与学校的民主管理；教师在学校的主人翁地位和教育管理专业性的特点内在地要求教师享有并能充分行使这一法律权利。

6. 进修培训权

教师有权参加进修或者其他方式的培训。各个学校、教育行政部门和其他教育机构应当采取各种方式、开辟多种渠道，为教师提供提高自身政治、业务素质的机会，保证教师参加进修培训权的行使。

（二）高校教师的精神权益和物质权益

从本质上看，精神是与物质相对应与意识相一致的哲学范畴，是由社会存在决定的人的意识活动及其内容和成果的总称。[1] 精神具有主观性和抽象性，包括两个层面：一是精神生产；二是精神生活。在范围上主要表现为精神生产、精神生产成果的传播与意识的传播、精神享受。精神权益[2]就是指精神生产的权益和享受精神生活的权益，教师精神权益的具体内容，不像职业权利和具体权利那么明确规范于教育法之中，而是散见于宪法、民法、教育法等相关法律之中，概括起来，教师的精神权益主要包括四个方面的内容：一是人格权，包括名誉权、荣誉权、人身自由权及隐私权；二是学术自由与学术尊严，指在法规规定的范围内有探讨学术的自由，享受学术独立等的权利，维护学术自由和学术尊严，保护知识产权是

〔1〕 王利明，等．民法、侵权行为法［M］．北京：中国人民大学出版社，1993.

〔2〕 目前法律对于精神权益尚未有明确的说明，但对精神损害和精神赔偿有具体的界定。所谓精神损害是指由于加害人侵权行为给受害者造成的精神上的痛苦或致其精神利益丧失或减损。

教师精神权益的重要内容；三是教师的健康权，包括身体和心理健康两个方面；四是教师的精神享受权。

高校教师的物质权益是指除精神权益之外的法律赋予高校教师的作为普通公民以及作为教师的所有权益。

第三节　高校教师权益保障的现状分析

一、聘任制实施过程中高校教师权益保障工作的主要问题

（一）高校教师自我保障程度较低

目前，高校教师对于各种法规以及学校内部制度不了解的情况越来越凸显，大多数高校教师都表示自己不曾关心这些与自身合法权益保障相关的法规条例，对于学校开展的普法宣传教育活动也不感兴趣。很多高校教师不了解法律赋予了他们哪些权益，也不能辨别对自身合法权益构成侵犯的行为。当合法权益受到侵犯后，只有少数的教师愿意主动运用法律手段维护自身权益，大多数的教师更愿意找学校人事部门和上级主管领导来解决问题。这一部分是因为教师法律知识的欠缺所导致，而另一部分则可能是因为传统的社会观念所导致。同时，对于学校内部的各项管理规章制度，多数教师都认识得不够深入，甚至对于和自身利益联系紧密的一些规章制度，高校教师都没有积极地去了解。

（二）高校内部管理机制对于教师合法权益的保障没有发挥积极的作用

不少高校教师认为高校内部的管理机制对其权益的保障没有发挥积极的作用，他们认为某些管理制度在实施过程中已经侵犯了他们的合法权益。一方面，管理决策中，行政意志、部门意识过分突出，忽视了学校学术特点，没有发挥专家和各专门委员会在管理学校中的作用；另一方面，在管理重心上，行政地位和部门作用过分显赫，教学科研的中心地位不够突出，

造成学校各行政部门及工作人员为教师、为教学服务的主客体关系倒置。

（三）高校教师职业权益保障程度较低，尤其体现在参与民主管理及带薪培训等方面

《中华人民共和国教师法》第七条规定了教师享有的六项职业权利，一些高校教师表示从没有参与民主管理的机会，也很少有带薪培训的机会，对于福利待遇，大多数的高校教师也是持不满意的态度，而不满意的原因主要是因为和其他学校相比较，和其他职业相比较，他们认为他们所享受的福利待遇偏低。这从一个方面说明了目前的高校教师的薪酬水平缺乏竞争力。在一定意义上，选择学术职业意味着要牺牲一些经济收入，因为大学不是一个技术进步型的机构，它自身无法通过技术进步来减少教师的需求量，从而来提高教师工资水平和教师职业的竞争力。因此，在劳动力市场上，大学往往不是工资的主动定价者，而是工资的被动接受者，教师工资水平的变化常常落后于经济领域具有相同背景的人员工资水平的变化。

（四）高校教师精神权益保障程度目前相对较好，但仍然存在一定的问题

实施聘任制前，因为高校教师与高校之间有着人身依附权，所以教师的精神权益的保障通常被人们忽视。但随着聘任制的推行，教师心理压力有明显增强的趋势。教师的精神权益保障将逐渐成为教师权益保障的一个主要部分。从统计分析的数据来看，教师的精神权益保障程度要比教师的职业权益保障程度要高，这从某方面说明了教师的精神权益确实是得到了较好的保障。但另一方面，可能也因教师精神权益没有教师职业权益具体，高校教师还没有完全认识到自身精神权益保障的重要性，不能清晰地辨别侵犯自身精神权益的行为。

二、存在问题的主要原因分析

聘任制下，影响高校教师权益保障状况的因素是多方面的。其中，来自社会文化的影响是最深远的，而来自社会经济的影响则是最广泛的。根据现实中存在的问题，可以把这些影响因素大致分成下面四个部分。

（一）社会文化因素的影响

目前，高校教师自我保障能力不高，导致这种情况产生的因素有很多，其中有一个最主要的原因就是社会文化的影响。以“天人合一”为哲学基础的中国传统文化，把追求秩序和谐作为理想，强调人与自然之间的和谐、人与人之间的和谐，社会交往讲究的是和解精神与协调一致。这就使得这样一种“和”的意识成为广泛的社会意识，直接影响社会中的每个个体的行为，在这种社会意识的影响下，单个的个体一般不会产生与“和”相违背的行为。同时，我国的传统文化是以义务为导向的，在社会生活中占主导地位的“集体主义”将个人的权利置于集体权利之下，使得个人权利成为集体权利的让度。在这样的文化下，社会拒绝承认个人的主体性地位，对于权利，人们不能主动追求，个人要求权利的想法是与社会整体价值判断相违背的。个人权利意识的缺乏，就造成集体权利的扩张，集体权利在扩张的过程中不会主动考虑约束自己的权力，更不会去考虑该如何去保障个人的权利。这样一种社会本位、义务本位的规范系统和角色本位的人格系统的宗法型文化就催生了一种伦理型精神，而这种伦理型精神与西方大多数国家的法治精神是有着显著差异的。在自身权益被侵犯时，前者会希望通过社会伦理道德来阻止侵犯的继续，而后者则会通过法律手段来救济。

（二）社会经济因素的影响

由于经济对于社会的基础地位和决定性作用，构成基本经济活动方式的经济运行体制所产生的影响往往不局限于经济本身，而会扩展到整个社会，如经济对于社会法律制度的形成就有着深刻的影响。西方大多数国家的教育法律制度是在其经济发展过程中自然演变而来的，有着深厚的社会基础，很容易被民众所接受。而我国由于计划经济的影响，教育法治是一种“政府推进型”行为，是一种强制性的制度变迁。[1] 这种制度不容易被民众所接受，人们不能立刻将其主动转化为行为规范，因此，在实际生活中，教育法规得不到有效执行的情况常有发生。同时，在过去的计划经济

---

〔1〕 祁型雨．现代化进程中我国教育法治的困境与出路［J］．教育探索，2004（1）：53－56.

体制下，社会保障没有资金积累，我国目前社会经济仍然不发达，这就导致了整个社会福利保障程度低下的状况。在这种情况下，作为单个个体的高校教师的权益保障必然也就受到了一定的影响。

（三）社会政治因素的影响

社会政治因素的影响主要是通过政府行为来体现的。政府的意志和行为具有强制性，它通过法规政策等方式，将其直接反映出来，作为整个社会组织必然遵守的原则，并强制性地要求社会各个方面接受。因此，政府作为社会公共事务的管理者，在高校教师权益保障工作上就具有主导作用，政府的行为决策往往能对高校教师权益保障的状况产生直接或间接的影响。如当加快高等教育的发展被政府作为重大决策时，高校教师的权益保障工作就会得到相应的发展。而当政府提供的法规和政策不能保障高校教师权益的实现或当社会的发展要求政府为高校教师权益的实现提供新的保障，但法律上设定的保障仍停留在原有的水平或法律不能为教育法律关系不同主题履行职责提供明确的可操作的行为规范时，教师的权益就不能得到有效的保障。

（四）高校组织因素的影响

社会政治制度与经济体制对高校组织有着重要的影响。而高校组织又对高校教师的权益保障起着关键的作用。教师的权利被侵犯往往是根源于高校内部管理体制或机制本身存在的弊端，基本上都可以概括为：学校组织权力或直接管理教师的政府组织权力的强大与其缺乏制约机制是导致组织成员权利被侵犯的本质所在。从理论上来说，实行教师聘任制后，教师和高校之间的法律关系应该可以通过聘用合同进行调节，从而使教师的合法权益得到很好的保障。但现实中却并非如此，高校作为国家授权的法人组织，仍有自主进行教师管理工作的权利，这就使得教师和高校双方实质上的平等存在一定的问题。“我国高等学校内部管理体制在何时变化、发生什么变化以及如何进行改变，主要不是由高等学校根据自身需自发或主动开展的行为，而是由教育行政部门或政府根据不同时期的政治经济形势而决定的。通常情况下，都是以自身的权力结构设计高等学校的内部的管理体制。”[1] 因此，作为举办者的行政机关的权力实际上已过多地介入了高校的内部管理，高校内部管理和决策还偏于集中，行政命令的管理方式较为盛行，而作为高校主体之一的教师在高校内部管理中的地位实际上被剥夺了。

高校教师聘任制改革的初衷是改善教师的生存状态，调动教师的工作积极性。但在当前的高校聘任制实施过程中，学校的管理者把改革的过程单纯理解为一个制定制度、完善组织结构和提高学校办学效率的过程。组织及组织目标被赋予了至高无上的地位，单个的教师则完全处在一种从属的和被支配的地位上。同时，竞争原则与量化原则在聘任制中的过度实施也造成高校教师之间过度竞争，教师生存压力增加。高校教师的体验与感受在聘任制中常常被忽视，其权益也会受到不同程度的侵犯，这种状况的出现与聘任制改革的初衷是背道而驰的，危及教师聘任制的实施，最终也与“更好地保障高校教师的权益”的初衷完全背离了。

---

〔1〕 张斌贤. 我国高等学校内部管理体制的变迁［J］. 教育学报，2005（1）:38－44.

第三章　聘任制下高校教师权益保障机制

摘要： 高校教师权利的有效保障，是依法治校的必然要求，也是充分调动教师积极性、主动性和创造性，保障高校教育教学质量的关键。梳理现有法律框架下的高校教师权益保障机制，借鉴发达国家先进经验，把教师权益保障体系视为一个包括诸多要素及其相互关系的系统，提出完善高校教师权益的理念保障机制、组织保障机制、制度保障机制（包括立法保障、司法保障、行政保障）以及其他保障机制，以构建一套多元高效、相互协调的高校教师权益保障机制。

第一节　多元高效、相互协调的高校教师权益法制保障〔1〕

随着我国高等教育体制改革及教师人事管理制度改革的不断深入，高校教师的权益保障问题日益突出，成为亟待理论研究者与管理实践者高度关注并深入研究的课题，也成为全面推进依法治校所要解决的一个关键问题。学界通说认为，当前高校与教师之间兼具民事法律关系和行政法律关系，这种法律关系的特殊性决定了高校教师权益保障的特殊性。这是本节的研究基点，本节不再对此作讨论。思考和讨论高校教师权益保障问题，从多维视角系统地构建多元高效的教师权益保障机制，具有十分重要的理

〔1〕 作者简介：冯爱玲，助理研究员，北京工业大学校两办法治法规室主任。

论和现实意义。

一、现行法律框架下的高校教师权益保障机制

1. 高校教师权益保障机制的内容

权益是权力和利益的简称，高校教师权益按不同的标准主要可以分为两个方面：一是分为物质权益和精神权益；二是分为作为公民的一般权益和作为教师的特殊职业权益。本节所称的“高校教师权益保障机制”主要针对高校教师的职业权益，包括物质权益和精神权益。我国现行法律对高校教师权益的保障从法源上看体现在《中华人民共和国宪法》、《中华人民共和国教育法》、《中华人民共和国高等教育法》、《中华人民共和国教师法》、教育特别法和与之配套的行政法规、地方性法规以及相关政策当中，在保护救济方式上涉及诸如民法、行政法、《中华人民共和国刑法》、《中华人民共和国劳动法》、《中华人民共和国工会法》等法律规范。

在我国现行法律框架下，高校教师权益保障机制主要包括实体保障和程序保障两大方面。第一，实体保障是指法律明确规定教师的身份、权利、义务和法律责任。如根据《中华人民共和国教师法》、《中华人民共和国教育法》和《中华人民共和国高等教育法》的规定，我国教师的职业权益包括身份保障权、教育教学自主权、科学研究与学术活动权、指导评价权、获取报酬待遇权、民主管理权、培训进修权、取得职称评定权、获得救济权等，是以权利宣告的形式体现了对高校教师权益实体方面的保障。第二，程序保障分为事前保障和事后保障。事前程序保障指保障实现教师权利的程序、措施和手段，如规定教师的聘任和解聘程序。事后程序保障主要指当教师权益受到不法侵害时，适用一定的方式和程序保障教师获得法律救济等。当教师的合法权益遭遇高校或者其他教育机构侵犯时，从目前的法律法规中可以归纳为以下八种主要的事后程序保障方式：协商、调解、信访、申诉、仲裁、行政复议、行政诉讼、民事诉讼。

2. 高校教师权益保障的制度分析

从总体上说，我国现行法律所确立的有关教师权益保障的制度和措施，在保障教师权益方面确实发挥了极其重要的作用，但也还存在许多不足，如对教师作为专业人员的权益和地位缺乏明确的法律规定。申诉制度由于

法律对申诉程序、处理机构无明确规定而不具实践操作性，很难实际发挥作用。由于缺乏明确的法律规定以及教师身份地位界定的模糊，进而对教师是否适用行政复议和行政诉讼存在较大争议，在实践中这两种方式很少被采用。而协商、调解这两种方式由于相关法律仅有原则性规定，缺少相应的程序规定和法律拘束力，实践中也很少被当事人采用。实践中采用最多的是人事仲裁、劳动仲裁、信访和民事诉讼。人事仲裁没有明确的法律依据和操作程序，只能借鉴劳动争议和民事案件的操作程序；劳动仲裁不适用大部分事业编制人员，常被仲裁机构认定为“不属于受理范围”；信访渠道由于无法超脱处理机构行政隶属上的利益相关性而难以被当事人信任。综上所述，我国高校教师的权益保障机制一方面已经形成比较全面的架构，但另一方面由于法律规定模糊使当事人难以适从或尚存有无人管辖无人受理的真空地带，因此高校教师权益保障机制亟须完善，重构一个多元高效、相互协调、良性互动的高校教师权益保障机制势在必行。

二、发达国家高校教师权益保障机制对我国的启示

1. 教师权益和地位有明确的法律保障

发达国家高校采用法律的形式对教师作为专业人员的法定权益和地位进行了明确的规定。公立学校的教师具有国家公务员身份的同时，也兼有雇员身份。教师与聘用机关之间属于雇佣关系，又同时是国家公务员，既享有公务员法律规定的各项权利，也享有雇佣契约中规定的权利并履行相应的义务。他们主要由公立学校的责任团体（地方教育委员会或地方教育当局）采取雇佣合同的形式与教师签订工作协议，教师的雇佣和解雇不适用于一般的劳工关系法，也不适用于国家公务法律条款，而是由仅适用于学校雇员的法律明确规定。[1] 教师身份受到宪法正当程序法律条款的有力保障，有终身职位。

2. 事前的集体协商制度是教师权益保障的第一道屏障

集体协商制度是教师组织与高校协调利益冲突的一种重要方式，在提

[1] 黄威，孟卫青．英、美、法、德、日中小学教师法律地位的比较［J］．比较教育研究，2002（6）：11－15．

高教师待遇、改善工作环境、参与民主管理等方面发挥中重要作用。集体协商制度是指雇主与受雇者的代表在互相信任的氛围中，对工作的环境与雇主和受雇者双方之间的权利和义务进行协商，协商所产生的协议为日后签订契约的依据。[1]

3. 事后的权益救济制度赋予教师多样化的维权渠道

发达国家奉行“法律主义”、“法律至上”，逐步形成了一套完善的事后救济制度，救济制度包括诉讼救济与非诉讼救济两个方面。高校教师权益救济更多的是通过终局性的仲裁及调解等其他非行政性的程序来维权。仲裁制度是维护教师合法权益的非诉讼救济辅助工具，申请仲裁的事由主要涉及教师人事问题、职务分配、不续聘与解聘等问题，在学校内部，通常设有专门的机构和配置纠纷调解人，专门处理教师与学校之间的纠纷。教师因待遇、解聘等问题与地方教育当局之间发生纠纷可以通过教师工会出面，会同有关部门进行集体协商谈判来解决。调解和仲裁不成的，可以由地方教育委员会出面处理，也可以直接通过诉讼途径解决纠纷。[2] 另外，在涉及教师不被续聘或解聘处理前设立有听证制度，可分为决定解聘前的听证和决定解聘后的听证。教师在被解聘的决定还未生效之前，可以借助于听证会的机会为自己进行申辩，对于解聘教师还应按照“正当程序”举行听证会，并在规定的期限内送达解聘通知，否则视为无效。

4. 教师聘任、解聘有完善的程序保障

教师聘任、解聘都有严格的程序。教师必须持有教师资格证并通过公开的选拔性考试，经过法定的聘任程序后才能签订聘任合同。校方与教师都通过合同来规范、约束自己的行为，履行职责，享受权利，承担义务。在解聘教师时，必须严格遵循正当程序原则，否则会因违反正当程序而被法院判决败诉。教师和地方教育委员会是雇佣关系，校长不是教师的雇主，无权解聘教师，根据不同的合同形式，教师的法律身份受到强有力的程序保障。这些程序包括说明解雇理由并向教师提供自我辩护的机会；提前30

〔1〕 罗朝猛．教师申诉制度：美国的实践与我国的现状［J］．比较教育研究，2007（7）：27－30.

〔2〕 李虹．美国教师组织与大学教师权益探究［J］大学教育科学，2006（1）：62－64.

天通知，说明理由和出示证据，举行听证等。[1]

5. 教师组织发挥了很好的维权功能

各级各类教育组织及协会在维护教师权益、保证学术自由、维护学校自治等方面，发挥着很大的作用。美国教育行业的各种组织、协会非常多，全国性的教师组织有300多个，其中影响最大的组织是全国教育协会（NEA）和教师联盟（AFT）。从各种教师组织扮演的角色来看，它们是教师权益维护的组织保障，功能主要是通过各种合法制度下的策略或手段来为组织成员谋求应有的福利、薪资，提高教师待遇和地位，提升教师专业化水平，维护教师的权益，在组织的运作上采取多种灵活策略，通过集体谈判活动提升组织功能，在一定程度上影响着学校行政权力的分配，平衡学术权力和行政权力的关系，维护大学教师的合法权益。[2]

三、完善多元高效的高校教师保障机制的基本思路和设想

针对法律运行和实践中出现的问题，借鉴发达国家保障高校教师权益的经验，我国应当合理匹配资源，设计出多元、多层次、能满足或适应不同需求的高校教师权益保障机制，这些机制之间既要能相对独立、可供选择，又要能协调对接，形成一个以理念保障、组织保障为基础，制度保障为关键，立法、司法、行政保障协调作用，并以诉讼（司法审查）为权益最终最后保障手段的、动态有机统一的多元高效的高校教师权益保障整体机制，在当前和今后一个时期，实现完善的重点制度保障机制及各程序之间的“无缝对接”。

（一）理念保障

法治理念和法治精神是法治环境和法治文化形成的基础和关键。要通过各种途径加强法制宣传，提高管理人员的法律意识和教师维权意识。各

---

〔1〕 黄威，孟卫青．英、美、法、德、日中小学教师法律地位的比较［J］．比较教育研究，2002（6）:11－15.

〔2〕 周光礼．高校教师聘任制度与教师权益法律保护［J］．高等教育研究，2003（5）:55－59.

级政府、教育部门、高校领导和广大教师员工都真正秉持法治理念，学法懂法，依法行政，尊重教师主体权利，才能使教师权益的保障更为有效。高校的管理者要树立民主法治，以人为本，办学以教师为主体的理念，加强法律意识，正确认识高校与教师之间的行政和民事兼具的法律关系，把教师视为权利主体，依法公正平等地处理好与教师的关系，把管理行为纳入法制轨道。教师应当提高法律意识，发挥主观能动性，增强依法维权和自我保护能力，熟悉有关教育政策法规、相关理论和权益救济方式。

（二）制度保障

1. 立法保障

第一，完善教育相关法律，明确高校教师的权益和法律地位。我国现行法律没有明确规定教师的法律地位，教师既不是国家公务员，也不是纯粹的雇员。法律地位不明确直接影响法律适用的问题，教师既不受行政法律关系的调整，也不受民事法律关系调整，使教师权益保障缺乏法源依据。因此，当前亟须通过立法确立高校教师的法律地位和相关权益。第二，补充和完善教师聘任、解聘等法律程序。我国教师权益保障注重实体保障而忽视程序保障。如《中华人民共和国教师法》只规定了解聘教师的法定情形，而对解聘程序未作规定。程序规范的缺失使得实体法的可操作性降低。第三，更加全面明确地将教师权益法律保障的范围、原则、教师的基本权利和义务、教师权益法律保护的组织、机构及其职责，有关教师纠纷的解决途径和程序、侵犯教师权益的法律责任，以及教师违法违纪应当承担的责任等，以法律规范性文件的形式规定，形成一整套系统科学的教师权益保护制度。

2. 司法保障

没有司法的最终救济机制是不完善的，我国目前对教师的法律救济制度主要侧重于行政非诉讼的救济方式，将司法审查排除在外，其实，应当将司法救济作为教师权益法律救济的主渠道，赋予教师以诉讼作为最后的救济手段。第一，适当扩大行政诉讼的范围。一切纠纷都应当贯彻司法最终救济的原则，高等教育领域也不能以大学自治、学术自由与法律保留的理由独立于司法审查之外，要有限度地引入行政诉讼制度，制约公权力的行使，扩大行政诉讼的受案范围，把事关高校教师切身利益的资格认定、职称评定、职务聘任、津贴发放、劳动合同、工资待遇等管理行为纳入行政诉讼的受案范围。当然，有关司法审查原则上应该限于形式的、程序的审查，一方面使学校领域有限度地引入行政诉讼领域，另一方面能够保障学校领域的相对独立和自由，从而更有效地保障教师的合法权益。第二，建立教育仲裁制度。仲裁是一种便捷、公正、有效地解决纠纷的途径，它具有专业性和针对性强的特点，是一种准司法制度，具有法律的约束力。高校教育纠纷具有高度的专业性、技术性，特别适合于由仲裁机构来裁决。这种仲裁机构类似于国外的“教育法庭”，它是一些国家为公正有效地处理学校与教师、学生权益纠纷而设置的准司法机构，如印度的“学院法庭”和加拿大的“教育上诉法庭”就是典型代表。[1] 由于教育申诉、复议制度本身的缺陷与不足以及法院对高校教育纠纷司法审查的有限性与局限性，教育仲裁的引入将是有效维护教师权益的理想救济方式。

3. 行政保障

第一，建立与法律对接的教师申诉机制。申诉制度是目前高校教师权利救济的主要途径，但缺乏可操作性，应在现在的基础上通过建立合理的教师申诉层级来完善申诉制度。目前很少有高校按教育部要求“建立校内教师申诉渠道”，因此设立专门的教师申诉委员会，明确委员会成员的组成，细化申诉程序和申诉效力、法律责任，以一种制度化的形式将教师权利校内申诉渠道法治化、常规化，赋予教师在权利受到损害时首先在校内解决诉求的渠道十分必要。另外，还要进一步完善高校教师因不服校内申诉或直接向教育行政部门或人民政府提出申诉的校外行政申诉制度，健全专门机构、正当程序、理顺申诉制度与其他救济制度的关系。第二，健全教育行政复议制度。目前的教育法律法规只规定了教育行政部门对学生、教师做出具体行政行为的行政复议，而高校对学生、教师的管理行为只能通过申诉的途径获得救济。教育行政复议作为行政系统内部的监督和纠错机制，是一条重要的救济途径。高校作为一种法律法规授权的组织，作为公务法人，具有行政主体资格，高校在涉及作为“法律、法规授权的组织”所行使的国家行政权力或公共管理权力的管理行为也应纳入行政复议的范围，也应允许教师提起对这些“行政行为”进行合法性与适当性审查的行

---

〔1〕 关怀．劳动法［M］．北京：中国人民大学出版社，2001:139.

政复议程序。应当扩大行政复议的范围，在教育领域中引入行政复议救济制度。第三，强化信访制度的救济作用。根据《信访条例》，信访制度兼具有监督和行政救济两大功能，是一种辅助的权利救济制度，因其灵活、多样、有效而在实践中被更多地采用，成为我国行政救济机制中重要的一员。信访救济主要是通过调解来进行的，是行政机关内部的非司法的“代替性纠纷解决方式”，在受理主体、救济程序、救济范围上、救济效力、救济效率上比行政复议、诉讼都有其独特的优势。学界普遍认为，当用尽司法救济仍无法获得权利保障时，应当将信访赋予教师作为“底线救济”的权利。第四，引入听证制度。所谓听证指的是权力主体在做出影响相对人权利义务的决定之前，给相对人提供发表意见、提出证据的机会，并对特定事项进行质证、辩驳的程序性法律制度。在高校制定或出台与教师权益相关的规章制度或重大改革举措或重大具体管理行为时引入听证制度，有助于实现高校教师管理的民主法治化，保障教师的合法权益，尊重教师的人格尊严，避免事后矛盾的纠缠、积聚，提高管理行为的可接受性程度，形成约束高校管理权行使的外在力量，提高高校管理的透明度。

（三）组织保障

我国现有的这类教师维权组织主要有三种，分别是：教师工会、教职工代表大会和教师专业协会。《中华人民共和国高等教育法》、《中国工会章程》从法律上赋予高校工会、教代会主张和维护教师合法权益的义务和责任。

1. 加强高校工会的维权力度，完善参与民主管理的操作机制

《中华人民共和国工会法》明确规定“维护职工合法权益是工会的基本职责”，实践中高校工会组织更多地参与到教师教育、娱乐、福利工作中去，分散了高校工会的职责和注意力，导致工会对高校层面没有起到应有的监督、制衡作用；作为学校内部行政附属机构其独立性有限，导致高校工会在维护教师合法权益方面没有发挥其应有的作用。高校工会应当转变观念，把自身作为教师利益的代表，保持相对的独立性，把工作重心转移到维护教师权益上来，建立一套以保障教师权益为出发点的工作体制，组织教师参与本单位的民主决策、管理和监督，使教师真正对学校的重大决

策、干部选拔、评聘任免、考核晋升等享有知情权、参与权、监督权。为提高高校工会的独立性，可以尝试把以单个学校组织为基础的教育工会组织形式改变为以区域为基础的教育工会形式，淡化工会和学校之间的依附关系。

2. 完善教职工代表大会制度，加强民主管理和民主监督

教职工代表大会制度是以教师为主体构成的学校教职工行使民主权利、参与学校民主管理与民主监督的基本制度和组织形式，是高校工会发挥维权作用的主渠道。学校教职工代表大会属于非行政性合法正式组织，能够最直接反映教师的利益，是保障教师权益的重要组织形式。《中华人民共和国教育法》第三十条第三款对此作出明确规定："学校及其他教育机构应当按照国家的有关规定，通过以教师为主体的教职工代表大会等组织形式，保障教职工参与民主管理和监督。"高校应当在大学《章程》中明确规定教职工代表大会的权力、地位和作用，建立机制，保障教职工代表大会充分发挥在组织教职工参与学校的民主管理、民主监督，在推进学校改革与发展中、参与决策讨论学校发展规划，改革措施等重大决策和涉及教职工的切身利益事项的作用。

3. 建立教师协会，培育建立多样化的非官方的教师维权组织

教师需要一个教师维权团体组织来作为他们维护自身合法权益的一个重要联合和支援力量，以使教师有维权的合法自治组织，接受教师投诉并给予法律的援助。引导教师提高法律意识和掌握必要的法律知识，可以建立专门的网站，设立维权论坛，利用社会资源，提供精神上的、法律上的、专业上的帮助，协助教师协调内部关系，从而更有力地保障教师合法权益的实现。

（四）其他保障

1. 加强高校内部治理，建立科学民主的高校管理制度

完善高校内部管理体制和运行机制，通过工会、教职工代表大会、教师委员会提升教师在学校重大决策和规章制度中的知情权、话语权和参与权。重视教师聘任、考核、职称评定、教学科研管理中的正当程序建设。在高校日常教育管理中尊重教师特殊职业权益，尊重教师自由选择通过申

诉、协商调解、教育仲裁尤其是提起诉讼的方式进行权利救济。合理配置高校的行政管理权和学术自治权，划定各自的行使范围、行使程序，减少行政权力对学术权力的不当干预。注意发扬民主，实行校务公开，尊重教师的主体地位，坚持以人为本，实施依法治校，充分保障教师合法权益。另外，建立和完善劳动争议调解委员会，建立信访机制等，使教师合法权益遭到侵犯后在行政体制外，还有获取救济的机会。

2. 重视契约管理，建立集体合同制度

随着高等教育改革的深入和教师聘任制的推行，有必要借助集体合同而不能单靠个体力量来保护教师的权益。集体合同是集体协商双方代表根据法律、法规的规定就劳动报酬、工作时间、休息休假、劳动安全卫生的保险、福利等事项在平等协商一致基础上签订的书面协议。集体合同一般由教师工会或教师推举的代表与校方基于合法、平等、合作的原则签订。集体合同规定了教师集体劳动的最低限度的要求，旨在维护全体教师的合法权益，并不能取代教师的个人合同，只是个人合同的基础。《中华人民共和国工会法》规定“工会通过平等协商和集体合同制度来协调劳动关系，维护企业职工劳动权益”。大部分高校尚未建立平等协商机制，因此高校工会在通过平等协商和集体合同制度发挥协调劳动关系、维护职工权益的作用方面有很大的作为空间。

第二节　高校教师管理制度[1]

聘任制下教师管理制度是与传统以“人事管理”为中心的教师管理制度相对应的一个概念，具有特定的内涵，其核心是解放教师的学术生产力，最大限度地激励教师追求真理、潜心向学、创新知识、培养高素质人才。在聘任制背景下完善教师管理制度，意味着要更加注重教师个人的异质性、独立性和创新性，在明确规定教师必须遵守的各种义务、责任的同时，也

〔1〕 作者简介：许春燕，教授，北京物资学院教务处处长。

用制度来保障教师权利的实现，即在要求教师严格履行自己的义务、职责时，也应充分保证教师享受自己的权利，也需要有一定的制度和规则来约束教师的行为，因而如何完善教师管理制度就成为各高校亟须解决的问题。

一、高校教师管理制度

这里所说的高校教师是指在高等学校从事教学和科研工作的人员，不含专职管理人员、教学辅助人员和后勤管理人员。高校教师管理制度，是旨在促进高校质量提升和激励教师个人发展的一整套科学、合理的管理制度，其目标是使教师管理效能最大化。教育部《关于新时期加强高等学校教师队伍建设的意见》（教人〔1999〕10号）中，提出了高校教师管理的24字方针，即“按需设岗、公开招聘、平等竞争、择优聘任、严格考核、聘约管理”。随着教师聘任制的逐渐推开，高校与教师的关系由行政任用关系转向了平等协商的聘约关系，因此，高校对教师的管理也由身份管理逐渐转向岗位管理，由行政管理转向法制管理。

高等学校教师管理制度所涵盖的内容包括教师资格制度、教师职务制度、教师聘任制度、教师培养培训制度、教师绩效绩效考核评价制度、教师奖惩制度、教师退休制度、教师申诉制度等，这些构成了教师管理制度的完整体系。本章主要分析其中的教师聘任制度、教师培养培训制度与教师绩效考核评价制度，这是教师管理制度中的三大基本制度。教师聘任制度是教师资格制度和教师职务制度之间承上启下的重要环节，是教师管理制度的核心；教师培养培训制度是改革教师教育、提高教师专业化水平的重要保障；教师绩效考核评价制度的目的是选拔人才，充分调动教师的积极性，考核的结果作为续聘、解聘、职务变动和奖惩的依据。

二、当前高校教师管理制度的问题与成因

尽管高校聘任制改革已推行近十年，但高校教师管理制度的两个特征基本没有改变，一是政府与高校的双重控制；二是管理制度缺位，对于如何合理有效地对教师这个特殊职业群体进行管理还缺乏认识。

（一）政府和高校对教师引导的主要表现[1]

1. 政府对教师引导的主要表现

第一，根据高校类别和在校生规模规定各高校教师编制规模和结构。计划经济时代，高校所有经费均来自政府的财政拨款，但是随着我国高等教育体制改革的不断深入，高等教育投资体制改革使得高校经费来源呈现出多样化的格局，高校发展对于政府公共财政的依赖程度不断减弱，对高校的机构、尤其是教师的数量和结构进行编制管理与高校自身的快速发展越来越不适应。

第二，通过学术成果评价影响教师的声望。学术成果本应由学术组织和同行评价，而我国许多高层次的学术评价都是由政府主导的。

第三，通过资源配置影响教师教学和科研工作，如各类人才计划项目、教学质量工程项目等，使得教师紧紧围绕政府的指挥棒开展学术研究和教学工作。

第四，通过公共政策控制来影响高校教师管理制度的制定。

2. 高校对教师引导的主要表现

第一，行政权力干扰教师的学术工作。我国高校教师管理总体上倾向于行政本位，高校有行政级别，管理人员也都有相应的官衔，这给高校教师教学、科研工作带来了强烈的行政化色彩，高校教师的学术活动不是围绕着知识的创新和高素质人才的培养来展开，而是围绕着行政官员的意志来行动。

第二，追求学术效率，淡化学术效益。试图通过高额奖励激励教师学术工作的积极性，强化教师学术工作的功利化，教师的学术产出通过学术效率而非学术效益来体现。

第三，重量轻质的考核评价机制。用教师论文的数量、科研经费的多少来衡量教师学术水平并作为学术晋升的重要标准，学术创新和人才培养质量被忽视。

---

〔1〕 庞岚，沈红．“学术人”视角下的大学教师管理制度建设［J］．高等理科教育，2012（4）:59－63.

（二）教师管理制度缺位的主要体现

1. “学术”概念在制度中缺乏正确定位

当前，高校教师管理制度中缺乏对“学术”概念的正确定位。学术是什么？当前高校与教师的聘任合同简单地将学术等同于上课学时数、科研项目级别和经费数量、获奖级别以及论文数量、带研究生的人数等。这实质上是鼓励教师追求这种“学术”，放弃做学问需要的沉稳，进而出现“为挣钱而争项目、为评职称而发论文、为进一步发展而评奖”的现象。追求“短平快”，对重大、艰难的原创性研究回避，大量的学术泡沫就产生了。为利益驱动，少部分大学教师甚至开始学术造假，极大地败坏了学术风气。这样的“学术创造”实质上是徒有其表。

2. 学术管理失去依据

学术权力是自愿认同的权威力量，权力掌握在系科学者手上，以民主平等为原则，兼顾效率。从教师工作的特点来看，学术管理更能激发教师的高度责任感和自觉性，激发教师的创造精神。但学术概念的谬误、学术生产被等同于商品生产，学术管理便失去了依据。结果是行政管理代替了学术管理，长官意志代替了同行评价，高校教师是管理对象，而非管理者，而行政权力机构是科层制组织、行政权力强调自上而下的集权式管理，具有强制性的力量。厦门大学潘懋元先生认为，“现行大学管理体制最大的弊端是行政权力与学术权力失衡”。由于学术管理让位于行政管理、行政管理权力泛化，许多教师竞聘行政职务，造成优质学术人才的流失。

3. 学术评价片面化

许多高校将学术创造等同于科研，普遍重视对研究工作的考核，忽视对教学和社会服务的评价。对教师学术成果评价中，对教学的评价基本是只是上课时数多少、是否按时上课等量化指标，而很少考虑教育教学效果和质量的评价。教学在教师职级晋升方面占的比重也较轻。相反，科研项目和科研经费的多少则代表教师在大学中的学术地位和学术能力。

三、聘任制背景下完善教师管理制度应遵循的原则

（一）依法原则

高校要适应聘任制改革要求，以《中华人民共和国教育法》、《中华人民共和国教师法》、《中华人民共和国高等教育法》等法律为依据，制定和完善教师管理制度，清理过时的和超越国家法律法规的规章制度。特别需要指出的是，在制定本校规章制度时，要明确认识到学校的规章制度只能是对国家法律法规的补充或细化，而不应突破法律法规的界限任意加大对被管理者的处分幅度，以免出现不必要的纠纷。

（二）高效原则

要综合考虑高校教师管理的特点，对包括教学管理制度、考核评价制度、分配奖励制度、教育科研制度、教师培训制度等在内的教师管理制度作出合理的安排，使制度体系更加科学化和高效化。

（三）质量原则

制度化管理的最终目标是提高教育教学质量和教育管理水平。在学校质量管理中，首先，要建立起规范的标准化管理体系。将学校质量方针和组织结构的管理职责、质量体系、教育教学过程的控制、预防和纠正措施、检查总结评比、质量责任制等都用文件形式规定下来，以保障全面质量管理的实施；其次，要建立全面质量管理领导小组、全面质量管理职能机构和质量管理小组，以形成一个有明确目标、职责、权限，互相协调、互相促进的质量管理网络。其中，全面质量管理领导小组是以学校领导为首的全面质量管理的领导决策机构，组织领导整个学校的全面质量管理工作。全面质量管理职能机构，是运用计划、组织、指挥、监督、调节职能，协助学校领导负责学校日常质量管理工作的职能管理机构。质量管理小组是运用科学的质量管理思想和方法而组织起来，进行质量管理活动的群众性基层组织，它是发动学校师生积极参加全面质量管理的有效形式，是实行全员管理和民主管理的重要内容，它可以以专业、学科、教研组、学校行

政、后勤处（室）以及学生班组等为单位，也可以跨部门进行组织，在本部门领导和质量管理领导机构指导下开展质量管理活动。

（四）可持续原则

要不断完善教师培养、培训制度。为了使不同年龄段的教师都能找到自己的坐标，都有实现自我和超越自我的机会，在队伍建设上，要科学分类，分别建设三个层次的教师梯队。对新教师，要建立“新教师帮教制度”，培养新教师尽快成为合格的教师；对富有教学经验的中青年教师，要建立“骨干教师培养制度”，培养教学拔尖人才；对于已经成为骨干的教授学者，要建立“名师选拔制度”，培养名师。三个层次的教师培养制度是教师成长和发展的阶梯，可以有效实现教师队伍建设的可持续发展。

四、聘任制下教师管理制度的完善

（一）教师聘任制度的完善

教师聘任制度是聘任双方在平等自愿的基础上，由学校或者教育行政部门根据教育教学需要设置工作岗位，聘请具有教师资格的公民担任相应教师职务的一项制度。学校及其他教育机构和教师基于平等、合作的原则和意愿签订聘任合同，明确双方的权利和义务、责任。

教师聘任制度包括招聘、续聘、解聘和辞聘等形式。招聘是指用人单位向社会公开、择优选拔具有教师资格的所需人员。招聘具有公开、直接、自愿、透明度高等优点。续聘是聘期满后，聘任单位与教师继续签订聘任合同。学校对教师在聘期内的工作满意，教师对所从事的岗位和所获得的报酬满意，双方自愿续签聘任合同。解聘是指用人单位因某种原因不宜继续聘任教师，双方解除合同关系。聘任合同具有法律效力，用人单位在解聘教师时要有正当理由，否则应承担相应的法律责任。辞聘是指教师主动请求用人单位解除聘任合同的行为。对辞聘要区分各种不同的原因，分清所应承担的相应的法律责任。[1]

---

〔1〕 教育部人事司．高等教育法规概论［M］．北京：北京师范大学出版社，2000:201.

聘用制采用合同管理，聘用合同是规范双方权利和义务的法律文本，是聘用制有效实施的基础和载体。

1. 聘任合同对于确立高校教师学术权利自由的内容具有积极意义

聘任合同不仅要规定教师的一般劳动权利：工作时间、工作条件、工资、纪律措施、解聘方式等，也要突出教师学术权利的内容，这种权利是基于教师的特定身份而具有的，任何人不得剥夺。赋予教师学术自由权是为了保护学生的受教育权利的实现。

2. 聘任合同是学校与教师之间权利义务关系的依据

权利与义务是共生共存的，没有无义务的权利，也没有无权利的义务。高校在履行管理职责的时候不能侵犯教师合法权利，教师在行使自己权利的时候不能违反学校的管理规定，并且要诚信履行聘任合同规定的法律义务。一般来讲，聘任合同都是由学校自行拟定的，常常会存在教师与高校之间信息不对称、权利不对等的现象，可以采用在规定文本之外增加合同的副本，将双方各自的要求用合同的形式规定下来，既可以体现对教师权利的尊重，也可以保障学校利益不受损害。

3. 聘任合同是保障双方利益的有效手段

聘任合同通过明确高校与教师之间的权利和义务，为保护教师自身利益提供有效的手段和明确的依据，同时也促进高校加强管理，强化责任意识，不断提高教育服务质量和办学效益，从而提高教师人力资源的使用效益。聘任合同以其平等、自由等特点，体现出合同主体的独立自主的地位。合同主体可以凭借聘任合同抵制任何非法干涉，维护自身合法权益。

（二）高校教师培养培训制度的完善

教师培养培训是高校得以发展的重要环节，它对学校的学科发展及教师队伍建设起到巨大的推动作用。高校教师培养培训是通过多种形式和多种途径提高教师的政治理论素养和教书育人的业务素质。换句话说，培养出来的教师不仅需要有高深的学问、渊博的知识和创新能力，而且应具有良好的政治素质和职业道德修养。因为教师不但是科学知识的传授者，而且是学生健康成长的引路人。

加强教师的培养和培训很重要。在《中华人民共和国教育法》第四章专门就教师的培养和培训作了规定。关于教师的培训，《中华人民共和国教师法》第十九条规定："各级人民政府教育行政部门、学校主管部门和学校应当制定教师培训规划，对教师进行多种形式的思想政治、业务培训。"第二十条规定："国家机关、企业事业单位和其他社会组织应当为教师的社会调查和社会实践提供方便，给予协助。"教师培养具有补偿、更新知识的功能。教师培养培训主要是对于那些已经具备合格学历和胜任教学的教师，组织他们学习新知识，学习和掌握新的教学理论和教学方法，不断提高政治思想和业务水平，培训一批各学科的带头人和教育教学专家。

高校教师的培养是采取各种有效的方式，有组织、有计划地进行教育和培训，以在职培养为主，使教师更好地履行岗位职责。《高等学校教师培训工作规程》指出："高等学校教师培训工作要贯彻思想政治素质和业务水平并重、理论与实践统一，按需培训，学用一致，注重实效的方针，坚持立足国内，在职为主，加强实践。"该规程也指出："培训对象要以青年教师为主，使大部分青年教师更好地履行现岗位职务职责，并创造条件，及时选拔、重点培养在实际教学、科研中涌现出来的优秀青年教师，使之成为学术骨干和新的学术带头人。"至于高校教师的培养方式，非常丰富多样，如在职培养（包括在教学和科研实践中培养和在职培训，如参加国内外高水平的学术会议，交流讲学，著书立说，与国内外同行进行合作科研等）、脱产进修（包括做国内访问学者、出国留学或合作研究等形式）等。建立"教师发展促进中心"，组织开展各类教师的教学业务培训、科研业务培训、教师交流活动等，以促进教师提升教学水平，提供教学咨询服务。推动教育教学改革，推广教学创新成果，提供教师发展心理支持，促进人文关怀。坚持需求导向原则、面向教学科研原则、实践导向原则、形式多样原则、高效共享原则，为教师的专业成长提供支持，为学校的教学工作提供服务。

（三）高校教师绩效考核评价制度的完善

《中华人民共和国教育法》第三十四条规定："国家实行教师资格、职务、聘任制度，通过考核、奖励、培养和培训，提高教师素质，加强教师队伍建设。"《中华人民共和国教师法》第五章专门就教师考核做出了规定。教师的考核是指各级各类学校和其他教育机构以《中华人民共和国教师法》、《中华人民共和国教育法》为依据，按照关于教师考核规定的考核内容、原则、程序、方法，对教师进行考察和评价，以激励教师忠于职责，为教师的职务聘任、晋升工资、实施奖惩、培养培训等教师管理工作提供法律依据。

高校教师绩效考核评价是聘任制改革的重要内容，它在一定程度上能反映高校教师队伍的整体水平和适应现代高等教育需要的能力。绩效考核评价，能帮助教师分析原因、找出差距、改进工作，形成一个动态的评价循环系统，这样才能促进高校整体战略目标的有效实施和教师个人的全面发展。要全面地提高教师队伍素质、服务和促进教育事业的科学发展、全面贯彻党的教育方针，就要着力构建符合教学和教师成长规律、科学合理、体系完善的教师绩效考核评价体制，从而公平、公正、客观地评价教师的综合素质和教学质量，充分调动教师的工作积极性、激发教师的内在潜能，发挥其特长，促进高校持续、稳定、健康、长期发展。

1. 定性与定量考核评价相结合

教师考核评价要依据教师工作职责确定，教师工作职责包括教学、科研和服务等方面的内容，教学是教师首要的工作职责。在考核评价中，教学态度、敬业精神和职业道德等只能通过定性考核评价来反映。要客观、公正、准确地考核评价教师的教学、科研和服务情况，还要建立一套量的考核标准来衡量教师的履职情况，以数据的形式来反映教师间的优劣差异。在教师考核评价过程中，能够进行量化的则要量化考核评价，根据量化考核评价数据，给予定性评价。针对岗位管理要求和考核评价内容，正确处理好定性评价与定量评价的关系。片面地强调定性考核评价或定量考核评价，都可能引起管理的混乱和学术的浮躁。

2. 年度与聘期考核评价相结合

年度考核评价和聘期考核评价是高校教师考核评价的重要形式，是高校加强教师管理的重要措施。聘期考核评价侧重于教师在聘期内目标实现情况，是目标考核评价，而年度考核评价是过程管理，有利于促进教师在聘期内认真履行职责，积极完成工作任务，促使教师聘期目标的实现，防止教师出现懈怠现象。对于教师教学和服务方面的职责可以通过年度考核评价来反映，对于需一定时间后才能见成果的科研方面的任务则可以通过聘期考核评价来总体要求。在年度考核评价的基础上实施聘期考核评价更具可操作性，将聘期考核评价分解成年度考核评价则更便于实施过程控制，从而实现高校人才培养、科学研究、社会服务和文化传承创新的功能。

3. 全面与分类考核评价相结合

高校教师考核评价是对教师的工作表现、业务水平、工作成绩进行全面检查评价，是师资管理工作的一个重要组成部分，也是教师专业技术职务的聘任依据和基础。只有对教师进行全面考核评价，以考核评价材料为客观依据，避免以印象取人、凭感情用人的片面现象，才能把每一个教师聘任到最能发挥作用的岗位上来，才能促进教师不断提高政治素质和业务水平。在坚持全面考核评价的同时，应兼顾高校不同学科专业间教师工作性质、研究方向的差异性，考虑高校教师工作内容和工作方式的多样性、学术水平表达方式的复杂性，照顾到高校教师个性和职业发展的不平衡性，实施分类别的教师考核评价办法。

4. 统一要求与分级考核评价相结合

学校可根据岗位设置资格和聘任合同制定基本统一的各岗位考核评价标准，对所有受聘教师开展考核评价，在考核评价实施过程中，实行“分级管理、分级考核评价”，学校负责重要岗位、特设岗位、关键岗位及高级职称岗位教师的考核评价；赋予院（系）管理考核评价的自主权和灵活度，依据院系学科专业特点制定实施细则，开展对非关键岗位和中级职称以下人员的考核评价。同时，考虑到某些岗位或教师在学校整体发展上的突出贡献，对重点人员实行免考制度。

第三节　高校信访制度[1]

高校信访工作作为我国信访制度体系中的重要一环，是沟通广大教职工与学校党政及其职能部门的桥梁和纽带，是教职工合法权益的基本保障途径。信访工作开展好坏直接关系到学校乃至社会的安全和稳定。面对高等教育发展改革的关键时期，高校内部利益结构也发生变化，各种利益格局深入调整，新老矛盾交织、利益诉求多样以及高校教职工知识层次高、

〔1〕 作者简介：赵凤琴，教授，北京物资学院纪委书记，工会、教代会主席。

民主和维权诉求强等特点，对高校信访工作提出了新挑战。完善和创新高校信访工作，发挥信访工作作用，是有效保障教职工合法权益的重要途径。

一、高校信访工作的内涵和构成要素

高校信访工作的内涵，指信访人或下级单位采用书信、电话、电子邮件、传真、走访等形式，向学校相关方面反映情况，提出意见、建议或投诉请求，按照规定和职权范围由学校各单位处理的系列活动。信访既是高校师生员工对学校的各方面工作提出意见和建议，维护自身合法权益，依法行使民主监督的权利的重要方式，也是学校领导了解校情和民意，密切联系群众接受民众监督的重要途径。信访的实质是社会成员与国家组织之间的政治交往活动，是宪法规定的公民权利的体现，是依法参与管理国家和社会事务、保护公民合法权益、纠正不正确行政行为、防止行政违法行为侵害的一种救济途径和手段。信访工作最能集中反映群众的具体利益、现实利益和最迫切的要求，因而也最能具体地、直接地体现全心全意为人民服务的宗旨。

高校信访工作的构成要素有信访人——向学校反映情况，提出意见、建议或投诉请求的师生员工及其他公民、法人或组织；受理者——在其职权范围内受理信访人提出的信访事项的部门和人员，信访工作的重要性、信访人员专业素质和专业化教育愈加凸显；信访方式——书信、电话、走访等；信访意愿——批评、意见、建议、申诉、揭发、检举等；信访结果。

二、高校信访工作的任务作用

（一）高校信访工作的基本任务

正确处理人民内部矛盾，了解、研究和满足教职工正当诉求，推动校园的稳定与和谐发展。信访工作传统的救济功能为教职工表达维护合法权益的诉求提供了渠道，随着经济社会发展，教职工民主与法制观念逐步增强，特别是构建和谐校园理念提出并积极实践后，教职工诉求就不仅仅局限在合法权益受到侵害后启动信访途径进行维权，提出建议和意见、参与学校管理成为教职工新的合理利益诉求。

（二）高校信访工作的具体任务

信访除了保护合法权益外，也为教职工行使民主权利及参与学校管理提供途径。高校信访工作的具体任务有：受理群众反映的涉及本校的信访事项；办理学校党委、行政和上级领导机关交办的信访问题；督促、检查信访工作及信访事项的承办处理情况，推动信访工作开展；研究分析信访情况，开展调查研究，及时向领导和有关部门提出完善政策和改进工作的建议；及时处理突发事件和集体上访，向学校领导及上级机关报告重大、紧急信访事项；宣传有关法律、法规、政策，引导信访人依法信访。

（三）高校信访工作的作用

1. 联系群众的桥梁

信访是一种直接、简便、迅速反映群众意愿的形式，各级领导可以通过处理群众来信来访了解体察民情民意，及时为群众排忧解难。信访工作具有密切党群、干群关系，保持校党政领导与教职工之间经常联系沟通往来的作用。

2. 信息反馈的窗口

通过信访渠道，有助于高校党政领导听取群众的批评和意见，揭露官僚主义、形式主义和各种违法乱纪行为，推动从严治党和从严治政，从而成为发扬党内民主，增强党群和谐与校园和谐的重要途径。

3. 维护权益的渠道

高校党的信访工作是贯彻落实科学发展观，保障民生、维护教职工权益的基本渠道。信访问题也是民生问题，一些事关教职工群众切身利益的矛盾和问题往往通过信访这种直接、快捷的渠道反映出来。高校能否通过信访工作保障民生，维护教职工权益，做好教职工的思想稳定工作、有效化解矛盾，直接影响到党群关系、党政形象、高校的安定团结大局。各级领导通过信访渠道确实把工作的出发点和落脚点放在切实关心群众疾苦和为群众解难题办实事上来，平衡协调各种利益，着力推动民生问题的解决，促进高校和谐、稳定、健康发展。

4. 发扬党内民主，保障民主监督的有效途径

高校党的信访工作是发扬民主的“窗口”，通过信访渠道，群众可以充分表达自己的意愿，积极参政议政，行使当家做主的权利，对学校行为和党政干部进行监督，同时，高校亦能通过信访渠道吸收群众智慧，充分保障师生的知情权、参与权、表达权和监督权，使决策更民主、科学，更符合广大教职工利益。

5. 调节矛盾、维护和谐稳定的缓冲器

高校信访工作具有教职工维权意识较强、信访人群“成熟度”较高、热点发生周期性强、涉及问题与学校发展阶段的相关性强等特点，是学校各种矛盾直接间接体现，信访工作要通过正确处理信访所反映的各种问题，调整个人与集体、社会、国家之间的关系，做好有效的“减压阀”和“稳定器”的工作，成为促进学校和谐稳定的重要保障。

6. 促进党风和机关工作方式和作风的改进

通过大量来信来访的情况综合分析和基层教职工各种呼声和要求的反馈，为学校正确分析估价党风、校风状况，制定各种规章制度、措施、决策提供依据。

三、高校信访工作的要求

总体要求为实事求是，准确迅速，保密安全，不失职不越权。一是认真负责的工作态度。细看、细听、细想、细学、细分析、细写。二是注重调查研究，坚持实事求是。不能凭个人好恶臆断有所取舍，对短期内结不了的不生拼硬凑，尽量实地考察。三是掌握方针政策，依据政策法规办事。任何信访人进行信访活动时，任何信访工作人员在进行信访工作中，应当遵守宪法、法律和《信访条例》、《关于违反信访工作纪律处分暂行规定》等国家、省的有关规定，有序反映问题，不得损害国家、学校和教职工的合法权益。任何部门和个人都不得打击报复信访人。四是敢于坚持真理，秉公办事。依法、及时、就地解决问题，严格依法依政策处理到位。对信访人态度明确、回复及时，综合运用体现情、理、法相结合原则，找准解决问题的突破口，做到以“理”办访、以“情”化访、依“法”息访。五是督查督办到位，“事事有着落，件件有结果”。

四、处理来信来访的程序

（一）处理来信的程序

处理信访来信的程序包括拆信、阅读、登记、办理、答复、存查。

1. 仔细拆信

保持信封上邮票、邮戳、地址的完整无缺，要看清来信的正文和附件，把信件、信封一并装订。有来信转办单位信封的，也应装订在一起。

2. 认真阅读、登记

弄清来信的全部内容，并在来信登记簿上逐项填写信访人姓名、单位、住址、收信时间、所反映问题的发生及过程、来信主要内容，有附件的来信要详细注明。其中，来信主要内容采取摘记方法，要做到言简意赅、准确无误、条理分明，概括全面、抓住中心，保持来信者原意。对收到的信访件自收到件起 15 个工作日内决定是否受理并告知信访人。

3. 办理

按领导批示迅速办理。

4. 答复

信访承办单位处理完毕以后，一般应当向信访人书面回复来信来访的处理结果。自收到信访请求之日起 15 日内已经办结的信访事项，经信访人同意可以口头告知、答复。

5. 存查

对处理完毕的信访材料包括信访件、领导批示、承办意见、处理结果、统计材料等均应存档，以留存备查。

（二）接待来访的程序

接待来访的程序包括接待、登记、接谈、处理、回访。具体要求有以下几个方面。

1. 接访要有针对性，掌握主动权

根据上访者的信任、从众、试探等心理有针对性地做好鼓励接待处理，并实事求是地解决和解释问题。

2. 要加强感情沟通，讲究接访技巧

接待来访是一项政策性很强的工作，说话一定要掌握分寸，不能信口开河。谈话时态度要和蔼，语调要适度，既要坚持原则，又要实实在在；既要有理论水平和政策水平，又要使他们易于接受。要用“换位思考，沟通感情”的方法，赢得来访者的理解和信任，为解决问题打下感情基础。在未调查、弄清事实时，不应对来访人反映的问题轻易肯定或者否定，也不能随意许愿或批评指责。

3. 把思想疏导工作贯穿到接访全过程

根据来访的不同情况，分别采取“劝勉引导，合理解释，启发鼓励，以理服人，批评教育”等方式，主动向来访群众开展思想疏导工作。

4. 要注意接访“六忌”

一忌接待冷淡；二忌态度生硬；三忌脾气急躁；四忌消极推诿；五忌敷衍搪塞；六忌随意答复。

（三）信访事项的处理

信访事项的处理包括告知是否受理、立案、呈批或交办、调查承办、回复。

教师可以向学校提出信访，学校贯彻“分级负责，归口处理”原则，对来信来访进行登记。登记机关依法应当或者有权做出处理决定的事项，应当直接办理，按照信访事项处理的原则，深入调查，依据法规政策，根据来信来访的内容和具体要求，在30天内办理完毕，并答复信访人。因特殊原因到期不能办理完毕的，应当向信访人说明情况。对需要由有关单位承办的，应当及时向有关责任单位转办或者交办。各级行政机关对交办的信访事项，应当自收到之日起60日内办结。情况复杂，时间可适当延长，延长期限最长不得超过30天。情况紧急时可以先以电话形式答复。对已经或者应当通过调解、仲裁、行政复议或者诉讼解决的信访事项，应当告知信访人依照有关法律、行政法规的规定办理。

对信访人的来信来访，信访承办机关应当进行书面答复。不服信访答复，信访人可以向上级机关进行信访。上级机关应当予以核查，如确认承办单位对信访事项处理不当的，可以责令其重新做出处理，也可以直接做出处理决定。

（四）回访及规范书写办结报告

回访重点是已经结案有特殊必要的信访人。规范书写办结报告包括前提背景、标题、主送抄送、报告正文（引语、主体、结论）、发文单位、附件使用等内容。对信访事项处理过程中的有关重要材料等，要按档案管理规定整理归档。

五、树立维权理念，做好信访工作

在高等教育发展的新形势下，高校信访工作呈现了新特点、新趋势。改革发展取得巨大成就，为实现群众合法权益、化解矛盾、维护和谐稳定奠定了坚实基础，但也要看到我国正处于并将长期处于社会主义初级阶段。在当前经济体制深刻变革、社会结构深刻变动、利益格局深刻调整、思想观念深刻变化的条件下，利益主体日趋多元，利益矛盾日趋复杂。由于发展不平衡、不协调、不可持续问题短期内难以根本解决，人民内部各种具体权益矛盾难以避免地会经常地大量地表现出来，成为影响社会和谐稳定的突出问题。随着高等教育事业的发展和高等学校各项改革的不断深入，高等学校正步入矛盾活跃期、凸显期和多发期，不可避免地出现各种思想观念的碰撞和利益格局的变动。如果信访工作不能进行有效救济，就会使矛盾激化，小事会变成大事，严重影响高校正常的教育教学秩序，进而影响和谐校园的构建，影响全局的安定。因此，坚持落实科学发展观，牢固确立以人为本的办学理念，切实做好信访工作是奠定高校师生维权和和谐校园的基础，化解矛盾、消除隐患、维护群众利益、密切党群关系的重要举措和迫切需要。

1. 要明确责任主体，强化基层预防和妥善处理信访问题的能力

学校各部门的领导是信访工作的第一责任人，要按照“分级负责，归口办理”和“谁主管谁负责”的原则，不断完善党政主要领导负总责、分管领导具体负责、其他领导“一岗双责”，一级抓一级、一级对一级负责的领导体制。各部门主要负责人作为信访工作的“第一责任人”，要亲自抓信访工作，做到群众意见有人听，事情有人办，管好自己的人，办好自己的事，不上交矛盾，不扩大事态，不推诿扯皮，不断提高信访工作的效率和

质量。

2. 要加强信访工作调研，完善预警机制，确保稳定大局

学校应加强信访工作调研，不断提高信息工作的主动性。坚持“一手抓处理，一手抓预防”，发挥信息网络和信息员的作用，经常性地对不稳定因素进行认真排查；通过狠抓“网络舆论”、“媒体舆论”、“口头舆论”的收集整理和“舆情分析库”的建设等，预测和预防各种矛盾的发生和发展。学校相关部门要对热点难点问题及时引导，积极理顺情绪，主动释疑解惑，尽快化解矛盾。另外，学校要积极构建和完善稳定预警和突发事件应急机制。同时，按照稳定工作超前布置的特点，加强信息收集和报送工作。及时发现有关校园稳定的情报信息，及时掌握各类事件苗头与不安定因素，安排力量，做到既有专人负责公开的、面上的信息工作，也有力量专门搜集深层次、内幕性、预警性的情报信息，确保及时、准确、客观、全面地反馈各类情报信息。每月对校内涉稳问题进行调查摸底，及时调整相关工作。

3. 要发挥信访工作的“两个作用”

一是要充分发挥好信访部门综合协调、民主监督的作用，当好为民排忧解难的服务中心。高校信访部门要及时发现领导机关及其工作人员存在的各种问题，查处违法乱纪行为，要把教职工的呼声作为第一信号，把教职工的需要作为第一选择，把教职工利益作为第一考虑，把教职工的满意度作为第标准，为广大教职工办实事，努力将矛盾解决在基层、化解在萌芽状态。二是要充分发挥好信访部门联系群众的桥梁纽带作用，当好化解教职工内部矛盾的协调中心。要通过做信访工作，为教职工排忧解难，满足教职工合理要求，增强教职工对学校的向心力，力求最大限度地激发校园创造活力，最大限度地增加校园和谐因素，最大限度地减少不和谐因素。提高认识，加强领导，健全队伍。高校信访工作是高校党政领导与广大教职员工沟通联系的桥梁，是广大教职员工反映意见、建议和心声的重要途径，对信访事项重视不重视，处理及时不及时，将直接反映高校领导对思想政治工作的重视程度和处置各类矛盾和问题的水平。因此，高校领导要进一步提高对信访工作重要性的认识，将妥善处理信访事项作为学校稳定工作的基础，纳入党政工作的议事日程，从组织上、制度上和条件上给予支持和保障；要健全校领导接待日制度，定期研究、分析信访工作，配备

好综合知识和能力较强的信访干部队伍；要抓住信访工作这个把手，定期对教职工思想动态进行分析，根据知识分子的特点，开展有效的、有针对性的群众思想政治工作，使信访工作成为宣传和贯彻党的方针政策和凝聚人心的重要渠道；信访工作者要提高稳定和超前意识，密切注意与学校重大改革和措施相关的信访动态，为校领导决策提供参考信息；要健全信访工作网络，畅通信访渠道，方便教职工群众反映问题；及时分析和通报信访热点动态，依靠有关职能部门，运用多种方式疏导和化解矛盾，将矛盾化解在萌芽状态；要加强调研，及时掌握形成的信访热点；提高高校的管理工作水平和依法治校水平，改进机关作风，加强基础工作，注重从源头上预防信访问题的产生；提高信访效能，进一步创新信访工作机制和方法、加强信访信息采集、注重源头治理，推动信访问题的解决。

4. 加强高校信访工作规律研究

一是分析新时期高校信访工作的特点、成因，探寻信访规律，明确妥善处理信访问题的对策及完善危机事件的预警机制；二是从教职工权益保障角度探讨信访工作的作用与意义，建立将信访维权转化为推进和谐校园文化途径的保障机制；三是立足学校信访工作的实际，创新信访工作方法、策略等。开展信访工作研究有利于提高信访工作的预见性，同时也为解决信访矛盾提供了方法和技术支持，促进其整体系统性和制度化、规范化、法制化。

第四章 完善高校教师权益保障的救济手段[1]

提要：在聘任制下依法保护教师合法权益，是高校人事制度改革的重要内容，也是教育法制建设的重要任务，同时也是社会各部门要全力配合的职责。完善高校教师权益保障体系，除实施申诉、信访、行政复议与诉讼等救济手段以外，教师、高校组织、政府应各自采取相应的对策，形成一种科学合理的联动机制。三个保障实施主体的有效配合将为高校教师的权益带来多方位、多层次的保障。

一般而言，法律主要以惩治违法侵权行为来实现其社会保护功能。随着时代的进步和民主政治与法律制度的发展，法律在惩治违法侵权行为的同时，又承担起对受到侵害的当事人的合法权益给予补救的社会保护功能，并使这种补救功能在刑事法律救济、民事法律救济和行政法律救济中得到越来越广泛的运用。教育法律救济虽然是法律救济的一个组成部分，但亦有其自身的特殊性。[2] 高校教师权益救济特征有如下几个方面。

第一，救济的前提性。高校教师权益受到损害是教师权益救济存在的前提，在教师权益救济中，无论采用何种救济手段和程序，必须有对教师侵权行为的存在，教师只有在合法权益受到侵害的基础上才能提出救济请求。

第二，方式的多样性。对合法权益受到损害进行的补救可以采取多种方式，不仅包括司法救济方式、行政救济方式，还包括其他通过内部或民

---

〔1〕 作者简介：余立，副研究员，北京工业大学校两办副主任。

〔2〕 郑良信．教育法学通论［M］．南宁：广西教育出版社，2005:474.

间渠道进行救济的方式。

第三，目的的明确性。法的根本目的在于规范人们的社会行为，保障人们的合法权益。教师权益救济的根本目的是实现教师合法权益并保证学校或其他教育机构法定义务的履行。

第一节 申诉救济制度

教师申诉制度是学校管理中一项专门性的权利救济制度。它是指教师对学校或校内其他成员侵犯其合法权益或者对学校的处理不服，向学校申诉理由，请求处理或重新处理，从而使教师的合法权益受到依法保护的一种制度。[1] 它在宪法赋予公民享有申诉权利的基础上，将教师的申诉权在学校管理中具体化、规范化。实施校内教师申诉制度，是学校主动维护教师合法权益、落实教师申诉权的一项具体措施。因此建立并完善高校校内教师申诉制度，具有积极合理的现实意义。

一、聘任制下建立并完善高校校内教师申诉制度的必要性及现实意义

（一）有利于高校行使办学自主权，保障高校稳定和谐发展

教育部《关于深化高等学校人事分配制度改革的若干意见》出台以后，许多高校实行了岗位聘任制以及与之配套的分配制，经济利益的巨大差距和荣誉感使得教师对聘任、聘岗、职称等更加敏感，因而校内矛盾有增加的趋势。教师与高校之间的纠纷多数情况并不直接涉及法律问题，而是因为教师找不到一个恰当的途径而被迫转向司法程序。建立高校校内教师申诉制度，为高校教师在高校内部设立了权利救济途径，极大地降低教师将

〔1〕 裴直．关于完善我国教师申诉制度的思考［J］．教育探索，2006（12）:38－39.

高校诉至法院的可能性，这有利于高校办学自主权的行使及其管理秩序的稳定。此外，高校教师申诉制度在保障高校办学自主权的同时，还行使着监督的职责，它促使高校自主管理的活动符合法律、法规的规范，有利于和谐校园的构建。

（二）有利于保障教师的合法权益，提高工作积极性

现代法治精神的一个重要内容是：以权利的保障为基础和中心环节，确立合法权益受到侵犯后获得有效救济的机制。如果学校及内部组织的违法或不当措施侵犯了教师的合法权益，而教师得不到及时的权利救济，那么权利就无从谈起，因此学校应该建立与完善相应的内部权利救济渠道。建立高校内部教师申诉制度的重点在于尊重教师的申辩权、申诉权与知情权，这对于保护教师的合法权益具有重要意义。

（三）有利于为高校教育工会维护教师权益提供切实可行的制度保障

维护教师合法权益是高校教育工会的基本职责。很多高校工会在为教师谋取福利、组织文体活动等方面做了大量的工作，然而在为教师维权方面，确实还有待于进一步的探索。其根本原因在于学校内部的管理体制和劳动人事制度以及工会对学校组织的依赖所造成；其显性的原因在于工会维权缺乏制度的保障。事实上，目前教师维权的状况堪忧。虽然从理论上讲，教师维权可以求助于申诉、行政复议、行政诉讼、民事诉讼、仲裁，但实践中，教师针对学校提起的诉讼，尤其是行政诉讼，常常被法院直接裁定驳回。严格地说，仲裁只适用于聘用纠纷。而申诉的范围却相当广泛，是教师权益保护体系中一项重要的、基础性的制度。[1] 因而建立校内教师申诉制度可以为高校教育工会维权提供一个制度的“武器”。

二、高校实施校内教师申诉制度的现状分析

实施高校校内教师申诉制度是维护教师合法权益的重要手段，也是教师权利救济的主要途径。但由于制度缺失和实践障碍，该制度在实施过程

---

〔1〕 劳凯声．中国教育法制评论［M］．北京：教育科学出版社，2007.

中也存在一些问题。

（一）高校校内教师申诉制度的实施存在制度缺失

目前，我国教师申诉制度依然停留在原则性规定的层面上，没有在技术操作上建立起成熟的制度规范体系。高校在处理教师申诉时，因缺乏具体的操作规范和依据而常常出现较大的随意性。多数高校制定的校内教师申诉制度，对教师申诉的受理条件、处理程序和法律救济措施等方面都作出了简明规定，但规范的程序要求缺乏，尤其是缺乏调查制度、听证制度、回避制度、处理结果执行制度等程序制度。

（二）高校校内教师申诉制度的落实存在实践障碍

将建立高校校内教师申诉制度作为落实高校教师申诉权的措施，虽然打通了校内救济通道，但教师在申诉过程中，由于与学校之间实际存在的管理与被管理、任用与被任用的不平等关系，使教师因得不到申诉制度内在力量的支持而处于被动和尴尬的地位。高校校内教师申诉制度中，若申诉受理机构的人员构成缺乏公信力，就直接导致了学校（被申诉人）既当“裁判员”又当“运动员”现象的发生，使申诉处理的公正性缺乏监督保障。即便申诉处理机构中有相当数量的教师代表，但在处理申诉案件时，教师代表往往有表达障碍，这就容易使申诉人的合法权益得不到及时、有效的保护，从而动摇教师在合法权益遭受侵害时通过校内申诉制度获得有效救济的信心，影响了高校教师申诉的主动性。

三、完善高校校内教师申诉制度的路径

（一）明确申诉主体

高校校内教师申诉的主体包括申诉人、被申诉人和受理申诉的机构。

申诉人，即认为自己的合法权益被学校及其职能机构侵犯以及对学校的处理决定不服的高校教师。在高校中，广义的教师群体不仅包括专任教师，而且包括教学科研辅助人员、管理人员等教师，这些人员约占了1/ 3的比例。如果只允许专任教师提出申诉，不允许其他教职工提出申诉，这

种规定显然是不合理的。所以，申诉人应该包括全体在职的教职工。

被申诉人即申诉人的相对方，是申诉人所在的高校，也包括高校相关职能部门或学校分支机构。

受理申诉的机构，是高校处理教师申诉的专职机构。为了避免出现“运动员兼裁判员”的情况，高校内部的教师申诉机构应该是相对独立的，这样可以站在比较中立的立场上处理纠纷；申诉机构的组成应该采取委员会制，即教师申诉委员会。委员由有一定公信力的人士组成，这样处理结果比较公正、合理，容易被申诉当事人所接受。建议教师申诉委员会由工会、办公室、纪委、教师代表、法律专家、职能部门负责人7～11人组成，其中管理部门代表不宜超过1/3，普通教师代表至少在半数以上，可以从“两代会”（教代会、职代会）代表中产生，这样更具有代表性。办事机构可设在工会，其作出的决定经学校管理机构批准后，具有约束力和执行力。

（二）规范程序制度

程序是制度的心脏，因此应当依据公开、参与、公平的原则，建立和完善高校校内教师申诉程序的基本制度。

1. 体现公开原则的公布制度、说明理由制度、告知制度、案卷制度

高校应当将有关校内申诉制度的规定等内容向教师公布；申诉过程中，对申诉处理行为应当说明理由，特别是涉及教师重大权益的行为，在作出与教师权利相关行为规定的事前和事后都应当告知教师，以便教师采取必要的救济措施；对教师权利相关的规章、决定以及事件调查的过程、结果、证据都应该以案卷的形式保留，并允许相关人员查询。

2. 体现参与原则的听证制度

校内教师申诉制度应当设置听证制度，允许教师对自己的行为做出说明、辩解、提供证据；吸收教师、教师代表、工会委员等参与听证，调查事件。

3. 体现公正原则的调查制度、回避制度、合议制度、责任制度

校内教师申诉制度中，对事件应当进行调查，受理申诉、作出申诉处理决定的人员应当依据回避制度和合议制度进行组织。违反教师申诉制度

的相关规定或者徇私舞弊的人员必须就其非法、违法行为承担法律责任。[1]

（三）丰富救济手段

《中华人民共和国教师法》中只规定了教师具有申诉的权利，对其他救济途径没有提及，在一定程度上限制了教师权利的法律救济。劳凯声教授认为："教师申诉制度所调整的法律关系都可以纳入现行的法律体制，通过已有的法律来调整这种关系。"也就是说，应当将教师申诉纳入行政诉讼制度体系，这样也更有利于保持行政法的完整性。

我们可以把申诉看作是教师权益救济的第一关。为了更公正有效地保护教师权益，使教师获得司法上的救济，应系统架构教师权益救济制度。最为关键的是在完善高校校内教师申诉制度基础上，整体规划教师申诉制度与行政复议、行政诉讼等后续渠道的衔接。如果教师对校内申诉结果不服，除可以向教育行政管理部门提起行政申诉外，还可以依法提起行政诉讼，即在符合相关诉讼法规的基础上，逐步构建高校校内教师申诉、行政申诉、行政复议、行政诉讼四级权利救济机制。

（四）完善监督机制

为保证高校校内教师申诉处理结果的公正、及时与合理，高校还必须完善申诉处理结果的监督机制。《中华人民共和国教师法》规定了教师申诉是向教育行政管理部门提出，没有明确校内教师申诉委员会的法律地位。在这种法律缺位的情况下，如何处理好申诉委员会与学校行政之间的关系就十分重要，这也是决定高校校内教师申诉制度能否真正落实执行的关键问题。一般来说，申诉委员会是咨议机构而不是决策机构，虽然可以建议学校相关部门重新作出处理决定，但无权直接撤销或改变相关部门的决定，也没有很强的制约措施，这样就无法有效发挥通过校内申诉渠道可以及时解决纠纷、保护教师合法权益的作用。[2] 因此，学校应当赋予申诉委员会一定的权力，树立其威信，发挥其监督作用。根据《中华人民共和国高等

---

[1] 鱼霞，申素平，等．教师申诉制度研究［J］．教师教育研究，2005（3）:58－63.

[2] 程刚，俞建伟．高校内部教师申诉制度的研究与设计［J］．教育研究，2009（5）：81－88.

教育法》第三十九条的规定，高等学校实行党委领导下的校长负责制，校长办公会议是学校最高行政决策机构，申诉委员会对申诉事项应当提交校长办公会议审议研究作出决定再下达申诉处理决定书，由相关部门具体落实执行。这样既发挥了申诉委员会的监督作用，树立了其威信，同时也维护了学校行政的权威，使校内申诉具有更强的可操作性。

第二节　行政复议与诉讼

一、教育行政复议制度

（一）教育行政复议的概念及特征

行政复议是指行政相对人认为行政主体的具体行政行为侵犯其合法权益，依法向行政复议机关提出复查该具体行政行为的申请，行政复议机关依照法定程序对被申请的具体行政行为进行合法性、适当性审查，并作出行政复议决定的一种法律制度。[1] 这是我国行政救济的主要途径，也是行政系统内部的监督和纠错机制。它可以不经行政诉讼程序，即可使违法或不当的具体行政行为在行政机关内部得到纠正，使行政相对人的合法权益得到维护。下级行政机关在改正错误的同时抵触情绪也不会很大，容易使行政复议决定得到落实。

教育行政复议是指教育行政机关或个人在行使教育行政职权时，与作为被管理对象的相对人就已生效的具体行政行为发生争议，根据相对人的申请，由该教育行政机关的上一级教育行政机关，对引起争议的具体行政行为进行复查并作出决定的一种法律制度。在我国的教育行政救济制度中，教育行政复议也是一条极为重要的救济途径。如《教育行政处罚暂行实施办法》第三十一条规定："当事人对行政处罚不服的，有权依据法律、法规

〔1〕 姜明安. 行政法与行政诉讼法［M］. 北京：北京大学出版社，2005:413.

的规定，申请行政复议或者提起行政诉讼。行政复议、行政诉讼期间，行政处罚不停止执行。”此外，在国家教委的《〈关于中华人民共和国教师法〉若干问题的实施意见》里，也有相关教育行政复议的规定：对教师提出的申诉“逾期未做出处理的或者久拖不决，其申诉内容涉及人身权、财产权以及其他属于行政复议、行政诉讼受案范围的，申诉人可以依法提起行政复议或者行政诉讼。”“申诉当事人对申诉处理决定不服的……其申诉内容涉及人身权、财产权及其他属于行政复议、行政诉讼受案范围事项的，可以依法提起行政复议或者行政诉讼。”这些规定为我国教育行政复议制度的确立提供了基础。

高校教师权利救济的行政复议（以下称教育行政复议），作为一种非诉讼手段，具有如下特点：

1. 教育行政复议是以教育行政争议为处理对象的

教师不服教育行政机关的具体行政行为，认为该行为侵犯其合法权益的，就产生了教育行政争议。

2. 教育行政复议双方当事人是固定的

以教师为复议申请人，以作出具体行政行为的教育行政机关为被申请人。

3. 教育行政复议是一种依申请的行政行为

教育行政复议机关作出的行政复议行为，必须基于教师的申请。如果教师不依法提请复议，行政复议机关就不能主动地实施行政复议行为。

4. 教育行政复议必须依照一定的法律程序进行

教育行政复议是解决教育行政争议的法律行为，解决争议的活动必须遵循一定的法律程序，否则，就无法保证行政争议得到公正合法的解决。这也使其有别于教师申诉和按照司法程序解决争议的行政诉讼活动。我国的《中华人民共和国行政复议法》对行政复议程序作了较为明确的规定。

（二）教育行政复议与教师申诉的区别

1. 受理机关不同

按照有关教育法律的规定，教师对学校或者其他教育机构提出申诉的受理机关主要为所在区域的主管教育行政部门，对当地人民政府的有关部门提出的申诉，受理机关为同级人民政府或上一级人民政府的有关部门。

教育行政复议的受理机关，根据不同层级的教育行政机关之间受理行政争议的分工和权限的不同，可由本级人民政府或上一级教育主管部门管辖；只有对国务院教育主管部门的具体行政行为不服的复议申请，由原教育行政机关管辖。

2. 被申请人不同

教师申诉中的被申请人可以是教育行政机关，也可以是所在学校，还可以是当地人民政府的其他行政部门，教育行政复议中的被申请人只能是作出具体行政行为的教育行政机关。

3. 程序不同

教师申诉制度在我国尚处于起步阶段，并无非常严格的程序规定。教育行政复议则须按《中华人民共和国行政复议法》关于程序的规定严格执行。

4. 范围不同

教师申诉的范围按《中华人民共和国教育法》和《中华人民共和国教师法》的规定，教师可以对收到的处理、处分决定提起申诉，也可以对其他侵犯合法权益的行为提起申诉。教育行政复议一般只能对教育行政机关的具体行政行为提起。教师不服申诉处理决定时，申诉的内容只有直接涉及人身权、财产权及其他属于行政复议受案范围的，才可以依法提起行政复议。

随着行政复议制度的完善，教育行政复议制度作为行政系统内部的监督和纠错机制，将会成为一条重要的救济途径。但遗憾的是，目前的教育法律法规只是规定了教育行政部门对教师做出具体行政行为的复议，对于教师与高校发生纠纷，随着行政复议制度的完善，教育行政复议制度作为行政系统内部的监督和纠错机制，将会成为一条重要的救济途径。但遗憾的是，目前的教育法律法规只是规定了教育行政部门对教师做出具体行政行为的复议，对于教师与高校发生纠纷寻求行政复议救济的权利，现行法律原则上没有赋予，高校对教师的侵权行为只能通过申诉的途径获得救济。既然学校在法律法规的授权下，具有行政主体资格，那么高校的管理行为应当纳入行政复议的受案范围，即当高校对教师的行政管理行为侵犯了教师的合法权益时，教师可以向教育行政主管部门提出行政复议的申请，教育行政主管部门应当按照《中华人民共和国行政复议法》的相关程序对高校的行政行为进行合法性与适当性审查。

二、教育行政诉讼制度

行政诉讼是指行政相对人与行政主体在行政法律关系领域发生纠纷后，依法向人民法院提起诉讼，人民法院依法定程序审查行政主体的行政行为的合法性，判断相对人的主张是否妥当，并作出裁判的一种活动。[1] 行政诉讼对于行政争议双方当事人具有重大意义。因为司法裁决权是社会公正的最有力保障，作为终极性权力，它对争议的判断和处理是最后的和最具权威的。[2] 高校教师的行政诉讼（以下称教育行政诉讼），是指教师认为其合法权益受到教育行政机关的侵犯，向人民法院提起诉讼的制度。

教育行政诉讼制度作为教育行政法律救济手段，具有如下特点。

1. 诉权专属

教育行政诉讼的主管机关只属于人民法院。作为解决侵权纠纷的诉讼活动，法院负有制止和纠正侵犯他人权益行为的权力和责任，使任何可能对他人权益造成损害或不利影响的“权力”或“权利”，都必须受到法律范围的控制，以司法权力控制行政权力的膨胀或滥用，以免其损害他人的合法权益，为相对人提供一种使其与教育行政机关处于平等法律地位的救济途径。

2. 标的确指

教育行政诉讼的标的是教育法律规定的具体教育行政行为，教师的行为不是行政诉讼的标的。对于教育行政机关实施的制定教育行政法规、规章的教育行政立法行为或者教育行政机关制定、发布具有普遍约束力的决定、命令等行为，根据现行《中华人民共和国行政诉讼法》的规定，也不能进行行政诉讼。

3. 举证倒置

举证倒置是指提出主张的一方就某种事由（过错或因果关系等问题）

---

〔1〕 姜明安. 行政法与行政诉讼法［M］. 北京：北京大学出版社，2005:413.

〔2〕 范晶波. 论我国高校内部管理纠纷的行政法律救济［J］. 南京邮电学院学报：社会科学版，2004（12）:18－22.

不负担举证责任，由反对的一方负担举证责任。在教育行政诉讼中，作为被告的教育行政机关或教育法律、法规授权的组织负有证明其行政行为合法性的举证责任。教育行政机关在搜集证据方面明显地处于优势，其决定的做出过程和依据的了解程度非相对人所能达到，这就决定了教育行政机关应负有举证责任。

4. 不得调解

调解必须建立在对立的当事人双方对自己的权力有自由处分权的基础上。公权力不可处分，行政权是一种国家公权力，行政权也不可处分。教育行政机关享有的公共权力和国家权力决定了其无权处分或放弃国家赋予的法定职责和权力。这就决定了人民法院在审理教育行政诉讼案件时，不得采取调解作为审理程序和结案方式。

按照有关的规则和要求，一切纠纷都应该贯彻司法最终救济的原则。目前学术界大都认为高校的职称评定行为属于具体行政行为，具有可诉性。当然，由于高校与教师之间还是一种行政管理意义上的关系，学校领域中的纠纷有其独特的属性，不一定全部适合于司法审查。司法审查权作为一种救济手段对于高校内部管理引起的纠纷应介入到何种程度呢？我们认为司法介入高校内部的管理应限定在对侵害被管理方的合法权益的审查，不应涉及实质性的教学和科研等学术问题。所以司法介入并不意味着对高校内管理系统的全面司法控制，也就是说有关司法审查原则上应该限于形式的程序审查。有限度的司法审查一方面可将学校和教师之间的纠纷有限度地引入行政诉讼领域，另一方面能够保障学校领域的相对独立和自由，从而更有效地保障教师的合法权利。

第三节　三级联动模式

在聘任制下依法保护教师合法权益，是高校人事制度改革的重要内容，也是教育法制建设的重要任务，同时也是社会各部门要全力配合的职责。完善高校教师权益保障体系，高校教师、高校组织、政府应各自采取相应的对策。每个保障主体所负责的部分都有特定的作用，在实践中，无论哪个保障主体的缺失或者三个主体间不能有效地配合，都将导致整个权益保障体系的作用无法充分发挥。

一、高校教师要提高自我保障能力

高校教师是享有教师权益的主体，高校教师的权益保障过程在一定程度上体现为高校教师自我保障的过程。作为权益保障的主体，高校教师首先应该对自己的权益保障负责，其自身是否具有相应的法律素质与其权益的保障状态密切相关。因此，高校教师在了解学校内部的各项管理制度的同时应该不断丰富自身的法律知识，增强法律意识，并具有教育法规实践能力，以此来提升自身的保障能力。这是高校教师权益保障体系中的首要组成部分。

（一）丰富教育法规知识

法律的确定性要求教师的自我保障行为只能在法律所要求和允许的范围之内。教师只有熟悉和掌握教育法规知识，才能产生有效的保障行为。高等教育法规是高校教师实施自我保障的法律依据，高校教师应当对其的本质特征、体系构成、表现形式、教育法规对教师权利的保护范围和有关教育义务履行的约束以及在教师权利和义务基础上形成的教师法律地位等有理性明确的认识。同时，对于学校的各项管理制度，高校教师也应该有深刻的理解。通过对学校内部各项管理制度的熟悉了解，高校教师才能更好地去认识自身的权益，从而才能更好地辨别那些侵犯自身合法权益的行为。教师只有正确认识了教育法规及学校的各项管理制度的作用，才会依法依制度从事教育活动，实施真正的自我保障。

（二）增强法律意识

法律意识是人们关于法规以及与法规有关的思想、观点或观念的总称。熟悉法规并能够认识它们的作用与意义，并不能表示高校教师就具有了法律意识，只有当他们对法律所规定和保护的权利和义务产生要求后，才表明他们具有了法律意识。权利义务意识是法律意识的核心，因此，培养高校教师的法律意识首先要树立教师的权利和义务意识，尤其是教师的权利意识。权利意识是指人们对权利的认知以及对他人主张、要求和维护权利的行为及观点的社会评价。它是主体对自身主体性的肯定意识，这种对自身主体性的肯定意识，要求他人和社会承认自己的主体地位，承认自己作为主体所具有的自由和权利，以对待主体的方式来对待自己。

（三）培养法律实务能力

熟悉法律法规，具有了法律意识，并不能表明自身就有了保障自身权益的能力，只有当他们能够自主地运用法律法规去保护自身权益时，才能达到自我保障的目的。因此，提高教师自身的法律实务能力是至关重要的。高校教师可采取多样化的手段来提高自身的法律实践操作能力，如关注教育界典型的案例，并对其进行学习、分析；在自身权益受到侵犯时，向专业法律顾问咨询，实施法律保障程序时寻求他们的帮助等。教师通过一系列有意识的学习与参与过程来强化自身的法律知识，增强法律意识，最终才能将依法保障自身的权益变成一种自主的行为。

二、高校要完善学校内部管理机制

高校是教师工作学习的场所，其内部组织的管理机制直接影响着高校教师的权益保障状况，因此完善内部管理机制就必然成为高校教师权益保障体系中的重要一环。

（一）营造和谐的校园文化

校园文化是以学校为载体，通过历届师生的传承和创造，为大学所积累的物质成果和精神成果的总和，可分为物质文化、制度文化和精神文化三个层次。物质文化主要是指学校的教学设施、生活设施以及校园环境等，它们是校园文化活动的物质保障，直接影响教师的情绪和心理。制度文化是指学校为了维持其正常运转和教学生活秩序而制定的各种规章制度以及具有大众认同度的传统习惯，是国家法纪和学校要求在校园的条文化和规范化。高校在进行制度建设时要尊重教师的权益和个性，充分考虑他们的正当权益。精神文化是观念文化，它包含有认知成分、价值成分和情感成分等。它是校园文化的核心，影响学校成员的思维方式和价值取向。营造和谐的校园文化，就是要从这三个层次来进行。和谐校园的文化内涵应该包括客观务实的办学思想，以人为本的制度文化，和谐融洽的人文环境等。学校要将人文关怀与科学精神结合起来，把促进教师发展放在首要位置，从物质文化、制度文化和精神文化三个方面来努力营造教师工作的良好氛围环境，为教师的个人发展创造宽松有利的环境，给予教师更多的关注、理解和尊重。

（二）建立以人为本的管理模式

随着教育改革的不断深入，社会对教师这一职业提出了更高的要求。与此同时，由于教师的社会角色压力、工作压力所引发的教师身心健康危机也日益严重。要缓解聘任制带给高校教师的心理压力，有效地保障教师的合法权益在人事制度改革中不受侵犯，高校就必须转变管理理念，建立真正的“以人为本”的管理机制。人本要求把人的发展、人的解放置于首位，它实际上是一种人文的关怀，一种对人的尊严和价值的尊重。在聘任制的实施过程中，高校应该将其作为高校教师聘任制中的一种重要的价值法则，突显教师的主体地位，尊重教师的主体价值，关注教师的身心健康。重视每个教师的价值、权利、尊严、情感与体验，将对教师的关怀整合到聘任制的实施过程中去；要谋求高校与教师的协调发展，将教师的充分自由发展作为组织发展的前提和基础，协调好高校目标与教师目标的关系。维护教师良好的生活、工作和心理环境不仅是教师应有的基本权益，也是保证教育教学任务顺利开展的重要条件。

（三）强化现有的民主管理机制

学校内部民主管理，主要指教师充分行使民主权利并直接参与学校的管理活动。《中华人民共和国教育法》第三十条第三款规定：“学校及其他教育机构应当按照国家有关规定，通过以教师为主体的教师代表大会等组织形式，保障教师参与民主管理和监督。”这一规定表明了以教师主体的教师代表大会是教师参与学校管理、行使民主管理和监督权利的法定组织形式，也是学校内部管理体制的重要组成部分。高校教师聘任制的实施导致了高校内部各方面关系和利益的重新调整或变更，涉及学校所有教师利益的重新分配。由于在改革中的利益得失不同，人们对改革的态度也会明显不同，一些人会对改革有疏离倾向或防卫心理，甚至会阻碍改革的进行。学校需要通过强化民主管理机制来确保教师的合法权益得到保障，同时，民主管理机制也是解决高校教师聘任制的实施所带来的“管理困境”的合理有效方法。民主管理机制的实施将从根本上承认教师对于学校和教育活动的平等主体地位，将传统的学校管理层改造为一种服务系统。强调教师的主体地位，必须保证教师对学校重大决策和管理的充分了解、民主参与和有效监督；必须将教师的合法权益作为大学管理内涵的基本要素，建立必要的制度和相应机制，避免学校管理对教师合法权益的侵害。为保障教师有效行使民主管理、民主监督的权利，高校应当加强教师代表大会、学校工会等教师组织的建设，充分发挥它们在重大决策、民主管理和维护教师权益等方面的重要作用，同时也要推行校务公开制度，让学校的管理工作透明化。

三、政府要健全教育法规及社会保障体系

聘任制下高校教师权益保障的实施是一项复杂的系统工程，它的顺利执行与完善不仅需要教师提高自身的保障能力、高校组织改革内部管理机制，更重要的是需要政府提供各项配套制度政策的支持。健全教育法规体系，完善社会保障体系都是在聘任制下有效保障高校教师权益必不可少的推动力。

（一）健全教育法规体系

《中华人民共和国教师法》、《中华人民共和国教育法》、《中华人民共和国高等教育法》等国家法律的颁布实施标志着我国高等教育法律体系的框架正在逐步形成，表明了依法治教正在走向一个新的阶段。关于高等学校教师合法权益的保护，现行法律中已作规定的有 1993 年《中华人民共和国教师法》中关于教师申诉的制度、1995 年《国家教委关于〈中华人民共和国教师法〉中若干问题的意见》中的关于行政复议和行政诉讼的制度、1997 年人事部发布的《人事争议处理暂行规定》中关于仲裁的制度及 1999 年《教育部关于实施〈中华人民共和国高等教育法〉若干问题的意见》中的第二十九条关于申诉的制度等。但由于我国的一些教育立法通常都是在

相关条件尚未完全形成的情况下出台，所以即便这些法律条款规定教师有申诉、行政复议及行政诉讼的权利，它们也都只是就教师的这些权利做出了原则上的、整体上的规定，具体该如何操作，条例并无详细说明。这就使得这些法规在实际操作中必然会存在一些问题。并且，针对这些法规的实施细则又常常严重滞后，这就给法规的具体适用带来了更大的困难。同时，大多数教育规则是以规范文件而非法规的形式出台，在时效上都受到了一定限制，在一定程度上损害了教育法规的权威性。因此，要适应情势变化，逐步规范高等教育立法程序，及时修正和出台相应的教育法规和补充条款。

（二）完善社会保障体系

《中华人民共和国教师法》第三十条规定："教师退休或者退职后，享受国家规定的退休或者退职待遇。"这是对实施聘任制以前，对长期从事教师职业的公民享受养老、退休待遇的法律保障。教师作为公益性的社会职业，长期或终生从事教师职业者在其年老离职后，国家对其给予良好的安置，优厚养老退休待遇，对尊师重教和稳定教师队伍曾起到了很大的作用。但在聘任制实施后，这一切必将发生重大的变化。聘任制的实施，使得教师这个职业不再是普遍的终生职业，政府实施的传统的退休养老待遇在聘任制下将无法继续。教育是社会公益性事业，教师为社会提供的是公共产品，作为政府应当履行其公共职责，为教师提供基本的、与教师地位相适应的保障体系。教师聘任制实施后，为保证教师职业不丧失公益性，就必须对相应的社会保障制度进行完善。要将教师的社会保障建立在全社会的保障体系基础上，确定稳固合理的资金来源，形成社会保障基金筹集、运营的良性循环机制，最终建立起一套完善的、与社会主义市场经济相适应的教师社会保障体系。

第五章　聘任制下高校工会维权机制创新[1]

摘要：本章从探寻当前中国现有法律体系中高校工会维权的法律依据出发，分析中国高校工会维权的内容和基本途径，思考当前高校工会在维护教职工权益中的法律缺失，为聘任制下健全高校工会维权工作进行法理探索，以期在聘任制下进一步健全高校工会的维权机制，进一步明确工会在劳动关系中的地位和作用，发挥教代会制度、工会组织在教职工权益维护中的作用。

第一节　高校工会维护教职工权益的法理思考

当前，我国高校都在推进全员聘任制改革。高校教师是文化层次较高的社会群体，重视个体尊严与个人价值的实现，多数有强烈的民主参与意识和自我权利维护需求。《中国工会章程》指出：工会的基本职责是维护职工合法权益。因此，在新形势下如何维护广大教职工权益，是高校工会的责任和义务。一般而言，高校教职工的权益包括政治权利、经济权利、教职工受教育的权益、参加各种文体活动的权利、参与权、谈判权、缔约权、监督权、调处权等。由于高校教职工群体的特殊性，维护教职工权益的重点在推进民主管理，民主管理的重点在教职工的权益，权益的重点是教职工的根本利益，工会如何更好地维护教职工权益还需认真分析思考工会维权的法律依据。

---

〔1〕作者简介：朱静，副研究员，北京工业大学工会副主席。

一、高校工会维权的法律依据

（一）高校工会维权的法律依据

目前，高校工会依法维权的法律依据有如下现行法律：《中华人民共和国宪法》、《中华人民共和国工会法》、《中华人民共和国高等教育法》、《中华人民共和国劳动法》、《中华人民共和国教师法》以及各个地方的地方性法规。现行法律法规赋予工会多项权利，以确保其更好地行使代表和维护职工合法权益的权利。

1.《中华人民共和国工会法》

2001年10月27日，第九届全国人民代表大会常任委员会第二十四次会议通过并颁布的《中华人民共和国工会法》是在中国跨入新世纪，中国政治、经济和社会状况都发生了巨大的、深刻的变化，建立和建设社会主义市场经济体制的新形势下颁布的。

《中华人民共和国工会法》规定，“中华全国总工会及其各级工会代表职工的利益，依法维护职工的合法权益，维护职工合法权益是工会的基本职责。工会在维护全国人民总体利益的同时，代表和维护职工的合法权益”。这些都进一步突出和强调工会维护职工合法权益的职能，进一步保障了工会组织切实发挥作用，保护、调动广大职工的积极性。

《中华人民共和国工会法》明确规定，工会负有组织和教育职工依法行使民主权利，发挥主人翁作用，维护全国人民总体利益，维护职工合法权益，发动和组织职工完成生产任务和工作任务，组织职工参加企业事业的民主管理和民主监督，提高职工思想政治素质和文化技术素质等职责。这些规定有助于调动和保护职工群众的积极性，通过改革进一步解放和发展生产力，推动经济的发展和社会的全面进步，建设有中国特色的社会主义。

工会代表和维护职工群众的合法权益，是贯彻“三个代表”的重要思想体现，是党赋予工会组织的神圣使命，是广大职工群众对工会组织的殷切希望，也是工会在党的领导下长期坚持的重要职责。特别是《中华人民共和国工会法》颁布实施之后，工会维护的职能得到进一步的突出和强化，为工会大胆依法维权提供了可靠的法律依据和创造了良好的客观条件，使整个工会系统维权工作有了较大的进步和发展。《中华人民共和国工会法》是工会维护职工权益的主要依据，在我国的工会法中明确规定“维护职工合法权益是工会的基本职责”，这是《中华人民共和国工会法》的核心，也是《中华人民共和国工会法》的灵魂。这些法律法规对工会履行维护职工合法权益作了明确的规定，给工会履行维护职工合法权益的基本职责提供了法律依据和保障。

2. 《中华人民共和国劳动合同法》

作为我国协调劳动关系和维护劳动者权益的一部重要法律，《中华人民共和国劳动合同法》为完善劳动合同制度、协调劳动关系、保护劳动者合法权益提供了明确而具体的法律依据。《中华人民共和国劳动合同法》的颁布实施，标志着我国的劳动合同制度进入了依法规范、依法调整的法制轨道，同时，也为工会依法维权工作提供了难得的机遇。该法以专项法律的形式对劳动合同制度作了较为全面的规范。《中华人民共和国劳动合同法》从一部专项法律的角度，对劳动合同的订立、劳动合同的履行和变更、劳动合同的解除和终止、特别规定（集体合同、劳务派遣合同、其他用工形式）、监督检查、法律责任等主要部分设立了专章专节，对劳动关系各方的权利义务作了具体的规定，明确了劳动合同中违法行为的法律责任，为依法调整和规范劳动合同制度提供了法律依据。《中华人民共和国劳动合同法》为保护劳动者的劳动权益提供了明确的法律保障，对规避法律的用工形式进行了法律规范。建立和谐稳定的劳动关系，也是我国劳动立法侧重的要点。在我国的法律体系中，劳动法是一个重要而独立的法律部门，它与宪法、刑法、民法、商法、诉讼法等共同构成了我国的法律体系。《中华人民共和国劳动合同法》作为调整劳动关系的基本法律，对我国的劳动法律制度以及劳动关系的各个方面作了框架性和原则性的规定，但尚需要专门的法律对劳动关系的各个方面作出更加明确和具体的规定。

3. 教育类法律

为保障教职工的权益，我国政府先后颁布了《中华人民共和国教育法》、《中华人民共和国教师法》、《中华人民共和国高等教育法》。《中华人民共和国教育法》从宏观上规定了教师的权利和义务，同时在第三十条规定：学校及其他教育机构应当按照国家有关规定，通过以教师为主体的教职工代表大会等组织形式，保障教职工参与民主管理和监督，为教职工合法权益的保护提供了依据。

为了保障教师的合法权益，建设具有良好思想品德修养和业务素质的教师队伍，促进社会主义教育事业的发展，《中华人民共和国教师法》进一步对教师的权利和义务做了规定。1998 年 8 月颁布的《中华人民共和国高等教育法》对高等学校教职工的权益做出了规定。以上法律都在通过各种途径对维护教职工的权益进行了说明。

（二）工会维权的内容和基本途径

1. 高校工会维权的内容

《中华全国总工会关于增强协调劳动关系、切实维护职工合法权益、推动建立社会主义和谐社会的决定》提出要维护职工的七项权利，在基本理论上是对工会维权工作的提炼，在实践上明确了工会维权的基本内容，提供了行动上的规范。高校工会要维护教职工的合法权益，指的是由宪法和法律规定的教职工所享有的包括政治、经济和精神文化和其他等各方面权益的总和。综合以上各项权益，在高校工会维权的内容主要包括教职工的民主权利、劳动权利、经济利益和精神文化权益。

2. 高校工会维权的基本途径

由于工会是劳动关系矛盾的产物，在社会主义制度条件下，维权有其深刻的内涵。工会要在维护人民利益的同时，维护职工具体利益；既要维护职工经济利益，更要维护职工政治民主权利。维权的主要途径就是工会通过平等协商和集体合同制度，协调劳动关系，维护教职工的劳动权益；高校工会依照法律规定，通过教职工代表大会或者校务公开、民主评议等其他形式，组织职工参与民主决策、民主管理和民主监督。

自 1985 年《高等学校教职工代表大会暂行条例》印发 20 多年来，教职工代表大会制度逐步完善，取得了明显的成效。目前，全国 98% 以上的各级各类公办学校建立了教职工代表大会制度，民办学校、中外合作办学机构教职工代表大会的建制率也达到 40%，体现了教职工代表大会制度强大的生机和活力。

3. 高校工会依法维权的困境

目前高校维权的困难主要表现在以下方面。

一是维权主体的多样性。在当前人事制度下，教职工中既有事业编制人员，也有非在编人员，在大学的教职工中既有教学科研人员，也有行政管理人员，同时也有从事后勤服务的职工，教职工的学历职称也有很大差异，既有高学历、高职称、高级专业技术人才，也有学历层次不高的工人技师，因此，高校内部的工作主体也是一个“小社会”，不同主体在聘任制中的岗位设置也有不同，对维护个人权益的诉求也不同。

二是维权主体的多元化需求。正是由于维权主体不同，个体需求也呈现出多样化的特点，如教学科研人员关注更多的是个人的学术、科研和民主参与权，而普通职工更关注个人的劳动权和经济权。如何更好地为不同群体服务，也影响了工会维权职能的发挥。

三是教职工维权意识的缺乏。教职工对个人权益关注不够是一方面，另一方面出现问题采取“多一事不如少一事”，忍气吞声是一种方式；再有就是即使出现了个人权益受到影响，但是维权的渠道和途径还不清晰。具体到高校内部，教职工代表大会制度、校务公开等民主机制建设还很不完善，流于形式的现象比较严重，教职工的知情权、参与权、表达权与监督权没有得到真正的落实。这些都影响了教职工合法权益的维护。

四是维权法律的缺失。尽管各个高校在实施聘任制的过程中都编制了岗位说明书，签订了岗位聘任合同，但是当教职工的某些权利受到侵害时，还是找不到相应的法律提供支持，我国尚无法源性的教师聘任制的程序规定，还未建立起包括公开招聘制度、竞聘上岗制度、合同聘用制度、聘后管理制度、辞聘解聘、聘用监督制度等在内的聘用制。这些法律和制度的缺失直接影响了工会维权效能的发挥。

二、高校工会维权中的法律缺失

维权需要强有力的法律调整手段和具体的制裁措施予以支撑。《中华人民共和国工会法》、《中华人民共和国劳动法》、《中华人民共和国教育法》、《中华人民共和国教师法》等法律法规是教职工维护合法权益、参政、议政、行使民主权利、保证教职工主人翁地位的依据。但是就目前情况来看，执行主体是谁，违反了将受到什么制裁，没有具体的措施和规定，而且相关法律的内容尚存在缺陷和不够完善，使得教育工会依法维权的法律依据不充分。

1. 法律对教师职业性质的认定不清晰

长期以来，我国教师人事制度主要实行的是任命制，由教育行政机关根据需要向各校委派教师，主管教师的调动。教师被当作国家干部使用，只能服从行政安排。从这个意义上说，教师应归为国家公务员。但我国的《国家公务员暂行条例》中并没有说明教师是国家公务员，而且在《中华人民共和国教师法》、《中华人民共和国教育法》及相关的法规性文件中多次提到“教师的平均工资水平不低于或高于国家公务员平均工资水平”，说明他们不是同一职业性质。在《中华人民共和国教育法》中对教师的界定是“教师是履行教育教学职责的专业人员，承担教书育人，培养社会主义事业建设者和接班人，提高民族素质的使命”，这里只是把教师作为一种专业人员。教师是否是国家公务员是关系到教师能否被学校、教育行政部门根据自己的需要决定是否解聘教师以及教师的福利、社会保障等利益直接相关的问题。从当前世界许多国家的政策看，都把公立学校教师划归国家公务员系列，如德国、法国和日本，或是公务雇员（兼有公务员和雇员的身份），如美国和英国，教师由地方政府任用，教师与地方教育当局签订合约，一经试用合格除非犯罪或不道德或不合格才被解聘，而且解聘程序非常严格。在我国，由于教师的职业性质不明确，当出现了损害教师利益的现象后，很难找到法律支持。

2. 法律对教师权利的规定不完善

我国教育法制建设起步较晚，教育法规体系不成熟。《中华人民共和国教师法》是在 1993 年 10 月通过的，还有着浓厚的计划经济色彩。《中华人民共和国教师法》第十五条规定：“各级师范学校毕业生，应当按照国家有关规定从事教育教学工作。”它是师范生择业的唯一定向，而不是教师资质的规定，从而取消了市场经济条件下个人的自由择业权力。这个就业原则在市场经济条件下显然已经过时。同时，这个仅局限在教师，高校内还有从事管理的职员和从事后勤服务的职工，这些人的权力还缺乏明确的规定。

教师权益保护的条款短缺。《中华人民共和国教师法》规定教师享有六项权利，内容多与教师的专业性工作有关，权益性条款不够完善。譬如，规定了带薪休假权，缺少带薪进修权。因法律条文的缺失，一些教师在进修期间只能拿到基本的生活费，奖金和各项福利不能兑现。又如，规定了教师的培训权，缺少教师进修培训自主权的规定。再如，一些教育行政部门和学校，不是创造条件、提供机会，让教师依据自己文化知识程度和现状，自主选择参加培训的内容、时间、方法，而是采取行政指令方式要求教师假期参加进修和培训，侵犯了教师的休假权利。

另外，缺少对行政权力损害教师权益行为的自我保护性权利。如《中华人民共和国教师法》应赋予教师有拒绝参与教育行政机关或学校所指派与教学无关的工作的权利。还有，教师聘任制度、申诉制度、晋级制度等方面的法律规定，都需要制定更具操作性和具有明确强制手段的法律制度，对维权行为进行具体规范。众所周知，目前我国还没有针对解聘教师方面作出规定。在没有法律规则的竞争中，教师被解聘下岗而无处申诉的现象时有发生。从教师利益和教育规律出发，国家应尽快加强这方面的法制建设，规范教师解聘的原则和程序。

3. 高校工会维权的法律关系没理顺

目前，高校工会履行维权职责的公信力和维权力还不够强。高校工会多数还被定位为行政职能部门，要履行维权职能，就要理顺关系，使得高校工会保持相对的独立性，使得维权有相应的载体和途径。为保障高校教职工的合法权益得到保障，一方面要加强对《中华人民共和国工会法》的贯彻与落实，制定出台专门的《教育工会实施工会法细则》，为高校工会在维权中应有的各项权利如民主管理权、民主参与权、劳动争议处理权等作出明确规定，确保有法可依。建立高校工会劳动法律监督组织，对高校贯彻实施劳动法律、法规的情况进行监督。赋予高校工会调查权、提出意见和建议以及要求重新处理权、交涉权、提请教育部门责令改正权、提请人民政府处理权、紧急避险建议权等相应的权利。通过进一步细化《中华人民共和国工会法》的规定，突出可操作性、强制性和实用性，为工会维权确立法律依据。

三、聘任制下健全高校工会维权工作的法理探索

聘任制下，要进一步健全高校工会的维权机制，需要进一步明确工会在劳动关系中的地位和作用，理顺关系，健全制度，更好地维护教职工权益。

（一）工会在维权中的法律分析

1. 工会在劳动关系中的地位和身份

工会是在劳动关系矛盾的发展过程中产生和存在的，社会主义的工会仍然是劳动关系矛盾的产物。但是，在计划经济体制下，由于整个社会经济都是由国家来计划并直接指挥企业来实行的，职工的利益也在国家的"计划"之列并通过企业实现的，工会只是协助国家和企业来实现这种利益的，因而工会的身份一直是一个无法明确的问题。工会是职工的代表，企业和国家更是职工的代表，工会只能以社会政治领域作为自己的主要活动领域，在更大的程度上是一个社会政治团体，主要作用是发挥"纽带"、"桥梁"的作用。随着向市场经济过渡中劳动关系的变化，劳动关系主体日益明晰以及利益分化后三方格局的形成，明确了国家、企业和劳动者都是独立的利益主体，工会的身份和地位就主要取决于其在劳动关系中的具体地位。在社会主义市场经济条件下，特别是在劳动者进入劳动力市场以后，劳动者直接和强烈地感受到，在劳动关系的处理中，必须要有自己的特定代表。因为在劳动关系中处于弱势和劣势的劳动者，单靠个人的力量是很难有效地维护自己的利益的。个别劳动者的利益，必须要由特定的组织来代表，才可能作为一种集体的和社会的利益得以表达和维护，这一特定的组织就是工会。因此，在社会主义市场经济条件下，工会主要是劳动者为维护自己利益的而产生和存在的，是职工合法权益的表达者和维护者。

2. 工会的基本任务是维护劳动者权益

聘任制下，工会在劳动关系中的地位和作用是工会存在的基本的社会依据。工会是作为劳动关系中劳动者的代表存在，并以此身份从事各项社会活动，必然以维护劳动者的利益作为的基本任务。这种维护是以劳动关系双方既有共同利益，又存在利益差别和利益矛盾为前提的。聘任制使高校内部的经济关系、劳动关系发生了巨大的变化。高校群体多样化与利益多元化，要求高校工会要坚持两个维护的原则，要以所代表的职工的具体利益作为处理社会利益关系的基本出发点，同时，这一维护应以不损害全国人民的总体利益为前提。因为在向市场经济的过渡中，利益的多元化和多元的利益冲突将越来越突出，工会是职工群众利益的代表，而不是全国人民总体利益的代表。将工会维护的重点和出发点放在维护职工群众的具体利益上，既是职工群众对于工会的主观要求，也是市场经济对于工会的客观规定。工会只有依法维护了劳动者的利益，才能使劳动关系稳定，进而实现共同利益。工会也只有充分发挥自己的表达和维护作用，才能得到职工和社会的认可，才能在协调劳动关系中真正发挥重要作用。否则，工会便失去职工具体利益代表的资格，从而也无法履行其两个维护的职能。

3. 工会在协调和稳定劳动关系中具有不可替代的作用

工会的任务是由自身存在的特点和社会的客观需要决定的。聘任制下，劳动关系的变化要求工会必须以协调和稳定劳动关系作为基本的社会任务。工会所具有的协调和稳定社会劳动关系的功能，是其他组织所无法替代的。因为市场经济下劳动关系的调节是由劳动关系的双方通过市场机制来自行调节的，工会是劳动关系一方的代表，缺少了工会这一方，便无法构成一个完整的劳动关系。因此，在市场经济条件下，劳动关系的调节必须要求工会参与，如果没有工会的参与，劳动关系便不能正常运行。工会在劳动关系的调节中不是以中间人的面目出现的，而是作为劳动者一方的代表，不是居中调节，而是以劳动关系一方主体的身份直接进入。工会在劳动关系的调节中作为劳动者的代表者和维护者，是工会调节劳动关系的出发点，而不是目的，工会的目的是通过劳动者利益的保护以使劳动关系更加和谐稳定。由于劳动者利益的获得，最终要靠企业和社会经济的发展，因而，工会协调和稳定劳动关系，是以企业和社会经济的发展为最终目的的。工会在代表劳动者处理劳动关系的过程中，应该以大局和全局为重，考虑企业的实际状况和承受能力，在保障劳动者利益、促进劳动者自身发展的同时，也要保障企业和国家的利益并促进企业、国家和社会利益的共同发展。工会协调和稳定劳动关系，应坚持“以法治会”的方式，以法律为准则和规范，劳动关系的协调和稳定是通过法律的调整来实现的，工会协调和稳定劳动关系的过程，就是严格执行和贯彻国家劳动法律的过程。

（二）健全高校工会维权的工作机制

1. 维护高校工会的相对独立性

只有当高校工会作为群众团体组织，在同级党委领导下，保持其工作体制的相对独立性，才能作为教职工权益维护的第三方，发挥其维权职能。分析高校与教职工的法律关系，只有保持高校工会的相对独立性才能更好地参与到维护教职工的合法权益中，才能使高校工会行为不受学校党委、行政的干预，独立自主地履行其维护教职工权益的职责，并依法独立承担工会行为产生的责任。

2. 出台有关实施教师聘任制的法律

高校教职工的权益须借助法律的保护才能得到有效维护。政府应当结合形势需要，加快制定教师聘任制管理办法、程序等工作，规范教师聘任制合同签订和解聘程序。制定和完善教职工权益保障的法律救济制度，理顺高校与教职工之间的法律关系，规范和指导学校和教职工之间的行为。同时，高校内部也应在上位法指导下，制定适合本校校情的有关制度和规定，为教职工在聘任过程中合法权益免受侵害创造良好的制度环境。

3. 完善校内教职工维权的工作程序

为了方便教职工权益维护，各个高校工会应该进一步在上位法指导下，建章立制，制定本单位有关教职工权益维护的相关文件和规定，同时进一步明确教职工维权工作制度和工作程序，使教职工在个人权益受到侵害时能够快速进入维护渠道，更好地维护和保障教职工权益。

此外，还应进一步完善针对不同教育类型、不同身份编制人员的法律体系。应对教育多元化的新形势，我国需尽快制定规范私立高校的法规，将《社会力量办学条例》这一法规上升为法律，以维护私立高校教职工的权利和义务。应对聘任制进一步深化中，非在编人员大量聘任中应建立的各种法律，做好学校与社会在人员聘任中的衔接，为教职工搭建大学与社会间顺畅流动的制度环境。

第二节　发挥高校工会在维权中的主渠道作用

改革开放30多年来，高校工会组织依据《中华人民共和国工会法》、《中华人民共和国高等教育法》和《中华人民共和国教师法》等相关法律，以教职工代表大会制度为主渠道，以服务教职工为纽带，为协调劳动关系为契机，在维护学校整体利益的前提下，较好地维护了教职工合法权益和切身利益，得到了广大教职工的认可。随着高等教育事业的跨越式发展，高校教职工队伍规模和结构以及利益格局都发生了很大变化，教职工在利益诉求上呈现多层次、多样化，如何应对这种变化，这对高校工会组织维权工作提出了新的、更高的要求。

一、工会维权主渠道作用探索

（一）中国工会的特性是维权的基本要求

发挥工会的主渠道作用，是由中国的社会制度决定的。2008 年 10 月，中国工会十五大上，中央提出要把更多资源和手段赋予工会组织，把党政所需、职工所急、工会所能的事更多地交给工会组织去办，不断扩大工会组织的社会影响。中国工会是中国共产党领导的职工自愿结合的工人阶级群众组织，是党联系职工群众的桥梁和纽带，是国家政权的重要社会支柱，是会员和职工利益的代表。在当前形势下全心全意依靠工人阶级的极端重要性，大力推动党的这一方针在政治安排、权益维护、舆论宣传上落到实处；要坚定走中国特色社会主义工会发展道路的信念，始终保持工会工作的正确方向，不断提高服务科学发展、服务职工群众的能力和水平。

（二）组织运行的独立性是维权的基本前提

在我国，高校工会在组织体系、成员、组织运行、经济等方面保持着相对的独立性。高校工会的独立性是其维护功能得以发挥的基础，是高校工会敢于独立维权的基本前提，同时也是确保其维护功能的保障。[1] 高校工会要在国家法律法规规定下，在同级党委领导下，做好教职工群众工作，努力做好化解矛盾、调解矛盾，尽量避免进入法律程序，促进学校事业和谐发展。

（三）维护教职工权益是高校工会的基本职责

在高校中，教育工会作为教职工合法权益的代表者和维护者，维护教职工合法权益是教育工会的基本职责。这既是高校工会存在的客观需要，

---

〔1〕 谭正航. 论高校工会的独立性 [J]. 当代教育论坛，2011 (9):107 - 108.

也是随着时代发展，教育工会应承担的更多的责任和义务。随着高校内部管理机制改革的深化，不可避免地触及教职工的切身利益，如实行全员聘任制，由校方决定教职工的聘任、解聘，出现住房报酬和劳保福利不到位，聘期或合同期不满被解聘等矛盾，高校内部用工形式出现个性化，分配关系演变为岗位工资、薪级工资、绩效工资和补助补贴等多种不一样工资类型，劳动报酬随着岗位的变化而变化，不一样类型的职工办理模式、岗位类别、个人的工作条件、工资标准、福利报酬也出现了较大差异，这些矛盾若得不到迅速处理，不但使教职工实际利益受到损失，还会影响学校稳定。《中华人民共和国工会法》第六条规定："工会一定密切联系职工，听取和反映职工的意见和要求，关心职工的生活，帮助职工处理困难，全心全意为职工办事。"将工会的维权职能写入《中华人民共和国工会法》，既在法律范畴内明确了工会的基本任务，也为工会行使维权职能提供了法律保障。所谓职工合法权益，即宪法和法律规定职工所享有的包括政治、经济和文化等方面权益的总和，维权是法律赋予工会的神圣职责。

（四）构建和谐劳动关系是工会的基本任务

高校教职工以知识分子为主体，他们具有较强的民主参与意识和维权意识，对学校的改革和发展有着强烈的主人翁精神和责任意识，有着鲜明的群体特征和独特优势。坚持维护教职工的合法权益，是落实科学发展观的内在要求，是协调劳动关系、构建和谐校园的必然途径。

工会是高校劳动关系重要主体之一——教职工的代表，在协调劳动关系和各种社会利益矛盾、推动建立中国特色社会主义新型劳动关系中具有不可替代的重要作用。高校工会应该把维护职工合法权益放在更加突出的位置，通过参与协调劳动关系和社会利益关系，着力解决涉及教职工群众切身利益的矛盾和问题，在协调的基础上促进劳动关系的和谐，防止矛盾激化，推动建立规范有序、公正合理、互利共赢、和谐稳定的社会主义新型劳动关系。党、国家、经营管理者，都必须高度重视工会的地位，充分认识发挥工会组织的作用是保持劳动关系稳定协调的前提条件，使工会在劳动关系制度中的法律地位进一步得到尊重和认可。

二、当前高校工会在维权中面临的主要问题与困难

工会的维权政策性强，牵涉面广，影响幅度宽，涉及多方面的权利关系和利益关系的变化和调整，加之我国目前民主法制尚不健全，工会在履行维护职能方面未能完全到位，高校工会在实际维权中应引起重视。

（一）法律法规贯彻落实的失灵

我国现有全国人大颁布的《中华人民共和国工会法》，从目前来看，贯彻落实这些法律、法规现状不甚乐观。在有些方面，教职工的权益得不到有效保障，法律赋予工会的神圣职责受到了严重的藐视和侵犯，致使工会依法维权困难重重，步履维艰。

（二）体制改革推进中的不适应

在许多方面，大家对工会的认识还停留在"吹拉弹唱、打球照相、迎来送往、打扫会场、年底发点小奖"印象上，这是计划经济体制下工会的一个缩影，目前工会的维权职能正在逐步加强，然而由于经济体制改革的推进，所有制结构的调整给工会的维权工作带来了难点。公有制形式的多样化，给职工的劳动关系带来了复杂化，劳动关系的复杂化使职工的主人翁地位也发生了变化，在这种新形势、新情况、新问题面前，如何依法维护职工的合法权益界定不太清楚，这样就不能理直气壮地履行工会的维护职能。特别是有的单位改制后，工会组织出现了断程，工会工作出现了断线，工会经费出现了断流，使工会工作受到了严重的削弱，工会组织也就无法履行维护职能。

（三）群团组织的行政化

工会组织是最广大职工的利益代表者和维护者。目前，许多单位的工会组织在自身建设上存在的突出问题是行政化，影响了工会维护职能的发挥。不仅各单位的党政，包括教职工对工会的认识还不够，许多学校的工会被看作学校行政机关部门的边缘，教职工群众把工会看作是"边缘单位"，缺乏应有的地位和权威。有的工会组织不敢独立的开展工作，当教职

工的合法权益得不到保障时，不敢站出来为教职工伸张正义，失去了群众的信任，使得工会组织在职工群众中产生了严重的情感危机和信任危机，更无路维权。

（四）工作队伍的边缘化

由于上级工会对基层工会干部协管的体制和机制不建立和不完善，特别是对工会工作认识的不到位，许多单位存在着“什么人都能干”的思想，往往把学校岗位聘任中淘汰下来的人员经组织做工作，“安排”到工会工作岗位上，因此，工会更无从谈起维权。加上工会干部的工作水平和能力参差不齐，有的缺乏一定的调研能力、协调能力，甚至还有的工会干部对工会工作不热爱，对业务不熟悉，对职工群众不负责任，对上面布置的事敷衍了事，严重影响了工会工作队伍的高素质、高水平和高工作能力，严重影响了工会维权工作的落实。

（五）自我保护意识的淡漠

目前，教职工自我维权的意识也较弱。工会依法维护职工的合法权益时，教职工应主动参与，积极配合，大力支持，强化自身维护意识，从而使维权具有坚实的基础，形成强大的合力。然而在现实生活中，实际情形并非如此。有的职工认为维权是工会的职责，自己是被维护的对象。因此，当其合法权益受侵害时，自己不去说，完全依赖工会解决；还有的职工根本就不知道自已应有哪些合法权益，或者当个人权益受到不法侵害时，采取了忍气吞声的方式，不向组织诉说，也削弱了工会维权工作的开展。

此外，大多数工会经济实力薄弱，这种囊中羞涩的状况常常使工会在代表维护职工的合法权益和具体利益上处于心有余而力不足的局面。在维权工作中，经常遇到大量的实际问题，有些问题的解决，需要辅之以必要的经济手段。而当前有的工会经费过于困难，势必影响工会维权工作的实际效果。

因此，工会还需要长期关注维权能力不足、研究问题不深、信息反映不灵敏、维权渠道不畅通、职工群众有反映的问题等，不断提高工会维权的效能。

三、发挥工会在维权中主渠道作用探索

（一）以人为本，主动依法科学维权

中国特色社会主义工会维权观的核心是坚持以职工为本，其基本要求就是要实现人的全面发展。坚持中国特色社会主义工会维权观，是学习实践科学发展观的重要体现，主动依法科学维权是高校工会维权工作的基本原则和基本要求。

1. 主动维权要找准切入点

高校工会应从本校的实际情况出发，从教职工最关心、最直接、最现实的利益入手，认真倾听教职工呼声，及时向学校反映教职工的愿望，并且提出解决问题的办法和措施，积极协助党政做好教职工思想政治工作，真情关心教职工切身利益，努力为教职工做好办实事、解难事。

2. 依法维权要找到关键点

高校工会要增强法制观念，善于运用法律手段和途径，通过理性合法的途径和方式，依法规范维权行为。目前，高校教职工普遍关注的是学校建设的快速发展与教职工利益期盼值还有一定的差距。按照《中华人民共和国教师法》的要求，教师与公务员的工资待遇有着明显的差异，绩效工资改革还未能稳步推进。高校工会组织要积极协助党政全面协调各方关系，确保教职工的生活福利待遇逐年增加，稳步提高，逐步缩小差距，全面维护教职工的合法权益。

3. 科学维权要找好结合点

高校工会组织要用科学的理论来指导维权工作，用科学的态度来指导维权工作，用科学的方法去推进维权工作。把握学校整体利益与教职工个人利益的最佳结合点，坚持党政的主导性和工会组织的主动性，加强与学校各职能部门的沟通、交流和密切配合，最大限度地维护教职工的合法权益和切身利益，最大限度地调动教职工工作的积极性和创造性，努力构建由党委领导、行政支持、职能部门配合、工会运作、广大教职工参与维权工作的新格局，积极促进学校又好又快发展与实现教职工利益相统一的和谐局面。

（二）建章立制，构建符合高校特点的工会维权体系

建立和完善行之有效、符合高校特点的维权机制，是高校工会组织履行维权职能的最重要的也是最根本的途径，只有形成有效机制，使工会维权工作得以制度化、规范化，才能防止维权工作被虚化、弱化。

1. 源头参与，建立和完善民主管理机制

源头参与是党的政策和国家法律赋予工会组织的权力和职责。组织教职工参与学校的民主管理，保障教职工享有更多的民主权利，是工会推进民主政治建设的主要任务。工会组织通过多种渠道参与研究和制定涉及教职工切身利益的政策和规定，涉及学校内部体制改革、分配制度改革、重大项目招投标等，工会组织要积极参与，要取得话语权，把广大教职工的合法权益维护在源头。此外，工会通过教职工代表大会制度组织教职工参与管理和监督。要不断规范和完善教职工代表大会制度，真正实现教职工代表大会民主管理和民主监督的基本功能。

2. 依法治校，建立党政工联席会议机制

工会与学校党政建立联席会议制度，是工会从源头参与维护教职工合法权益的重要渠道和平台，是学校依法行政、民主协商和工会参政议政的有机统一。这一制度既为学校开辟了一条联系群众的重要渠道，又为工会从源头上维护教职工合法权益提供了有效途径，有利于工会与学校党政加强联系和沟通，也是学校扩大群众基础、科学决策和民主决策的需要。学校工会组织要在广泛征求教职工和二级工会意见的基础上，采用座谈会、调研、问卷等多种形式，对带有普遍性涉及教职工利益的热点问题和工会当前急需解决的问题进行认真分析归纳、拟出议题、会前与相关部门协商、沟通，做好会前协调工作，确保提出的问题在党政工联席会上得以较好解决。

3. 调解救助，建立教师利益诉求机制

随着高校人事分配制度的改革和教师聘任制度的逐步推行，教师与学校之间因聘任、聘岗、职称评定、考核与奖惩以及利益分配等问题而发生的纠纷会不断增加。《中华人民共和国教师法》确立了教师申诉制度。建立教师利益诉求机制，有利于维护教师的合法权益，使教师有了专门的权利救助途径。建立教师利益诉求机制，是教师与学校之间的利益协调、诉求

表达和矛盾调处的一个重要平台。高校工会作为群众组织，应该从制度的制定、诉求受理委员会构成和监督运行等方面发挥积极作用。首先，要成立教师利益诉求受理委员会机构，工会作为群众组织的代表参与介入该组织，并对该组织的组成人员提出建议。同时，工会应参与教师利益诉求制度的起草制定，在制定制度和保护相对弱势的教师权益方面发挥工会组织的自身优势，坚持以调解为主，按照正当程序进行。其次，工会应监督教师利益诉求机制运行全过程。这一机制的建立是和谐发展的要求，也是依法治校的要求。

4. 积极构建和谐劳动关系

高校工会必须高度关注并积极参与学校劳动关系的协调工作，离开参与劳动关系的调整，工会就谈不上对教职工合法权益的维护。因此，高校工会要从源头积极参与学校劳动人事争议调解工作，协助行政建立劳动关系协调机制，在维护学校全面利益的同时，最大限度地维护好教职工的合法权益，组织引导教职工正确对待新形势下的用人制度，调动一切可以调动的力量，促进学校各项改革和谐、持续地发展。

第三节　健全高校教职工代表大会维权工作机制

学校教职工代表大会（以下简称教职工代表大会）是教职工依法参与学校民主管理和监督的基本形式。2011 年 11 月 9 日，中华人民共和国教育部令第 32 号《学校教职工代表大会规定》（以下简称《规定》）经第 34 次部长办公会议审议通过，并经中华全国总工会同意，自 2012 年 1 月 1 日起施行。教育部第 32 号令依据《中华人民共和国教育法》、《中华人民共和国教师法》、《中华人民共和国工会法》等法律，旨在依法保障教职工参与学校民主管理和监督，完善现代学校制度，促进学校依法治校，《规定》的发布为高校教职工代表大会组织和实施提供了依据，同时，也为高校教职工参与学校事务的民主管理、民主参与和民主监督提供了依据，确保了教职工依法维权。教育部 32 号令的颁布将对通过教职工代表大会这一形式维护好聘任制下教职工的权益起到积极的作用。

一、教育部32号令简介及颁布的现实意义[1]

1985年1月28日教育部、原中国教育工会印发《高等学校教职工代表大会暂行条例》（以下简称“暂行条例”），20多年来，教职工代表大会制度逐步完善，并取得了明显的成效。目前，全国98%以上的各级各类公办学校建立了教职工代表大会制度，民办学校、中外合作办学机构教职工代表大会的建制率也达到40%，体现了教职工代表大会制度强大的生机和活力。制定《规定》，是施行教育法律法规、贯彻落实教育规划纲要，完善学校内部管理体制，加强现代学校制度建设，全面推进学校民主管理进程的必然要求和重要举措。

《规定》共六章三十条，对本规定的适用范围，教职工代表大会的地位、指导思想、领导体制、组织原则、职权、代表的产生及其权利义务以及组织规则、工作机构等作出了较为全面系统的规定。与《暂行条例》比较，《规定》有很多制度创新。

第一章明确了教职工代表大会的法律效用和适用范围。《规定》是国务院部门规章，具有更强的法律效用；适用于中国境内公办的幼儿园和各级各类学校，民办学校、中外合作办学机构参照本规定执行，涵盖范围大大扩大。

第二章确立了教职工代表大会制度在学校民主管理中基本形式的地位。与《暂行条例》相比，《规定》明确教职工代表大会“是教职工依法参与学校民主管理和监督的基本形式”。与学校的其他民主管理形式相比，教职工代表大会具有法定的形式、广泛的代表性和适用性、职权的多样性和开放性、完整的组织制度和工作制度、一定的权威性和法律效力，经受了20多年实践的检验，由此确立了教职工代表大会作为教职工依法参与学校民主管理和监督基本形式的地位。

第三章创新了教职工代表大会的组织方式。《规定》明确“学校根据实际情况，可在其内部单位建立教职工代表大会制度或者教职工大会制度，

〔1〕参见《发挥教代会作用　推进学校民主管理——中国教科文卫体工会副主席陈志标解读〈学校教职工代表大会规定〉》。

在该范围内行使相应的职权”，除了教职工代表大会、教职工大会，对规模较大的学校在其下属单位，如院、系建立二级教职工代表大会，此外，针对规模较小的学校，一些地区设立区域性、行业性教职工代表大会制度，行使相应的职权。

第四章明确学校工会为教职工代表大会的工作机构，承担与教职工代表大会相关的工作职责。《规定》规定：“学校应当为工会承担教职工代表大会工作机构的职责提供必要的工作条件和经费保障。”

第五章赋予学校在教职工代表大会建设和发展方面的自主权，学校根据《规定》的授权，可以结合本校的实际情况自主决定一些相关事项。

《规定》的重要现实意义在于：一是由文件规定发展到法律法规，法律地位不断提高；二是由高校发展到各级各类学校，适用范围日益扩大；三是由暂行条例发展到实施细则和工作规程，制度体系日渐完善；四是由会议制度发展到工作制度，制度质量明显提高；五是由工作试点发展到制度规定，职责权利逐渐落实；六是由组织机构发展到组织网络，自身建设日趋加强。

二、教职工代表大会职权概述

教育部第32号令第七条规定，教职工代表大会的职权是：听取学校章程草案的制定和修订情况报告，提出修改意见和建议；听取学校发展规划、教职工队伍建设、教育教学改革、校园建设以及其他重大改革和重大问题解决方案的报告，提出意见和建议；听取学校年度工作、财务工作、工会工作报告以及其他专项工作报告，提出意见和建议；讨论通过学校提出的与教职工利益直接相关的福利、校内分配实施方案以及相应的教职工聘任、考核、奖惩办法；审议学校上一届（次）教职工代表大会提案的办理情况报告；按照有关工作规定和安排，评议学校领导干部；通过多种方式对学校工作提出意见和建议，监督学校章程、规章制度和决策的落实，提出整改意见和建议；讨论法律法规规章规定的以及学校与学校工会商定的其他事项。

根据中国教科文卫体工会副主席陈志标对教职工代表大会八大职权的解读可概括为三大权利，即讨论建议权、讨论通过权和评议监督权。

教职工代表大会的讨论建议权，主要包括听取校长工作报告，讨论审议学校发展、建设、改革等重大问题，使学校党政的决策更加符合本校实际，更加民主化和科学化，更加具有群众基础。

教职工代表大会的讨论通过权，主要包括凡是学校内与教职工切身利益密切相关的事项，都要经教职工代表大会审议通过，能有效保证《中华人民共和国教师法》规定的“教师的聘任应当遵循双方地位平等的原则”以及《中华人民共和国劳动法》所规定的劳动关系的确立“应当遵循平等自愿、协商一致的原则”。

教职工代表大会的评议监督权，是指在学校党组织领导下，评议监督学校各级领导干部，这是在新形势下加强对干部的监督、密切党群干群关系，加强学校干部队伍建设，提高干部队伍素质的一项有力保证。

三、健全教职工代表大会维权工作机制研究

（一）规范教职工代表大会程序，落实教职工代表大会职权

充分做好教职工代表大会的各项准备工作、规范操作、狠抓落实，保证教职工代表大会职权的落实；制定规程加强评估与考核，促进教职工代表大会质量全面提高。在此基础上，围绕组织领导、行政重视、制度健全、工作机构履行职责、职权落实、群众满意度等方面，学校各自相应制定了教职工代表大会评估实施方案并建立教职工代表大会评估工作小组。

在教职工代表大会期间，建立和完善教职工代表大会代表听证制度。目前，一些高校已经在探索听证制度，从现行法律制度来看，教育行政部门还应赋予教职工代表大会代表在涉及教职工权益的重大事项参与听证的权力，学校行政领导在讨论涉及广大教职工个人利益的问题时或者将做出重大决定之前，学校要邀请教职工代表大会代表参加听证会，充分听取他们对这一问愿的认识，特别是在学校讨论制定聘任制改革方案时，教职工代表大会代表必须到场听证。这样可以让教职工了解有关学校发展和教职工利益分配等情况，也可以认真听取教职工的宝贵意见和建议，使教职工的合法权益真正得到维护。

有决定权才能确保维权工作的落实，只有坚持发扬民主、依法治校、

广开言路，避免形式主义，才能将教职工代表大会的职权落到实处，才能使教职工代表大会成为教职工的会议，起到凝聚人心、达成共识、统一思想，共促学校事业发展，才能使教职工代表大会成为全校有影响和公信力的大会。

（二）健全教职工代表大会闭会期间工作机制，使教职工权益维护常态化

教职工代表大会作为一项会议制度，其发挥作用的时间和空间受到限制，各高校教育工会应进一步结合学校实际，建立健全教职工代表大会闭会期间的工作机制，发挥好各个专门委员会的作用，通过各个专门委员会的作用，特别是通过提案工作委员会的作用，维护好教职工的各项权益。

闭会期间，学校应定期召开教职工代表大会代表征求意见会，或者通过教职工代表大会制度的日常工作机构——各级工会组织听取教职工对聘任制实施方案、教师业绩考评方案的意见；要号召教职工代表认真撰写与教师聘任制相关的提案，做好提案的交付、督查和督办。通过提案发现工作中存在的问题，通过提案工作委员会的工作，进一步完善聘任制的制度与工作程序。

（三）加强教职工代表大会代表队伍建设，确保代表产生的民主性、广泛性、代表性

教职工代表大会代表是影响教职工权益得到有效维护的重要方面。教育部第32号令第十三条和第十四条规定了代表可以享有的权利和义务。教职工代表大会代表享有以下权利：在教职工代表大会上享有选举权、被选举权和表决权；在教职工代表大会上充分发表意见和建议；提出提案并对提案办理情况进行询问和监督；就学校工作向学校领导和学校有关机构反映教职工的意见和要求；因履行职责受到压制、阻挠或者打击报复时，向有关部门提出申诉和控告。教职工代表大会代表应当履行以下义务：努力学习并认真执行党的路线方针政策、国家的法律法规、党和国家关于教育改革发展的方针政策，不断提高思想政治素质和参与民主管理的能力；积极参加教职工代表大会的活动，认真宣传、贯彻教职工代表大会决议，完成教职工代表大会交给的任务；办事公正，为人正派，密切联系教职工群众，如实反映群众的意见和要求；及时向本部门教职工通报参加教职工代

表大会活动和履行职责的情况，接受评议监督；自觉遵守学校的规章制度和职业道德，提高业务水平，做好本职工作。以上对代表的政治素养、思想品质、议事能力等进行了全面的要求，只有代表素质提高了，才能更好地代表广大教职工行使好手中的权利，才能代表和反映教职工的利益。因此，要认真负责地做好代表的推荐和选举工作，把思想政治素质好、工作责任心强、参政议政能力强的教职工选举出来，同时学校还要努力为工会从事教职工代表大会工作提供经费和工作条件上的保障。

（四）健全职工利益诉求表达机制

高校工会必须坚持以促进学习事业科学和谐发展为原则，维护校园和谐稳定，建立一套能够积极处理职工抱怨，妥善处置职工权益要求的管理机制，突出心理疏导、人文关怀，缓解教职工面临的心理压力。适当发挥第三方协助机制的作用，让教职工与学校在法律法规的框架下公平协商解决争议和纠纷，保证教职工能心平气和地工作、学习和生活。

总之，为了更好地维护教职工的权益，需要高校切实发挥好教职工代表大会的作用，选好代表，健全组织，完善制度，加强教职工代表大会规范化建设，把维护教职工的权益落到实处。

第四节　拓展教职工代表大会的维权职能

当前，随着我国高等教育人事体制改革的推进和深化，高校的办学方式发生了深刻变化，特别是聘任制的改革与实施使得高校的劳动关系、利益格局重新调整，矛盾冲突日益凸显。教职工代表大会是教职工依法参与学校民主管理和监督的基本形式，也是学校维护教职工权益的一个重要途径。如前所述，我国高校的教职工代表大会在学校事务中正发挥着越来越积极的作用。新的历史条件下，探索高校教职工代表大会如何在原有基础上拓展维权职能，切实维护和保障广大教职工的合法权益，推进高校的改革和发展，促进和谐校园建设，具有较大的基本理论与实践意义。

一、发挥教职工代表大会对聘任工作的源头参与机制

开好教职工代表大会是教职工代表大会参与源头维权的重要途径。教育部第 32 号令第九条规定，凡与学校签订聘任聘用合同、具有聘任聘用关系的教职工，均可当选为教职工代表大会代表，因此，为学校各类聘任人员公平参与学校民主管理提供了法律依据。高校工会面对的主体是知识分子，与社会上的行业工会相比，教职工在关注自身物质利益公平实现的同时，更注重自我价值的实现，对参与民主、争取科研学术自由有更强烈的愿望，因此，高校工会在维权的内容上也应有所拓展和创新。中华全国总工会主席王兆国同志提出：“要立足中国国情，适应时代发展，牢固树立‘以职工为本，主动依法科学维权’的中国特色社会主义工会维权观。”如何牢固树立中国特色社会主义工会维权观，把维权观进一步贯彻落实到工作中去，以推动和谐校园的构建，应从机制和制度建设入手，主动、依法、科学维权。

完善规范教职工代表大会制度，开好教职工代表大会。学校应定期召开教职工代表大会，听取教职工对聘任制实施方案、教师业绩考评方案的意见；要号召工会代表认真撰写与教师聘任制相关的提案，对各个提案都应给予足够重视。通过提案发现当前工作中存在的问题，充分发挥提案对完善聘任制的意义。

教职工代表大会要为教职工各项权益的保障制定政策和建议。健康权是教职工其他各项权利得到落实的重要基础。在教职工代表大会上应时常呼吁关注教职工身体健康、心理健康的重要性，积极参与健康教育并通过教职工代表大会为学校决策提供依据，使学校在制定政策中关心关注教职工身心健康。健康的身体素质一方面使教师对紧张的教学科研工作、繁重的家务具有较强的承受能力，能精力充沛、生机勃勃地从事工作；另一方面表现为身体健康、精神愉快、幸福指数高。但教师的亚健康状况普遍被忽视，各基层工会对教师身体健康倍加重视，要建立和完善教职工体检制度并建立教职工健康档案。以教职工代表大会专门委员会为依托，开展教职工思想、工作、生活、心理调研，了解教职工承担的来自社会、学校、

家庭的各种压力，尤其是对教学、科研一线的压力等因素进行全面调查，形成应对方案，实施有效预警。此外，教职工代表大会要建立教职工精神文化权益保障机制。工会是教职工代表大会的工作机构，除了做好教职工代表大会的组织工作外，工会还应通过开展群众性文化体育活动，通过组建发展教职工社团协会等，丰富教职工文化生活；坚持开展多种主题活动，不断深化师德建设；通过树立、宣传先进单位和个人，在教职工中形成榜样，带动教职工为学校事业建功立业，有效地促进教育的改革和发展。

二、推进校务公开是确保教职工各项权利得到保障的重要途径

校务公开是高校教职工参与民主管理与监督的平台，建立、完善和创新校务公开制度，才能够确保教职工的知情权，才能更好地参政议政。

《中华人民共和国工会法》规定：工会依照法律规定经过职工代表大会与其他形式，组织职工参与本单位的民主决策、民主管理和民主监督。在高校可以通过推进校务公开的做法，使广大教职工了解学校的发展和重大事项，使广大教职工以主人翁的态度自觉关心学校改革中的重大难题、热点难题，共同推进学校的发展。特别是在关系教职工切实利益的聘任和劳动人事调解工作中，通过实施校务公开，努力使聘任工作从源头方案制度的制定、聘任过程的公开，聘任结果的公示，聘任后续工作的调解与矛盾排除，努力做到公开、公平和公正。

建议在创新校务公开工作中，一是扩大校务公开的内容，二是拓展校务公开的载体和形式，把教职工关心的问题公开，三是加大对校务公开内容的监督与跟踪，确保教职工关心的问题的解决能落到实处，避免随意性和形式主义，维护教职工的各项权益。

三、强化教代会对聘任工作的过程监督与制约机制

从理论上讲，聘任制设定学校与教师是平等的关系，但在实际运行中，形成了不平等的管理与被管理的法律关系。学校处于领导、管理、主导的地位，教师则处于被领导、被管理、被动的地位；而作为聘任人，学校与

受聘教师是平等主体之间的法律关系，聘任合同的达成，是平等的双方在共同意思表达基础上形成的。学校同时拥有管理者和聘任者双重身份，在这种双重身份下，学校很难主动放弃行政职权，摆在与教师平等的地位，而是更习惯于通过行政手段干预聘任过程，从而导致在聘任制实施中形式上的平等协商和实际上的单边任命，使教师在聘任过程中处于被动的地位。

教师对学校资源的依赖性以及学校对教师的支配性并不必然地导致聘任制下教师的权益被不当侵害，只有在学校聘任权的行使缺乏健全、完善的监督制约机制下，教师权益被侵害的现象才会凸显出来，因此，加强对高校聘任工作的监督是保证聘任过程公正、公平、公开的有效途径。当前，可以采取多种方式规范学校聘任权的行使，比如加强行政监督，完善司法监督。当前，通过教育行政主管部门加强对高校教师聘任制的行政干预，不符合高等教育改革的方向。强化校内监督才是解决问题的关键。从现行高校的治理结构看，教职工代表大会是教师行使民主权利、参与民主管理的主要形式和基本途径。《中华人民共和国教育法》第三十条规定："学校及其他教育机构应当按照国家有关规定，通过以教师为主体的教职工代表大会等组织形式，保障教职工参与民主管理和监督。"《中华人民共和国高等教育法》第四十三条规定："高等学校通过以教师为主体的教职工代表大会等组织形式，依法保障教职工参与民主管理和监督，维护教职工合法权益。"因此，通过加强教职工代表大会和工会的民主监督制约，充分发挥工会的维权职能是加强学校内部监督制约的关键所在。

在完善对聘任工作的监督中，教职工代表大会要畅通教职工诉求表达机制。各基层工会领导班子要把教职工呼声作为第一信号，把教职工需要作为第一选择，把教职工利益放在第一位置，把教职工满意作为第一标准，真诚倾听教职工意见，真实反映教职工愿望，真情关心教职工疾苦。通过建立制度，畅通教职工诉求表达渠道，如党政工联席会议制度；建立校长信箱；开辟专门的教职工网上诉说平台；完善强化教职工代表大会制度，落实教职工代表大会提案。通过落实教职工的话语权加强对聘任全程的监督与制约。此外，教职工还要积极参与到学校各项重要事务的管理中。

四、加强教职工代表大会对聘任工作的结果干预，建立校内申诉制度及救助机制

“有权利就必须有救济”，“没有救济的权利不是真正的权利”。校内申诉制度更能体现尊重高等学校的大学自治权。假使校内聘任中发生了教职工权益受到不公正对待现象，如出现高职低聘或者没有岗位等情况发生时，作为一般的行政诉讼案件诉诸法院，过多引入司法救济，也是极有可能导致“外部权力借此机会，以司法的名义干涉大学的独立，对学术自由和大学自治产生不利的影响”。申诉制度中的校内申诉，作为高校内部的解决纠纷的途径和争端化解机制，其建立和运作都是依靠高校行使自治权来实现的，本身就是大学自治的一项重要内容。对于高校和教职工之间发生的纠纷，经教职工申诉先由高校自己处理，这样为高校提供一个自我纠正的机会，更有利于在良好的氛围中疏解纠纷，同时也实现了高校在处理自身教学管理争议上的自治权。法律救济对于保障学校、教师、学生的合法权益，对于监督政府依法治教有着重要的现实意义。法律救济是指依据法律对权利冲突的解决。也就是说，当教职工的权利受到侵害时，可以从法律上获得自行解决或请求司法机关及其他机关给予解决，使受损害的权益得到补救。通过实施教师申诉制度使得教师在教育教学等权利受到侵害时可以申请法律救济制度。首先，教师申诉制度是一项正式的法律救济制度；其次，教师申诉制度是一项专门性的申诉制度；再次，教师申诉制度是一种行政性的申诉制度。高校工会可以通过与社会法律机构合作，为教职工提供法律援助和法律救助，在法律层面做好教职工权益维护。

综上所述，当前中国高校正在进行的聘任制改革为工会教职工代表大会依法维护教职工权益提出了新的挑战和探索。如何维护好教职工利益，构建和谐劳动关系是高校工会的重要职责。高校工会要在实践中不断总结，不断增强教职工维权意识，不断拓展维护教职工权益的路径和载体，通过各级工会，努力为政府部门完善教职工权益保护的政策和制度，不断推进依法治校、依法维权，更好地维护教职工权益，服务学校事业发展。

第六章　高校教职工权益保障专题研究

第一节　高校劳务派遣职工权益维护途径探索[1]

摘要：目前，在高校内实行劳务派遣用工的现象已经很普遍，大都集中在高校后勤等部门。高校劳务派遣用工关系处理得恰当与否影响着高校职工队伍的稳定，关乎派遣职工切身利益的维护，更考验着工会职能的充分发挥，探索建立科学的高校劳务派遣用工制度，积极组织被派遣职工入会，对维护高校派遣人员的合法权益，促进高校和谐发展具有重要意义。

随着《中华人民共和国劳动合同法》的实行，高校后勤管理者法律意识及被雇佣者维权意识不断增强，高校管理部门已逐步感觉到前所未有的用工压力，许多高校不得不在新的用工环境中积极探索新的用工方式，同时，劳务派遣工的权益能否得到有效维护等问题，也是目前高校管理者亟待解决的。

劳务派遣业务是近年我国人才市场根据市场需求而开办的新的人才中介服务项目，是一种新的用人方式，可跨地区、跨行业进行。用人单位可以根据自身工作和发展需要，通过正规劳务服务公司，派遣所需要的各类

[1] 作者简介：李越苹，副教授，首都体育学院工会常务副主席；董静，讲师，首都体育学院工会干部。

人员。劳务派遣是市场人才中介服务机构根据用人单位的需要，将招聘到的人员派遣到用人单位，为用人单位提供社会服务，用人单位则根据签订的合同支付职工工资、社会保险、派遣单位管理费等费用的一种用工形式。实行劳务派遣后，实际用人单位与劳务派遣组织签订《劳务派遣合同》，劳务派遣组织与劳务人员签订《劳动合同》，实际用人单位与劳务人员签订《劳务协议》，实际用人单位与劳务人员之间只有使用关系，没有聘用合同关系。

一、高校劳务派遣职工的现状

北京市教育工会自2010年底对北京高校的劳务派遣用工现状进行摸底调查，结果显示，目前，高校劳务派遣的人员在身份存在差别、前途不明的情况下，容易缺失归属感，从而影响工作的积极性，进而导致职工流动性加大，使得高校不容易留住发展需要的各类优秀人才。

1. 劳务派遣工与其他职工同工不同酬

这里所说的“酬”，指劳动报酬，它应包括三部分：一是用人单位以货币形式直接支付给劳动者的各种工资、奖金、津贴、补贴等；二是用人单位以免费或低于成本价提供给劳动者的各种物品和服务等；三是用人单位为劳动者直接向政府和保险部门支付的失业、养老、医疗、工伤、生育及其他补充保险等保险金。

虽然，《中华人民共和国劳动合同法》已赋予劳务派遣工同工同酬的权利，但这种法定权利的实现，在实践中几成画饼。单位针对在岗在编职工的“四节”慰问金，劳务派遣工无权享有。由于劳务派遣工大多工作在食堂、校园绿化、保安保卫等工作岗位，工作时间长，劳动付出大，但没有得到相应的劳动报酬。

2. 劳务派遣工缺乏接受职业教育的权利

依照《中华人民共和国劳动合同法》的有关规定，劳务派遣工只与派遣单位建立劳动关系，而与接受派遣的用人单位不存在劳动关系。由于这种关系，只要能满足用工单位对派遣人员的初始技能要求，劳务派遣单位便不再对派遣人员进行职业培训；实际用工单位亦舍不得在劳务派遣工身上做培训投资，劳务派遣工实际成了“姥姥不疼，舅舅不爱”的边缘化群体，其接受职业技能培训的权利被无形剥夺。

当前，国家十分重视职业教育，专门制定了《中华人民共和国职业教育法》。《国务院关于大力推进职业教育改革与发展的决定》还专门规定："一般企事业单位按照职工工资总额的1.5%足额提取教育培训经费，从业人员技术要求高、培训任务重、经济效益较好的企业，可按2.5%提取，列入成本开支。"该决定强调：所提取的职工教育培训经费，须保证专项用于职工特别是一线职工的教育与培训。而当下的劳务派遣工虽绝大部分处于生产一线，但基本都被排除于职业培训之外了。

3. 劳务派遣工基本无缘签订无固定期限劳动合同

构建和发展和谐稳定的劳动关系，是《中华人民共和国劳动合同法》最主要立法目的，而相对较长的劳动合同期限，乃是劳动关系和谐稳定的应有内涵。与《中华人民共和国劳动法》相比，《中华人民共和国劳动合同法》进一步增加了劳动关系当事人签订无固定期限劳动合同的条款，这是我国借鉴了西方尤其是欧洲主要市场经济国家的有关立法经验的结果。但是，该法所赋予劳务派遣工在一定条件下可行使要求签订无固定期限劳动合同之权利，在实践中却都基本落空。

《中华人民共和国劳动合同法》第五十八条规定："劳务派遣单位是本法所称用人单位，应当履行用人单位对劳动者的义务。劳务派遣单位与被派遣劳动者订立的劳动合同，除应当载明本法第十七条规定的事项外，还应当载明被派遣劳动者的用工单位以及派遣期限、工作岗位等情况。劳务派遣单位应当与被派遣劳动者订立二年以上的固定期限劳动合同，按月支付劳动报酬；被派遣劳动者在无工作期间，劳务派遣单位应当按照所在地人民政府规定的最低工资标准，向其按月支付报酬。"这一规定表明，与劳务派遣工签订劳动合同的单位，应是劳务派遣公司，而不是用工单位；劳务派遣工与派遣公司签订的，应是二年以上的固定期限合同。由此可以得出结论：劳务派遣工无论与派遣公司建立劳动关系时间多长，法律都没有赋予其提出订立无固定期限劳动合同的权利；他们与接受派遣的用工单位连劳动关系都没有，根本不可能与其签订无固定期限劳动合同。所以，劳务派遣工与无固定期限劳动合同的签订，实际上是无缘的。

二、劳务派遣职工权益维护上存在的问题

1. 用人单位存在的问题

根据《中华人民共和国劳动合同法》规定劳务派遣用工只局限于临时性、辅助性或替代性的工作岗位上实施，这是劳务派遣用工制度的核心问题。由于有相关规定，用人单位可以不用经济补偿金就可将派遣工辞退。这样就会让用人单位钻空子，产生恶意辞退派遣工的行为。用人单位在大量需求用工的时候就大量接受派遣工，当淡季时就无理由撕毁合同将派遣工辞退。这样的话，派遣工赢得的经济补偿金也被用人单位给免了。原本有一技之长的派遣工因此对工作失去信心，感觉没有归宿，有“同工不同酬”、“同工不同命”的自卑心理。

2. 派遣机构存在的问题

劳务派遣公司设立门槛太低，没有严格的实质审查制度。目前，《中华人民共和国劳动合同法》对劳务派遣公司的设立条件仅限于50万元注册资本和有限责任公司形式，而在其他方面并无特别规定。正因为设立门槛低，又有丰厚的利润可图，所以劳务派遣公司如雨后春笋般迅猛发展，全国公有制企业、事业、机关单位及非公有制企业使用劳务派遣工现象普遍。派遣工种几乎涉及所有种类，使得原本是补充形式的用工方式，有了超越主流劳动就业方式的迹象。还有派遣机构的派遣行为不规范，《中华人民共和国劳动合同法》中专门对劳务派遣做了规定，但是在实际运作中依然存在着“有法不依，执法不严”的现象。

3. 维权渠道不畅通

由于派遣公司对派遣工的管理和服务脱节，用工单位与派遣工的劳动关系脱钩，劳务派遣工处于“两管两不管”的尴尬境地。

一是不能参加职工代表大会。职工代表大会是职工参与本单位民主管理、维护自身合法权益的重要渠道。目前，大部分劳务公司没有组建工会组织，更无从谈起建立职工代表大会制度。原来有些单位为了维护劳务派遣工的合法权益，选举了一定比例的劳务派遣工作为本单位的正式代表参加会议。但是，国资委出台《关于建立和完善中央企业职工代表大会制度的指导意见》规定了职工代表的产生条件：“依法享有政治权利并与本企业

建立劳动关系的职工，均可当选为本企业的职工代表。”按照是否签订劳动合同来界定是否建立劳动关系的原则，劳务派遣工没有与用工单位签订劳动合同，即未建立劳动关系，因此，就不能再参加用工单位的职工代表大会了。

二是集体协商制度落实难度大。在我国现行劳务派遣运行模式下，所有涉及劳务派遣工劳动经济权益的问题，都是劳务派遣单位与用工单位通过劳务协商形式确定的，劳务派遣单位的经济效益也是通过用工单位支付劳动报酬而产生的，这种特殊的经营关系和地位，特别是在我国劳动力市场供大于求的情况下，劳务派遣单位与用工单位进行集体协商时，替劳务派遣工说话的“底气”显然不足。另外，对于用工单位来说，由于劳务派遣工没有与用工单位签订劳动合同，用工单位的工会也不便与用人单位研究制定或协商决定劳务派遣工的劳动经济权益。

4. 加入工会组织有矛盾

劳务派遣工的劳动关系在派遣公司，人在用工单位劳动，这种特殊的“身份”，使他们不论加入哪个单位工会组织都有利弊。若劳务派遣工加入劳务派遣公司工会，法律制度层面有了保证。《中华人民共和国劳动合同法》规定“被派遣劳动者有权在劳务派遣单位或者用工单位依法参加或者组织工会”。中华全国总工会《关于组织劳务派遣工加入工会的规定》（以下简称《规定》）：“劳务派遣工应首先选择参加劳务派遣单位工会。”明确了劳务派遣工会单位，为劳务派遣工参加活动提供了组织保障。工会经费也有保障，《规定》要求：“劳务派遣工的工会经费应由用工单位按劳务派遣工工资总额的百分之二提取并拨付劳务派遣单位工会。”明确了工会经费支付方式，改变了过去想组织活动无经费保障的局面。但劳务派遣工加入劳务派遣公司的工会组织，也有明显的不妥之处，劳务派遣工在用工单位的指挥下从事生产劳动，分散在不同企业、不同行业、不同岗位，工作内容、工作性质、工作环境、工作时间、休息时间等都不尽相同，劳务派遣公司工会不仅开展工会工作有难度，而且在一定程度上影响了用工单位的生产发展，这样，派遣工加入派遣公司工会的意义就不大了。

三、加强劳务派遣工维权工作的建议

政府、社会、高校要从维护公平正义的高度，采取有力措施，切实解决劳务派遣工权益维护问题，使其进入法制化、规范化运行轨道。

1. 制定民主管理条例，畅通维权渠道

劳务派遣人员虽然没有与用工单位签订劳动合同，但在用工单位的指导监督下直接参与学校发展建设，有参与学校民主管理的权利，国家或有关部门应当在出台相关管理条例时，进一步畅通劳务工维权的渠道。首先，应当明确规定劳务派遣工有权参加用工单位的职代会，并享有和正式代表一样的权利和义务。其次，规定劳务派遣单位与用工单位签订集体合同，劳务派遣工与聘用单位正式职工享有同等的经济和政治待遇，用工单位要在职工代表大会上报告本单位行政落实集体合同的情况。最后，允许劳务派遣工代表参加用工单位与派遣公司的劳务协商，就涉及自身权益问题，提出合理的意见和建议。

2. 实行委托管理制度，理顺工会组织体系

劳务派遣单位、被派遣劳动者、用工单位三者之间既相互联系又相互独立的特殊的劳动和人事关系，造成了劳务派遣工工会经费管理和使用的复杂性、困难性，建议"实行委托管理制度"，即劳务派遣单位与用工单位签订协议，将劳务派遣工和工会经费委托给用工单位工会管理，参加用工单位工会的正常活动。劳务派遣公司也可对提取的劳务派遣工工会经费自留一部分，作为单位工会其他日常开销使用。

3. 出台配套法律政策，落实政治待遇

人才是学校发展的源泉，是加快学校发展前进的"推动器"。劳务派遣工中有许多技术精湛、组织领导能力突出的人才，《中华人民共和国劳动合同法》中对劳务派遣工岗位不明晰和不符合现实情况的定义，造成实际工作中劳务工提升难、晋级难。建议出台劳务派遣工用工配套法律政策，进一步细化劳务派遣工工作岗位定义，允许单位将有能力、有技术的劳务派遣工任命到管理或技本岗位，享有与正式工同等的权利，保证政治待遇的切实落实。

4. 加强法制教育，引导合法维权

目前，庞大的劳务派遣人员作为“弱势群体”，其人员素质参差不齐，法律知识匮乏，自我保护能力低，易造成维权方式偏激，维权途径不合理，出现“跳楼讨薪”、“开胸讨法”等不理智行为。因此，工会作为维护教职工合法权益的组织，要站在构建和谐劳动关系、构建和谐校园、推进和谐社会建设的高度，大力开展法制宣传教育活动，切实提高劳务派遣工的法律意识和维权意识，教育引导他们利用法律武器合法维权，推动劳务派遣工维权工作的深入开展。

第二节　高校工会在劳动关系转型期的定位及作用[1]

摘要：高校劳动人事关系在转型期有其特点。高校工会在转型期要充分认识所扮演的角色并准确定位，充分发挥维权、协调劳动关系的作用，开展凝聚人心的各类文化、体育活动和帮扶活动，促进和谐劳动关系的构建。

在我国由社会主义计划经济向社会主义市场经济转型时期，我国的高校作为事业单位，也将面临着劳动人事关系、医疗、社会保障等诸多改革和转型。高校劳动人事关系在转型期有其特点和问题，工会在此时应根据高校的特点及面临的问题进行细致分析后准确定位，充分认识工会所扮演的角色，以改革创新的精神努力发挥工会构建和谐劳动关系的作用。

一、高校劳动人事关系转型期的特点

高校作为国家的事业单位，目前既有传统体制下的劳动人事关系——按指令和服从、组织和监督建立起来的隶属关系，本质上是一种社会政治

[1] 作者简介：靳万民，北京化工大学工会专职副主席。

关系，也有社会主义市场经济下的劳动人事关系——受劳动基准限制的平等契约关系，本质上是一种经济关系。

（一）传统体制下的劳动人事关系特点

我国传统的经济体制下的劳动人事关系是按照国家详细设定的规则确立的，劳动关系双方以服从国家计划和行政命令为唯一选择，从这个意义上讲，传统体制下的劳动人事关系，在本质上是一种社会政治关系。

（二）社会主义市场经济下的劳动关系特点

社会主义市场经济体制下，劳动关系反映了劳动者与劳动力使用者之间在经济运行过程中发生的涉及劳动者和用人单位双方利益的各种关系，特别是劳动者与用人单位之间在劳动报酬、劳动条件、工作环境等制度形成和执行过程中相互之间权利与义务的关系，是一种重要的经济关系，新型的适应市场经济要求的具有独立性、竞争性、市场化、法制化特征的劳动关系正在逐步形成。

1. 劳动关系主体行为具有独立性

在市场经济条件下，一方面，高校作为事业单位法人在办学中处于自主、独立的主体地位，能够依照自身的要求，独立地选择和使用劳动力；另一方面，教职工是劳动关系中的劳动力主体，教职工拥有劳动力的个人所有权，按照自身利益的要求在市场上独立自主地选择高校的权力，从而使行为独立化。由于劳动关系双方都有权选择对方，因此，市场经济下的劳动关系主要体现为劳动关系双方在实现劳动过程中的经济利益为基础的平等合作、互惠互利的经济利益关系。

2. 劳动关系主体双方实现结合主要以市场为纽带

在市场经济下，教职工和高校作为平等的利益主体和行为主体，实现其结合的主要纽带只能是市场。劳动关系双方在市场上实行双向选择，即高校自主招聘，教职工自主择业。教职工在不同高校之间的流动，也使劳动关系呈现动态化和短期化。

3. 调节劳动关系双方行为的主要力量是市场中的供求机制和竞争机制

教职工之间为争取较为优越的劳动条件和劳动报酬，必然进行激烈的就业竞争和在业竞争；高校间为了高素质的教职工，也必然在给予较高的劳动报酬和劳动待遇方面进行竞争。高校和教职工之间的这种竞争行为无疑会对劳动关系产生重大影响。

4. 规定劳动关系双方权利和义务的契约逐渐法制化

2008 年 1 月 1 日开始实施的《中华人民共和国劳动合同法》对高校劳动关系进行了规范，使高校用工和劳动人事制度改革有法可依，也使教职工明确了自己的权利和义务，劳动关系契约日趋法制化。

二、高校劳动人事关系转型期面临的问题

1. 劳动关系日趋复杂化

随着高校劳动人事制度改革的不断深入，高校用工形式日趋灵活，除了事业编制人员外，工作在高校的人员当中相当一部分是非事业编制人员。事业编制人员的聘任以及工资福利待遇倾向于统一管理，基本上是行政管理的做法。非事业编制人员主要通过劳动合同来明确相应的权利和义务，基本上是企业化的做法，非事业编制人员包括代理制、劳务派遣、集体编制以及临时工等。由此可见，高校劳动关系日趋复杂化。

2. 利益多元化

事业编制人员和非事业编制人员的利益要求有所不同，事业编制人员利益要求主要是劳动报酬、工作环境、职务和职称晋升、培训、子女入学、住房条件、身心健康等，非事业编制人员主要利益要求是劳动报酬、劳动条件和社会保障。

3. 分配多样化

学校事业编制人员中从事教学、科研、管理的分配是不同的，非事业编制人员中由于人员类别不同，分配更是多样。

4. 劳动争议较多

由于高校在转型期的劳动关系复杂化、利益多元化及分配多样化，导致了劳动争议增多。当前高校劳动人事争议的类型主要有以下几种：人才流动产生争议；国内外培训产生争议；校内人事管理制度改革产生争议；辞职辞退产生争议；终止、解除聘任（聘用）合同产生争议；专业技术职称评审产生争议；评优评奖产生争议；兑现工资福利产生争议；校办企业因改制导致人员分流而产生争议；对非事业编制人员未依法参保或支付工

资低于本地区最低工资、延长工作时间、解除劳动合同不支付经济赔偿金产生争议等。

三、高校劳动人事关系转型时期工会的角色定位

高校作为国家事业单位，在劳动人事关系转型期有其特有的特点，因此高校工会在高校劳动人事关系转型期其角色是双重的，既有政治组织的一面，也有经济组织的一面。高校劳动人事关系由于在转型期，传统经济体制下的行政指令尚存，事业编制人员存在行政管理现象，高校工会受学校党委领导，校工会主席一般由校领导兼任，因此工会将扮演政治组织的角色；在社会主义市场经济体制下，高校劳动人事关系是高校和教职工之间形成的经济关系，工会是教职工利益（尤其是经济利益）的代表者，是教职工合法权益的维护者，必然扮演经济组织的角色。

四、高校劳动人事关系转型时期工会的作用

高校劳动人事关系转型将对高校工会工作产生重要的影响。劳动关系的转型要求工会职能的根本性转变，即由计划经济下的行政性工会向市场经济下的群众性工会转变，从学校的管理机构向教职工代表转变。劳动关系的变化要求工会通过维护教职工的利益、调动其积极性来调节劳动关系进而促进学校的发展。劳动关系的变化要求工会由政治组织向经济组织转变，并通过经济手段来处理劳动关系。在高校劳动人事关系转型时期，工会所扮演的政治组织和经济组织角色使其在构建和谐劳动关系方面发挥着重要的作用。

（一）工会要履行职能，维护教职工合法权益

高校工会的主要职能是维护、建设、参与、教育，基本职能是维护。工会要积极推动教（职）代会制度和民主管理机制建设。对工会来说，首先要保证参与制度建立的“话语权”，把维护的重点放在源头参与上，积极参与学校重大改革实施方案的讨论和制定，把教职工的合法权益维护在源头，这包括一方面要通过教代会或党政工联席会讨论审议学校的改革方案，

另一方面工会要深入群众调查研究，把教职工合理的意见和建议渗透到学校规章制度尤其是劳动人事改革方案的制定讨论中。要坚持和进一步深化教（职）代会制度，充分发挥教代会作为教职工理性表达利益诉求的主渠道作用，努力推进二级教代会建设，规范学校及其二级教职工代表大会的程序。目前有的高校在校教代会的代表中已有非事业编制人员，这种做法应该说是对非事业编制人员合法权益维护的一个重要进步。工会要努力促进校（院）务公开的深化，目前大部分高校都开展了校务公开工作，工会要发挥教代会制度作为推进校务公开的主要载体作用，维护广大教职工的知情权。同时工会要根据法律法规加强劳动合同等协调劳动关系机制建设，监督检查劳动合同的签订及其实际履行情况，做好具体的维护工作。

（二）工会要协调劳动关系和参与处理劳动争议

《中国工会章程》规定："中国工会是中国共产党领导的职工自愿结合的工人阶级群众组织，是党联系职工群众的桥梁和纽带，是国家政权的重要社会支柱，是会员和职工利益的代表。"工会作为一种政治组织，受学校党委领导，不能违背党委的指示和学校大局利益；工会作为一种经济组织，要维护教职工的合法利益，包括教职工的个人利益。工会协调劳动关系的难点在于既不能只贯彻党的意图而不管职工群众的意愿，又不能只听职工群众的呼声而不理党的要求，工会必须把两者紧密地结合与统一起来，要在这个结合部与关系点上创造性地开展工作。工会要发挥桥梁和纽带作用，要力促尽快建立和完善劳动关系三方协调机制，通过平等协商和集体劳动合同制度来协调劳动关系。

高校劳动人事关系的复杂化和多元化使高校劳动争议日趋增多。目前高校大部分都成立了劳动人事争议调解委员会，工会都参与其中，但还需完善其工作规程和运行机制。工会在处理劳动争议中的作用主要是参与劳动争议协商、主持劳动争议调解、参加劳动争议仲裁、为职工提供法律咨询服务，同时还要努力做好劳动争议预防工作。要充分发挥工会组织的优势，把劳动争议纠纷的主要矛盾解决在基层，解决在萌芽状态。

（三）工会要发挥宣传、教育、引导作用，促进共赢

工会要明确高校与教职工的矛盾在本质上仍然是社会主义性质，仍然

是人民内部矛盾，双方的根本利益一致并且能够在协商、协调的基础上得以解决。要把建立“规范有序、公正合理、互利互赢、和谐稳定”的中国特色社会主义新型劳动关系，作为高校工会积极参与劳动关系协调、维护教职工合法权益的理论基础。

工会要对学校和教职工进行劳动法律法规的宣传，使双方明确法定的权利和义务并共同依法履行。同时要对职工进行思想政治教育，引导教职工认真学法，自觉守法，引导职工正确处理个人利益和学校利益、眼前利益和长远利益的关系。同时工会要宣传学校精神和发展理念，树立学校和个人的共同愿景，培养职工热爱学校和本职工作，将职工的个人行为引导到学校整体发展上来，促使学校和教职工的利益共赢。

（四）工会要开展文化活动、体育活动和帮扶活动，促进校园和谐

工会要重视组织文化的培育，发挥工会“大学校”作用，开展具有高校自身特色的文化活动，提升教职工素质，以共同的理想为导向，整合个体发展目标，形成群体价值观，以增强教职工态度、行为方式和习惯的一致性，从而促进高校劳动关系的和谐与稳定。文化活动主要是以师德建设为核心，包括具有高校特点的师德先进个人评选、社会实践、工会大讲堂、各类沙龙、教学比赛、岗位技能比赛、职业技能培训等活动。

工会要重视维护职工的健康权益。目前高校教职工普遍反映工作压力较大，身心健康受到影响。工会要开展各类体育活动，如大众参与的运动会、健步走等活动，如心理健康与压力管理等方面的讲座等活动，让广大教职工缓解压力，放松身心，以更好的状态投入工作中去，促进学校和个人的共同的发展。

工会要持续开展帮扶活动和送温暖活动，让职工感觉到高校工会给予的帮助，体会到工会“教职工之家”的温暖，增加职工对学校和工会的信赖感，促进和谐校园的构建。

总之，高校在劳动人事关系转型期面临着诸多问题，工会工作也面临着新的挑战，工会只有准确定位，充分履行各项职能，以工会的独特优势发挥维护教职工合法权益、协调劳动关系、宣传引导教育教职工的作用，开展各类凝聚人心的活动，才能促进和谐劳动关系的构建，推动学校的和谐发展。

第三节　创新工作机制，加强民主管理，实现科学决策，构建和谐校园[1]

教职工代表大会制度（以下简称“教代会制度”）是高等学校管理体制的重要组成部分，它与党委领导、行政管理、教授治学共同构成学校管理体制，它是在学校党委领导下，教职工依法行使民主权利，实施民主管理、民主监督的重要形式，是学校经常听取教职工意见建议，促进学校决策科学化、民主化的重要渠道。学校工会是党委领导的教职工自愿结合的群众组织，是党政联系职工群众的桥梁和纽带，是会员和教职工利益的代表，是同级教代会的日常工作机构。实践证明，这两项制度对推动和促进高校民主管理和科学决策，推动高校的政治文明，维护高校教职工合法权益，加强与创新高校管理，维护高校稳定具有不可或缺和无法替代的作用。

一、高校四大公共权利体系要求四大民主制度提供有力的监督保障

我国高等学校的领导体制是党委领导下的校长负责制，高校四大公共权利体系都有相对应的四大民主制度的保障。

第一，政治的公共权力。主要由党委行使，具体包括党代会、党委全委会、党委常委会所做的学校重大事项的决策，干部的任免等，它对应的是决策民主，即委员会的民主集中制。

第二，行政的公共权力。主要由校长行使，具体包括校务委员会、校长办公会议上对某一需要决策的事项，校长在广泛听取不同方面意见后有选择地作出最后的决策，它对应的是一种方法和作风上的民主。

第三，学术的公共权力。主要由学术委员会和学位委员会行使，它对

[1] 作者简介：冯世勇，教授，中国政法大学党委副书记兼副校长，工会、教代会主席。

应的是多数和少数，它所强调的是要尊重少数人的意见。

第四，民主的公共权力。主要由教代会行使，教代会实现的民主：一是民主渠道，多数人的意志通过它来表达；二是民主监督形式，每年召开教代会审议行政工作（包括财务工作），由全体教代会代表充分发表意见。四大公共权力客观存在，要求四大民主制度要与时俱进，依法加强与创新。

二、新颁布的教代会制度仍需要高校创新民主管理机制实现科学决策

2011 年底，教育部发布了《学校教职工代表大会规定》（以下简称“《规定》”）并于 2012 年 1 月 1 日起施行，同时废止了实行 26 年的《高等学校教职工代表大会暂行条例》（简称“《暂行条例》”），这是包括学前教育在内的全国教育系统民主政治建设的大事，对全国各级各类学校充分尊重和保障教职工参与学校民主管理和监督，建立健全教职工代表大会（简称“教代会”）制度，完善现代学校制度，促进学校科学决策和依法治校都具有里程碑意义。与《暂行条例》相比，《规定》有以下特点。

第一，适用的范围更加广泛。一是适用的学校上，《暂行条例》仅仅“适用于全日制普通高等学校，其基本精神也适用于其他各种形式的高等学校和中等专业学校”，而《规定》“适用于中国境内公办幼儿园和各级各类学校，民办学校、中外合作办学机构参照本规定执行”。二是适用的人员上，《暂行条例》确定的代表资格是“以系、处或教研室、科室、班组为单位，由教职工直接选举产生”的教职工，换言之是在职在编的教职工，而《规定》确定的代表资格是“凡与学校签订聘任聘用合同、具有聘任聘用关系的教职工，均可当选为教职工代表大会代表”。

第二，教代会职权更加突出。《暂行条例》制定于教代会制度初创时期，它是计划经济的产物，其规定的职权已不能适应我国现今教育事业的发展和需求，因此《规定》增加了诸如对“学校章程草案制定与修改”、“学校重大改革和重大问题解决方案”以及“学校其他专项工作报告”等提出（修改）意见和建议权；讨论通过“学校提出的与教职工利益直接相关的福利、校内分配实施方案以及相应的教职工聘任、考核、奖励办法”；

"审议学校上一届（次）教职工代表大会提案的办理情况"；依据规定和安排"评议学校领导干部"；对学校工作的批评建议及落实监督权等。

第三，工会的权责更加重大。作为学校最大的群众组织、教代会工作机构的工会，《规定》赋予其新的更大的职权，如，"遇有重大事项，经学校、工会或1/3以上教职工代表大会代表提议，可以临时召开教职工大会"的提请权，教代会闭会期间传达会议精神，落实会议决议，组织代表团及专门委员会活动，主持代表团团长及专门委员会负责人会议，组织教代会代表培训，受理教代会代表的建议和申诉，向学校党组织汇报民主管理工作，与学校沟通等。

第四，规定的内容与时俱进。如，在教代会职权中规定了审议"学校章程"、民主评议校级领导、"多种方式对学校工作提出意见建议"；要求"学校应当建立健全沟通机制，全面听取教职工代表大会的意见建议，并合理地吸收采纳；不能吸收采纳的，应当做出说明"；"教职工代表大会的意见和建议，以会议决议的方式做出"；对新形势下学校工会赋予了更多更大的权利。

第五，相关的规定更加灵活。如，对教代会代表占全体教职工的比例由地方省级教育部门根据本省实际确定，省级教育部门没有确定的，"学校自主确定"；一届教代会代表的任期可以是3年或5年；"省、自治区、直辖市人民政府教育行政部门，可以与本地区有关组织联合制定本行政区域内学校教职工代表大会的相关规定"。

作为指导全国各级各类教育的《规定》仍然是宏观的、原则性的规定。比如，教代会参与学校民主管理仍然缺乏经常性和连续性，学校决策仍然缺乏全面性和公开性，教代会活动仍然缺乏多样性和有效性，教代会的监督仍然缺乏普遍性和从源性。高校必须从自身的特点和实际出发，创新民主机制、丰富管理形式、实现科学决策。

三、创新教代会工会制度，切实发挥其在民主管理民主决策中的作用

近年来，中国政法大学在民主管理、民主决策和民主监督中进行了一

些有益的探索。

第一，实行“教代会代表列席校长办公会议”制度。2005年3月18日，由原校长徐显明教授提议开始实施这一制度。同年4月，校长办公会议通过了学校工会提请审议的《中国政法大学教代会代表列席校长办公会议办法》，2007年11月初，又重新修改了这一制度。基本做法：学校教代会正式代表，在学校召开校长办公会议时，根据会议议题和工作安排，每次会议有一名代表列席的制度。校长办公会议前两天，由学校办公室通知工会，由工会主席、副主席根据会议议题确定并通知参加会议的代表，告知其权利义务和会议议题；校长办公会议上，当每一个会议成员一个议题发表完意见后，校长都要征询列席代表的意见，校长及其他校领导认为合理的，就及时采纳；在每一次校长办公会议结束前，校长都要请教代会代表来评价本次校长办公会议；列席代表在每次会议后要填写《教代会代表列席校长办公会议表》，此表包括会议议题、代表对会议的总体评价及意见、建议。

这一制度实施7年来，平均每年有18位教代会代表列席校长办公会议，代表的满意率均达到95%以上。其意义在于：不了解、甚至误解学校决策的代表加深了对学校决策的认同；初步落实了教职工代表参与、见证并监督学校决策；直接发表意见，反映民意；体现了学校充分尊重教职工的知情权、参与权、表达权和监督权；列席代表们在不同的场合以自身的感受畅谈学校决策的民主、科学。

第二，“接待教代会代表日制度”制度。2006年2月提出，同年4月，校长办公会议通过了学校工会提请审议的《中国政法大学接待教代会代表日办法》。基本做法：接待教代会代表日是指在学校教代会闭会后的法定工作月份里（除了1、2、7、8月），每月第二周周四上午8点半至11点半。若遇节假日或学校重大活动由学校工会通知顺延至下一周的同一时间，由教代会主席、副主席及根据工作需要邀请有关分管行政工作的学校领导参加的定期接待教代会代表反映意见并当面答复代表的活动。接待教代会代表的程序：每年年初，学校工会给每一个教代会代表发一个个性化《通知单》，列明全年接待代表日的时间；接待教代会代表日前一周学校工会在校园网上出提醒通知，公布时间、地点；有意见、建议、要求的教职工与教代会代表联系，教代会代表与工会办公室联系，说明要反映问题（事务）的主题和主要要求；学校工会在接待日前两天确定有关参加接待的行政领导并告知代表将要反应的问题及要求；接待日前一天学校工会核实通知参加接待的学校有关领导、有关部门负责人、工会主席、副主席、参加接待的教代会代表；接待时有关领导按代表问题类型划分区域听取代表意见、建议并答复代表，当时不能答复的，经过研究后，在两周内由有关部门书面答复代表；参加接待时，学校工会要做好记录，代表所反应的问题和答复的情况要由有关部门查证落实并由工会记录备查；参加接待的教代会代表在接待后要填写《接待处理意见表》。

这一制度实施6年来，平均每年接待教代会代表7次，内容涉及人事、教务、科研、学工、后勤、财务、资产、基建、安保、医疗等各方面工作，教代会代表对职能部门答复的满意率均达到95%以上。其意义在于：保证了通过制度平台使教代会代表与所在单位职工，教代会代表与学校的沟通实现经常性、广泛性和多样性；便于教代会代表与职工和学校深入、全面、经常地交流和互动；增强了教代会代表的责任意识、主人翁意识；增强了行政工作的针对性，使学校及时、准确、全面地掌握教职工的所思、所盼、所求、所需、所想；化解矛盾、促进沟通、增加了行政工作的科学性、民主性、针对性、有效性，提高了行政的公信力。

第三，实行“学校重大情况通报”制度。在学校工会的提议和推动下，学校自2009年11月26日起实行了“学校信息在线通报制度”，在网上将学校大事、要事在线向师生通报，协调相关部门与师生互动，回答大家关心的问题，并公开征求师生意见，保证全校师生对学校各项工作的“源头性参与”。目前每年平均实行17期，年均通报重大校情70余项，教职工反映良好。

第四，民主制度向基层延伸。民主制度在学院（部、馆）决策中发挥着重要作用。2010年，校工会制定完善了《中国政法大学二级教职工代表大会工作规程》，对部门工会主席和二级教代会主席列席院务会进行了明确规定。在2010年中国政法大学第七次党代会上，学校把推进基层民主写入《学校党委工作报告》，明确规定了全校各个学院及后勤、图书馆等部门实行部门工会主席和二级教代会主席列席院（部、馆）务会议；部分部门，还设立了二级教代会代表列席院（部、馆）务会议制度，使教职工代表参与、见证、监督学校基层决策，充分有效地发挥了教代会代表在基层民主参与中的作用。

第五，全覆盖推进“二次落实”代表提案及代表意见建议制度。从2011年起，每年教代会上，除了代表提案外，代表在分组讨论中对学校工作的全部意见建议都由工会根据录音整理分类，提交到学校党委常委会上通过，由各个分管领导牵头，由各个相关处室比照教代会提案规格进行落实。比如，2011年学校教代会后，工会对与会的60余位代表在分组讨论上的全部意见建议归纳成12类45个方面的问题，在党委常委会上集中向各相关学校领导通报，各相关部门将办理意见向工会反馈，工会再第二次向代表进行回馈性落实，相关代表的满意率为100%。

第六，实行学生代表列席教代会制度。从2008年起，学校每年召开教代会时，均吸纳5～10名学生代表列席会议，并作为各代表团成员参与分团讨论。搭建能够集中反映广大教职工和学生意见、心声的平台，便于师生讨论共同关注的涉及师生共同利益的问题。

第七，突出理论研讨和培训，推动教代会工会工作开创新局面。成功举办了六届“中国政法大学教代会工会理论研讨会暨教代会工会成员培训会”，时任北京市教育工会主席的张青山等领导，均到会并做重要讲话。每年发文在教代会工会中部署；动员、吸引一批专家学者撰写文章；开展论文评比、奖励及大会交流，优秀的推荐到北京市教育工会；在网上、发文大力宣传，论文结集出版。

我们的切身体会是，党政主要领导重视、支持是工会、教代会制度创新、发挥作用、增添干劲和活力的根本；工会、教代会主要领导要抢抓机遇、勤于思考、有效推动是做好这项工作的关键；要把有效的经验制度化、零散的做法系统化、感性的认识理性化，制度机制建设是保障；既要把广大教职工最关心、最直接、最现实的合法权益维护好、实现好、发展好，又要维护学校的整体利益，从学校发展的大局出发做好此项工作。

第四节　规范非在编人员入会管理，维护职工合法权益[1]

摘要： 本文根据劳动人事关系转型期工会角色定位及其作用的变化，阐述了规范学校非在编人员加入工会组织的重要性，结合学校工会会员管理现状，探讨了规范非在编人员加入工会组织的可行性，为规范非在编人员入会管理提出了有益的思考。

维护广大教职工的合法权益，是高校工会的基本职责，也是《中华人民共和国工会法》赋予高校工会组织的基本权利。随着我国市场经济的发展，面对劳动关系日益复杂多变的新情况和新问题，学校工会组织参与调整劳动关系，维护广大教职工包括非编人员合法权益的任务更显繁重突出。

为适应新的形势任务要求，高校工会各级组织从学校改革发展大局出发，积极研究探讨高校非在编人员权益保障问题，关注非在编人员在高校从业的热点难点问题，其中包括吸纳并规范非在编人员入会问题。所谓非在编人员入会，是指吸纳非事业编制职工加入工会会员组织，这部分人员不纳入学校事业编制且与学校已建立劳动关系和在学校工作的劳务派遣人员。吸纳并规范非在编人员加入工会组织，是高校用工制度改革发展到今天必须解决好的问题，也是在做一件直接维护非在编人员合法权益的好事、实事，它是关系非在编人员在高校政治生活中的一件大事。要把这件好事、实事、大事办好，必须规范非在编人员入会管理，努力维护其合法权益。

一、规范非在编人员加入工会组织的重要性

目前高校实行全员聘任，内部非事业编制人员越来越多，而且分布比较广泛。由于受到传统观念的影响，这部分职工在经济待遇、权益保障方

〔1〕 作者简介：陈太栋，北方工业大学工会常务副主席。

面不能享有与正式职工相同的待遇。这些问题自然就形成了内外差别的思维观念，在一定程度上影响了其主人翁思想的树立，也阻碍了非在编人员积极性和创造性的发挥，甚至妨碍了高校人事制度改革的顺利进行。吸纳并规范非编人员加入工会组织，既是新形势下做好工会发展会员工作的创新，又是进一步扩大党在高校执政基础的重要举措。

一是适应高校改革发展和稳定的需要。目前，教育系统各项改革措施正陆续出台，学校工会既要动员广大教职工支持改革，投身改革，又要在改革中努力维护广大教职工的合法权益，力求使改革在最小的摩擦和最轻微的震荡中向前推进。这就要求工会组织深入教职工中开展工作，真诚倾听广大教职工包括非在编人员的呼声，真实反映他们的意愿，真情关心他们的困难，努力为他们办好事，做实事，解难事，让他们更加体面地劳动，更有尊严地生活。因此，吸纳并规范广大非在编人员入会，就是在体现工会对非在编人员的政治关怀，对群众利益的保护，也是贯彻落实“以人为本”科学发展观，构建和谐劳动人事关系，进一步推进学校改革、发展和稳定的需要。

二是建设高素质教职工队伍的需要。高校是为国家培养高素质人才的基地，从事高校工作的广大教职工担负着教书育人、管理育人和服务育人的神圣使命，扮演着青年学生“引路人”的重要角色。无论你是在编还是非在编，在学生眼里都统称为“老师”。老师的含义则是品德、行为和学识在学生心目中的位置。就此而言，学校教职工的素质在某种意义上讲也是影响学生成长的重要方面。工会组织要不断增强吸引力和凝聚力，不断提升广大教职工的整体素质。一方面要根据每年新进非在编职工的具体情况，及时做好入会工作；另一方面要调查研究已入会的非在编人员思想状况，引导非在编人员积极参加学校各项活动。通过工会工作的覆盖面不断扩展，全面提升广大教职工队伍整体素质。

三是调动非在编人员积极性的需要。吸纳非在编人员加入工会组织，有利于调动非在编人员的积极性和创造力。第一，增强非在编人员的责任感、荣誉感和归属感。吸收非在编人员入会，可使之有“找到组织”的感觉，思想上有归属意识，使之树立心系学校、爱岗敬业的责任感、荣誉感。第二，提高非在编人员的政治待遇。非在编人员入会后，工会给予非在编人员政治上的关怀，使之感到享有公平的政治待遇和做人的尊严，拥有政治地位。第三，增强非在编人员的维权意识。非编人员入会后，对工会组织就有了很大的信赖感，通过对教职工代表大会等民主管理制度相关知识的学习和了解，增强了民主意识、法律意识和维权意识，懂得有效行使民主权利及应当承担的义务、必须履行的程序和应当遵守的规则。第四，促进非在编人员的稳定。非在编人员在高校流动性相比在编人员大，变换岗位比较频繁，甚至有盲目流动的倾向。入会后，各岗位人员流动减缓，可保持这支队伍的相对稳定，促进学校服务质量的提高。

二、规范非在编人员加入工会组织的可行性

规范非在编人员加入工会组织管理，就是要一方面强化《工会法》意识，采取有效措施，建立健全非事业编制人员工会组织。另一方面，在维护非事业编制职工会员合法权益的同时，也要重视做好非在编人员的思想教育工作，组织非在编人员学习和参加单位的各种活动，增强主人翁意识，养成良好的职业道德，为学校的发展尽到自己的责任和义务。

为规范非在编人员入会管理，必须着力探讨其办法和有效途径。据我们调研分析，目前要规范高校非在编人员入会管理可行办法很多，归纳起来大概有以下三种情况。

（一）根据单位（部门）特点，参照本单位在编人员入会管理办法，吸纳签订合同的非在编人员入会

2009 年，北京市委教育工委、市教委、市教育工会联合下发了《关于加强在高等学校非事业编制职工中开展工会工作的意见》，为推动非事业编制职工入会、权益维护提供了制度保障。北方工业大学根据非在编人员越来越多且相对集中的特点，专门制定了学校和部门关于非在编人员入会管理办法。该校现有的非在编人员主要分布在后勤服务各个岗位，其中有部门副经理、秘书、管理员、办事员，还有技术人员、炊事员、保洁员等，是保障学校生活后勤服务正常运行不可缺少的一支队伍。为此，在深入调研的基础上，吸纳了已签订合同的非在编人员入会，入会率达 98%。

1. 入会条件与程序

入会条件：与学校签订一年以上（含一年）劳动合同的非在编人员，

承认工会章程，按时交纳会费，可申请加入工会。入会程序：非在编人员加入工会，由本人自愿申请，填写《非在编职工入会申请表》，经批准成为工会正式会员。

2. 入会权利与义务

非在编职工会员享有在编职工会员的相同权利和义务。

3. 权益维护与会籍管理

权益维护：工会依法维护非在编人员的劳动合同、劳动报酬、劳动条件、社会保障等合法权益。会籍管理：非在编职工入会不单独成立小组，编入工作岗位所在小组。非在编职工终止劳动关系时，其会籍自动终止。

4. 入会享受的待遇

非在编人员入会后享受与在编会员一样的福利待遇，参加工会组织的各项文体活动。

5. 参加学校教代会和民主建设

凡在正式职工中开展的各种会议和表彰活动，都要按人员比例分配名额，让非在编人员参与学校民主管理和各项政治活动。

（二）结合单位（部门）实际，借鉴兄弟单位非在编人员入会管理办法，吸纳部分非在编人员入会

鉴于高校非事业编制人员种类较多，不同种类的工作人员权益保障存在着明显的差异，特别是既有编内工勤人员，又有编外合同工；既有外来劳务派遣工，又有人事代理用工等。对众多形式的用工，工会不便“一刀切”去做工作，可以根据与人事部门签订的合同，参照用人单位与其建立的劳动关系，借鉴兄弟院校非在编人员加入工会组织的管理办法，对已与校方或部门签订劳动关系的非在编职工，采取分批入会、分类管理，尤其校产或承包部门。总之，要在政治上重视，生活上关心，使非在编人员在大学校园内生活上安心，工作上舒心，也让其家人放心。

（三）着眼单位（部门）发展，创新非在编人员全员入会的有效途径

随着社会经济的快速发展，人事制度由固定用人向合同用人制度转变，由身份管理向岗位管理转变。干部竞聘上岗，能上能下；教职工全面聘任，能进能出；各类岗位非事业编制职工日益增多。劳动人员分配制度的变化，

必然触发诸多矛盾。加之高校内部用人制度的变化，管理模式也不同，这无疑对学校工会的工作领域、对象和工作方式、内容的调整提出了新的挑战。因此，无论什么情况下，都应该着眼于未来发展，努力把握学校工会的特点和规律，争取条件，创造有利于非在编人员入会的有效途径，逐步推进非在编人员加入工会组织。积极探讨和创新入会管理办法，最终达到全员入会之目标，从而最大限度地保护、调动和发挥在校所有非在编人员的工作热情、积极性和创新精神之目的。

三、规范非在编人员入会管理的几点认识

非在编人员入会重要性是显而易见的，规范非在编人员入会管理也是十分可行的，那么入会后期管理可能是工会需要长期加强的日常性工作。为此，吸纳非在编人员加入工会组织后应关注如下几点。

一是抓好会员培训与建章立制工作。就是说非在编人员加入工会后，对不同文化层次和不同岗位会员的管理侧重点应有所区别。但有一点是共性的，那就是靠规章制度来约束人们行为规范，对新会员要根据不同部门、不同岗位制订会员学习培训计划，并建立学习培训长效机制，努力帮助非编职工提高自身素质，大力开展“创建学习型组织，争做知识型职工”活动，使工会成为名副其实的“大学校”。有条件的单位（部门）应设立专项培训费用，为培训工作提供保障。

二是做好非在编人员维权和维稳工作。非在编人员入会后有了归属感，遇到困难和问题可能首先想到的就是职工之家——工会。当他们需要帮助的时候，工会组织必须伸出援助之手，急他们所急，帮他们所需。每逢重大节日期间，把非在编职工作为重点慰问对象，为他们送去欢乐祥和。在引导他们通过正当的利益诉求维权的同时，要注意维护学校的稳定，因为相当一部分非在编人员身处骨干岗位，如果处理问题不当，很容易引起某个单位或部门的人员思想波动，或许会带来不良后果。所以，非在编人员入会后的管理一方面要做好维权工作，另一方面要兼顾维稳工作。

三是引导非在编人员为学校发展建功立业。非在编人员入会后，工会组织就必须把他们视为学校员工，无论过去身份如何，在工会这个大家庭里，我们对每位会员必须一视同仁。尤其对非在编人员成为会员后，要鼓

励他们爱岗敬业，引导他们在本职岗位上建功立业。首先，在岗位练兵和技能培训中让他们积极参加，并给予一定照顾支持；其次，在评选先进、树立标兵中要分配一定名额，让他们学有榜样，做有标准。再次，就是积极鼓励他们创造条件入党，踊跃参与骨干岗位竞聘。总之，通过真心实意地生活上的关心、政治上的关怀和工作上的帮助，使他们安心校园工作，尽心尽力为学校的发展作出应有的贡献。

综上所述，规范非在编人员加入工会组织工作具有重大现实意义和深远影响，是势在必行的发展趋势。做好非在编人员加入工会组织工作，是党的亲民政策在高校的具体体现。把非在编人员吸纳到工会组织中，就是把活跃在校园里的各类员工动员组织起来，在非在编人员中营造一种“进校务工入工会，有了困难找工会，维护权益靠工会，提高技能到工会”的良好氛围，共同为构建和谐文明校园凝聚力量，使之形成推动学校改革发展的巨大合力。

第五节 美国高校教师维权机制探索综述[1]

20世纪后，美国高校获得了长足发展，然而，学术自由与行政权力的冲突未能避免。由院外人士组成的董事会掌控学校的经济命脉，进而，对学校的管理握有大权，董事会和校长认为他们自己是学校的代言人，但是在教授们眼中，无论是董事会，还是校长都不能代表学校的集体意志。这时，对学术自由的争取转移到了学院教师和学校行政之间。尽管大学里的学术精英是教授，但是他们的职业安全却难以得到保障。1900年，斯坦福大学的一经济学家因对移民劳动力和铁路私有化的批评而遭到解雇。斯坦福大学的另外几名教授也愤而辞职，以示抗议对学术自由的侵犯。这一事件给了约翰·霍普金斯大学哲学教授阿瑟·洛夫乔伊很大的震撼。经过长期的酝酿，1915年，他与约翰·杜威发起召开了一次会议，在会上成立了一个捍卫大学教授学术自由的组织——美国大学教授协会（The American

〔1〕 作者简介：郭冠伟，北京教育科学研究院教师。

Association of University Professors，简称 AAUP），从此开启了美国高校教师维权的先河。

一、美国大学教授协会发展历程

美国大学教授协会是一个以民主方式由大学教授自愿组织起来的真正有代表性的教师团体。正是美国大学教授协会的努力使大学教师以终身教授制度为基础的物质利益、观念利益和团结一致的利益得以维护。1915 年成立之际，美国大学教授协会公布了《原则声明》，提出其目标在于致力于促进学术自由和共享自治、确定高等教育的基本专业价值和标准，从而确保高等教育造福于公众利益。该声明先后得到了美国学院协会（AAC）、美国大学协会（AAU）等组织的认同。

1940 年，美国大学教授协会重新发表《关于学术自由和终身教授制的宣言》，其目的是通过捍卫终身教职、学术程序和质量标准来促进学术自由；促进公众对学术自由和终身教授制的理解和支持，并且确保大学在实现这一目的的程序上达成共识。宣言阐释了大学的理念与学术自由的关系：建立大学是为了公益，而非教师个人或学校机构的私利。终身教授制是实现学术自由的手段，充分的经济保障以吸引有才华的人才进入教授岗位，并规定试用期不得超过 7 年。研究人员在试用期满后，应该获得永久的或继续任职的资格，除非是已到退休年龄或者学校存在财政危机，终止这种任期必须有充足的理由。

美国大学教授协会也赢得了以判例法为主的美国司法制度的支持，美国最高法院 1957 年和 1967 年对“保罗·斯威齐诉新罕布什尔州政府”和“凯·伊西安等诉纽约州立大学董事会”两个著名案例的判决经常被人们用作学术自由乃至终身教职制度的司法依据。1954 年，自称是“经典马克思主义者”的新罕布什尔大学教授保罗·斯威齐两次被检察官传唤，了解他在课堂上讲述社会主义、马克思主义的内容。他认为这些问题侵犯了宪法修正案第一条所保护的公民权利，拒绝回答。他因蔑视法庭罪遭到监禁。1957 年，联邦最高法院推翻州最高法院的判决。大法官沃伦指出：“自由在美国大学里的重要性几乎是不言而喻的。对我们的学院和大学的智力领袖横加任何束缚都会危害我们国家的未来。在怀疑和不信任的氛围中，学术不能繁荣。教师和学生必须永远自由地追问、自由地研究、自由地评价、自由地获得新的成熟和理解，否则我们的文明将会停滞乃至灭亡。”另一位法官法兰克福特在附加意见中指出：任何政府对大学知识活动的干涉都可能危害教师的基本职能。另一个案例是，1962年，纽约州立大学要求所有的教员在一份表明自己不是共产党员的誓词上签字。英语讲师凯·伊西安等五人因拒绝签字而被解聘。五人遂状告纽约州立大学董事会违宪，联邦地方法院判校方胜诉；凯·伊西安第二巡回上诉，依然败诉；他们最后上诉到联邦最高法院。1967年，联邦最高法院裁定纽约州的相关法律违宪。判决书援引了斯威齐诉新罕布什尔州政府案的判决书；还宣布，即使是共产党员，但是不了解或没有打算实现共产党的非法目标，没有参与非法活动，就不得被解雇。

1966年，美国大学教授协会颁布了《关于学院和大学管理的声明》，充分强调了加强教师、校长、董事会之间的沟通和理解的重要性，指出在学校制定重要政策以及进行重大决策时，要保障教师参与学校管理的民主权利。教师不仅享有自主决定课程的设置、选择教学和研究的内容与方法的权利，有权制定同教学过程相关的学生生活方面的政策，而且还有权参与制定涉及学校教师权利和地位方面的政策，包括聘用、晋升、解聘教师，授予教师终身教职制以及增加教师工资等方面的政策和措施。此外，在校长的遴选、院系负责人的确定方面，也应该充分听取教师的意见。为了保障教师广泛参与管理的权利，声明要求学院和大学制定保障教师参与管理的组织原则与制度，建立学院、大学的各级教师代表机构，通过教师选举组成各级教师委员会以及教师评议会、教授会，充分保障教师履行民主管理的权利。最后，声明还建议学院和大学建立教师、董事会、校长之间的长期协商机制，包括实行三方谅解备忘录的机制，建立特别联合委员会和常设联络委员会以及扩大学校管理委员会和董事会中的教师代表等方面的措施，保持交流渠道的畅通，共同促进高等教育的健康发展。

1972年，美国大学教授协会发布了关于集体谈判的声明，明确提出将把集体谈判作为美国大学教授协会实现高等教育目标的另一个重要措施：遵循美国大学教授协会制定的原则声明，致力于保护和促进全体教师的经济、职业利益；遵循美国大学教授协会关于学院和大学管理的声明，建立大学的民主机制，充分保障大学教师参与管理的权利；遵循美国大学教授协会在1940年、1958年、1971年声明以及其他声明，保护学术自由与终身聘任制；建立明确快捷的处理教师投诉的机制，保证受害教师能够及时得到帮助。此后，越来越多的大学教师以及美国大学教授协会在各地的分会开始通过集体谈判方式维护自身的合法权益。截止到1976年，美国大学教授协会用于集体谈判的预算占到了31%，开展教师集体谈判活动成为美国大学教授协会工作的主要内容；此外，美国大学教授协会通过集体谈判，不断促使法院接受美国大学教授协会的合理建议，成功地影响到法院的判决，法院在处理相关案件时也会参照美国大学教授协会所制定的有关原则声明。

1972年，美国大学教授协会提出的教师经过一定年限的服务就可享有终身教职的主张为美国最高法院所认可。在1994年的一个判例中，根据国会在1987年通过的《反年龄歧视法案》的补充案规定，判定高校不得强迫教授退休。由此，退休的决定权也完全掌握在教师个人手中。

美国大学教授协会倡导的宣言使人们对学术自由理念有了更深的认识，也吸引了学术界其他组织的参与。此后，《关于教师解聘程序标准的声明》、《关于学术自由和终身教授制的建议性规定》、《后终身教席审查意见》等文件先后出台。在美国大学教授协会的努力下，这些大学的行会性文件成为人们处理学术自由事件的准则。终身教职成为常规性制度，美国几乎所有的研究型大学（97%）和四年制学院（99%）都实行终身教授制度。大学教师获得了一种最重要的制度保障。从某种意义上说，美国大学教授协会维护了学术职业的安全和尊严，成为美国高等教育领域学术自由的立法者。

二、全国教育协会、美国教师联合会的发展经验

美国教育组织众多，其中影响最大的两个教师工会组织是全国教育协会（The National Education Association，简称NEA）和由美国劳工联合会组建的美国教师联合会（The American Federation of Teachers，简称AFT）。全国教育协会成立于1857年，是一个以自愿服务为基础的，包括地方、州和全国三个级别的专业组织，由当初的一个地方性的组织发展成全国最大的致力于公共教育事业的专业教师团体协会。其宗旨是增强教师职业的专业特征、改善教师的待遇和提升美国公共教育事业，现有会员320万人。美国

教师联合会成立于1916年，是美国劳工联合会和产业工会联合会的下属机构。出版专业杂志《美国教育工作者》和报纸《美国教师》（月刊）。美国教师联合会的使命是改善其成员和其家庭的生活质量，关注他们合法的、职业的、经济的和社会方面的利益，改善机构，增强其服务能力，团结互助，在本国和全世界提升民主、人权和自由。美国教师联合会在全国有超过3000个地方分支机构，43个州级机构，其成员在2005年已超过130万。

美国教师联合会高等教育部和全国教育协会相关高校教师维权机构，成为美国大学教授协会维护高校教师权益的有益补充。美国教师联合会在其官方出版物《美国教师》中曾经论及组织的宗旨："美国大学教授协会没有发挥教师联合会所期望的作用，虽然也吸收助教和讲师为初级会员，但是从来没有为他们的利益而呼吁。在多数情况下，美国大学教授协会也不关心地方大学的问题，没有采取任何有效的保护措施，改善会员的经济状况。美国大学教授协会与外界没有任何联系，是一个纯粹的专业组织。最为重要的是，美国大学教授协会既不了解，也根本不关心有关经济制度方面的问题，教师联合会不仅认识到基本经济问题的重要性，而且至少赞同对基本经济问题的关注。"美国教师联合会自成立以来就主张提高教师工资，改善教师的福利待遇，保障教师参与学校管理的民主权利，维护学术自由。同时，美国教师联合会认识到大学教师所处的雇员地位，必须更加重视发挥教师集体谈判的作用，而不是仅仅依靠发布报告、声明的方式来捍卫教师的权益，从而极大地促进了大学教师集体谈判运动的开展。20世纪初，美国教师联合会还只是由各地教师分会组成的松散组织，1918年成立的霍华德大学教师分会是美国教师联合会的第一个分会，另一个分会是伊利诺伊大学教师分会。20世纪30年代以来，美国教师联合会在各地分会的数量迅速增加。60年代前，美国教师联合会曾经组织教师开展了各种形式的集体抗议活动，但是直到1960年美国教师联合会的分会美国教师协会（United Federation of Teachers，简称UFT）组织教师同纽约市教育委员会开展集体谈判的活动获得成功，才推动了教师集体谈判运动的蓬勃发展。此后，美国两大教师组织的会员数量增长迅速，越来越重视教师集体谈判的作用。美国教师联合会开始在美国公立的两年制学院中发展教师工会，60年代中期，美国教师联合会开始组织大学教师通过集体谈判的方式维护自己的合法权益，后来逐步扩大到四年制的学院和大学。

美国高校在“二战”后高等教育大众化变革的背景下逐渐进入了发展的“黄金时期”，这个变革过程使高校教师的专业地位和特权身份得到了巩固和强化。但70年代后，受经济危机和政府财政赤字等因素的影响，美国高校的“财政危机”意识日益强烈，在以缓和财政危机为目标的变革中，美国高校比以往任何时候更为注重市场需求，日益卷入“市场性行为”之中；在财政危机和市场化倾向的双重压力下，美国高校成为危机的主要应对者，并且在应对危机的过程中成功地膨胀和壮大了行政权力，获得了更大的校务管理权力。高校借口财务危机，运用“非升即走”、末位淘汰法则，实行人事紧缩政策，甚至解聘一些有终身职位的教授；绩效拨款机制的形成与强化，使高校进一步迫使教师接受“成本—效益”法则和“顾客至上”理念，服从高校内部行政权力对各种经费的重新安排；同时兼职教师的总体比例不断提高，层次越低的学校兼职教师比例越高。如今，全美所有公立高校中，兼职教师占47%，而在社区大学里这个数字高达70%。与全职教师相比较，兼职教师、临时教师的权益更不能得到保证，他们得到的只是“一份仅仅支付劳动报酬的工作，而不是一种会提供稳定的工作机会、专业地位以及健康福利的职业”。

20世纪70年代后，在美国教师联合会、美国教育协会的推动下，大学教师工会发展迅速，集体谈判成为大学教师维权的重要手段。美国教育协会的大多数会员来自四年制的师范学院，在1971年就全面组织会员开展集体谈判，到1972年已经在全美的两年制学院以及四年制学院设立的代表机构分别达到了93个和31个。美国教师联合会主要在社区学院开展集体谈判，截至1972年底，美国教师联合会在全美大部分院校建立了教师工会代表机构，其中在两年制学院建立的教师工会代表机构达到37个，在四年制学院建立了7个。到1973年1月，全美250所院校成立了教师集体谈判的团体，代表75000名教师。1976年，美国教师联合会已在两年制学院建立了79个教师工会代表机构，在四年制学院建立了53个教师工会代表机构；美国教育协会在两年制学院建立了142个教师工会代表机构，在四年制学院建立了56个教师工会代表机构。争取终身聘任制权利以及民主管理权利，保障大学教师的经济、职业安全，成为教师维权、开展集体谈判的主要内容。

20世纪80年代后，美国高校教师通过工会维权陷入尴尬局面。工会化运动和集体谈判的努力，使高校教师的维权行为不再局限于学术事务，也不再局限于院校范围，而是超越象牙塔，波及劳工组织、政府部门，甚至法院。随着越来越广泛的利益主体卷入高校事务，教育领域之外的社会规则（如宪法和法律），日益成为影响和制约高等教育的重要力量，并且由于它们对高等教育的不同理解而导致高校教师的集体谈判艰难行进。这种情况，在私立院校的表现尤其突出。1980 年的叶史瓦大学（Yeshiva University）案和 1984 年的波士顿大学案就是典型代表。授权劳动者组织工会、开展集体谈判的母法主要是塔夫特·哈特里法案。该法案规定：（1）如果某人是基于公司利益而行动，因而也就是管理者的话，他将不适用于此法案；（2）唯有那些为自己的利益而工作且遭受了管理方的不公正待遇者方能受到该法的保护。当叶史瓦大学不允许教师组织工会时，全国劳动关系理事会代表教师向美国最高法院对校方提出诉讼，诉讼理由是：大学已成为一类奇特的工厂，教师基于自身利益而生产；其所生产的产品可供大学出卖，但在将教师的知识产品让售给学生时，遭到了校方的剥削；教师无权过问学校的财务和院校发展定向；教师在学术事务方面拥有自主权，但这只能表明他们捍卫自己专业利益的意志，而不能证明教师是管理者的盟友。因此，依法不能阻止教师组织工会、进行集体谈判。对于上述申诉，叶史瓦大学做出了这样的应诉：教师除了在课程改革、教学大纲、考试等学术事务方面独立自主外，还能就人事聘任、晋升乃至解雇等方面提出建议并使之落实；从教师中选拔的学院院长、系主任在院校行政中发挥了日益强大的影响力。这表明，教师对自身工作拥有强大的控制力，教师的利益通过院长、系主任的发言而与大学融为一体了。面对叶史瓦大学案，美国最高法院内部的意见并不统一，甚至出现了严重的对立。鲍威尔等法官支持叶史瓦大学的应诉理由，认为大学内部的管理是一种“从中世纪大学的学院型决策方式进化而来的”、以教师分权共治为特征的学院权力结构，“叶史瓦大学教师所操纵的权力，在其他任何环境下看来都毫无疑问是管理性的”。与鲍威尔法官相反，威廉·布伦南等法官支持教师组织工会。布伦南认为，“法院对于叶史瓦大学教师地位的上述观点被一种用以观察现代大学治理结构过分乐观的视角所歪曲了；法院所推定的教师专业利益无异于行政利益的结论，其实是基于作为中世纪大学之残余的学院式决策的理想模型，但是今日之大学已绝少类似于昨日之‘学者社群’……操作大学事业的任务已从教师转移到了独立自主的行政人员手中”。最高法院最终以 5 票反对、4 票赞成的裁决结果否决了叶史瓦大学教师组织集体谈判小组的申诉。美国属于判例法体系，1980 年叶史瓦大学案是一个“标志性”事件，它的审判结论对美国高等教育的影响很大。此后其他许多私立高校的教师在组织工会方面的法律求援大都以失败而告终。比如，1984 年波士顿大学教师的申诉被波士顿上诉法院驳回。

不过美国高校教师通过工会组织进行维权的运动从未停止，现在他们的斗争方式出现了新趋势，主要体现在政治化倾向加剧和工会的合并。教师工会组织花大量精力为立法游说：在华盛顿议会有常年专职游说团；在州里也有游说团为竞选州议会的候选人工作；在地方基层，教师团体不断加大力度支持当地学校委员会的候选人并为其竞选服务。1980 年，美国教育协会在基层的积极的工作保证了卡特战胜了肯尼迪成为民主党总统候选人。整个 90 年代，美国教育协会一直努力支持民主党进入白宫。1992 年，每一个州的美国教师联合会分支机构都任命一人协调克林顿与戈尔的总统选举，并指派 7 人游说工会成员投民主党的票。为了更有力地为教师争取权益和解决教育问题，协调各方面的观点和立场，采取共同活动增强和左右政治的力量，从 20 世纪 90 年代初起美国两个最大的教师组织开始探索合并的事宜。1994 年，美国教育协会大会的主题就是关于和其竞争对手美国教师联合会的合并。但由于一些基本观念的差异，合并并不顺利。有人认为两个组织的存在是必要的，职业组织的竞争是健康的、合理的。也有人认为这种分裂是对教师职业资源力量的浪费，只有用一个声音说话才能为教师争取最大的利益。讨论的结果是在 2000 年 9 月到 12 月间成立了美国教育协会和美国教师联合会合作组织“NEATF 合作委员会”。这是一个协商性的组织，其领导机构是“美国教育协会和美国教师联合会整体协调和咨询委员会”。为了一些基本的共同的利益，NEATF 合作委员会在一些重大议题上进行协商，有权制定共同目标并做出决定，由各自的组织分别执行。政治化和合并趋势将会对美国高校教师的维权产生新的影响，甚至对美国政坛都会产生非常深远的影响。

第六节 聘任制下高校女教职工权益保障的有效途径论析[1]

摘要：女教职工是高校重要的人力资源，身处聘任制下优胜劣汰的竞争环境，高校女教职工面临着前所未有的压力。由于权益得不到切实保障，影响了高校女教职工队伍质量的提高。针对聘任制下女教职工权益保障现状，从政府、高校、女教职工自身三方面入手，分析三方在保障女教职工合法权益中的责任，探索女教职工权益保障的有效途径。

随着我国高等教育的迅速发展与高校体制改革的不断深化，人事制度改革成为高校体制改革的重点，2000 年初，中组部、人事部、教育部联合印发了《关于深化高等学校人事制度改革的实施意见》，高校在精简机构和人员的基础上，开始进行全员聘任制和教师聘任制改革。身处高校聘任制下优胜劣汰的竞争环境，作为承载了人类自身生产和社会生产双重任务的女教职工面临着前所未有的压力。传统“男主外、女主内”的性别分工的负面影响，现实职业发展中的隐形障碍——“玻璃天花板”的无处不在，有关权益保障的法律机制不完善、法律救济途径单一，高校组织性别平等意识不足，工会维权方法陈旧、力度不足，加之聘任制带来的危机感，女教职工自身维权意识淡薄，使得高校女教职工的合法权益常在不知不觉、“自愿自觉”的情况下被侵害。由于权益得不到切实保障，使用和控制资源处于劣势，在成果、晋升、荣誉、待遇等方面遭受连环损失，挫伤了女性参与高等教育的积极性，影响了高校女教职工队伍质量的提高。

本节认为，女教职工是高校重要的人力资源。保障女教职工合法权益，

---

〔1〕 作者简介：张英，讲师，北京工业大学校两办文书机要室主任；赵凤琴，教授，北京物资学院纪委书记，工会、教代会主席；杨文锋，助理研究员，北京市顺义区胜利街道办事处副主任。

提升女教职工的职业发展空间，激励女教职工的进取心和参与学校建设的热情，是提高高校女教职工队伍质量的关键，也是高校和谐校园建设的必然要求。针对聘任制下女教职工权益保障现状，本节试从政府、高校、女教职工自身三方面入手，分析三方在保障女教职工合法权益中的主体责任，探索女教职工权益保障的有效途径。

一、政府主导：完善机制，源头维权

高校女教职工权益得以切实保障有赖于源头上的相关法律法规的完善以及相应监管体系、保障机制的建立，政府在其中负有主导责任。虽然聘任制的目标是通过政府下放管理权限，落实高校用人自主权，但由于高校和教职工之间在平等自愿基础上签订合同建立的契约关系实质上并不平等，教职工处于相对弱势的地位，因而其权益的落实需要政府通过制定并完善相关的法律制度，并辅之以对高校的依法监督等措施给予源头上的保障。

1. 消除现行法律制度盲点，确保男女实质平等

通过法律维护女教职工权益，是从根本上和源头上对其权益进行保护。要实现高校女教职工源头维权，关键是在立法活动中树立社会性别意识，真正体现男女平等的原则，与国际社会接轨。我国在保障妇女权益方面已基本上形成了以《中华人民共和国宪法》为依据，以《中华人民共和国妇女权益保障法》为主体，包括《中华人民共和国劳动法》、《女职工劳动保护规定》、《女职工禁忌劳动范围的规定》、《劳动部关于女职工生育待遇若干问题的通知》等法律法规在内的有关女性一般权益和特殊权益的法律保障体系，表明我国现阶段对性别平等的维护已有了必要的法律基础和制度保障。

然而，由于我国现行法律法规在男女平等方面仍存在盲点，如在性别平等保护方面多原则性和倡导性规定，少预防性措施和惩罚性的补救措施；多局限在基于妇女生理性别和作为弱势群体的保护，少基于社会性别的平等权利和社会地位的保护；多存在对女性过度保护的倾向，少具有保障女性权益实现的可操作性。诸多盲点使实质上的男女不平等依然存在，这也是造成我国高校女教职工相关权益得不到切实保障的制度根源。其中比较突出的是现行男女不同龄退休的政策，即规定男 60 岁，女 55 岁退休。现行

退休制度原是为保护女性而制定，但事实上不但没有保护她们的合法权益，反而限制了她们的职业发展，造成她们在工资、福利待遇等方面的连环受损，特别是对学历高、参加工作晚的高校女教师来说，比男教师提前五年退休，实际上使她们失去了五年的竞争优势，而这一年龄段的女教师正是人生经验丰富、业务已臻成熟、科研上出成果的阶段。而且此项制度也直接导致有的高校在选拔干部时，规定女性45岁或47岁以后即不再提名为候选人。类似现行退休制度的法律法规看似保护女性，实质上有失公平，成为高校女教职工发展受阻的原因之一，也是高校女教职工发展权无法切实得到保障的制度因素之一。

有鉴于此，政府应在当前社会发展水平下重新检视法律法规中隐含的传统社会性别分工的刻板印象和角色定型，尽快弥补现行法律法规中存在着的男女不平等的盲点，在立法时力争着眼于性别实质的平等，重视保障妇女享有平等的社会地位和自我发展的权利，从社会性别的角度，从现代人本主义的角度考虑女性的权益。如，制定配套的规章制度分散用人单位的压力，降低女性职工成本，从而增强女性职工竞争力，保障女性发展权的最大程度的实现。

2. 建立强化性别平等的组织机构，完善监督体系

男女平等是中国宪法的基本原则和基本国策，不仅应贯穿于中国社会主义法律体系建构的全过程，更应在实践中得到切实落实。然而，法律同时具有社会宣言和实际执行两个有所区别的功能层面，立法的推进并不等于女性平等权益就切实得到了维护和真正实现。为此，政府应尽快建立强化性别平等的有关组织机构，完善就女性权益救济、监督体系，并进一步发挥工会、妇联及其他一些妇女维权组织监督作用。此外，在政策上创造更多的女性知识分子进入社会主流的条件，适时出台向女性知识分子倾斜的优惠政策，并加大对这些政策实施的有效的社会监督力度，为保障高校女教职工得到与男性平等的发展机会营造必要的政策氛围。

二、高校主责：多种举措，过程维权

保障高校女教职工权益，高校组织负有主要责任。高校应在聘任制的实施过程中，积极回应男女平等国策，将性别视角纳入学校管理的决策、

实施、监督全过程，同时加强工会的维权力度和教代会的民主监督作用，切实做好对女教职工权益的保障工作，减少女教职工与学校的劳资冲突和人事纠纷，增强高校组织的凝聚力和女教职工群体的竞争力。

1. 加强管理中的性别意识

高校作为社会文明的发动机和策源地，作为人才密集、智力密集、信息密集的学术基地，理应承担推动男女平等、两性和谐发展的历史使命。目前，许多高校组织在管理上缺乏性别意识，在职称评定、干部任用、福利待遇等方面存在着男女不平等现象，影响了女教职工权益的实现。如在教师晋升和提干中，将女教职工的体力和心理素质等方面的弱点无限放大，将情绪化、体质弱、思维保守、缺乏魄力、优柔寡断、目光短浅等在男性身上同样存在的弱点看成是女性的特点。北京理工大学 2004 年对教学科研一线女教职工现状的调研报告中提出，42.7% 的女教职工认为学校的现行政策存在性别歧视痕迹。高校女教职工与男教职工在人数的比重上虽然逐年缩小，但弱势地位依旧明显。祝平燕等人对湖北省 16 所高校女知识分子专业发展现状的调查表明：高校知识女性发展存在“四多四少”的局面，即教学好的多，科研强的少；副教授多，正教授少；本科教师多，硕博导师少；副科、副处级干部多，正科、正处级干部少。这与高校在管理中性别意识的缺失是分不开的。

因此，高校首先应将性别意识融入决策思维，将男女平等体现在规范和科学的管理过程，既要提高决策的导向性和竞争的公正性，又要注意对女教职工给予政策上的合理的、适度的倾斜。在用与男性同样的“公开、平等、竞争、择优”的选择标准选择女性人才，充分发挥她们的能力、优势及创造性的同时，可通过提高教代会的女性参与率、提高各级领导干部中的女性比例、加强女教授团队建设等途径，逐步提高女教职工参与学校民主管理的深广度和有效度，逐步消除类似“女性晋升至副处级、副教授到顶论”的影响，逐步杜绝对女性公开或隐蔽的歧视，构建有利于高校女教职工队伍发展的长效管理机制，女教职工的权益才能得到长期的、稳定的、根本性的保障。高校可结合学校特点，建立和完善一套有利于优秀女性脱颖而出和人尽其才、才尽其用的人才培养、选拔、任用、激励机制，建立健全以知识、能力、业绩为主要指标的科学的聘期考核评价体系，为女教职工创造良好的平等发展的外部管理环境，积极构建男女平等的和谐校园氛围。如，在择优录用、竞争上岗、公开选拔、表彰优秀拔尖人才和有突出贡献的青年优秀人才时，增加过程的透明度，并合理规定女性比例不得少于一定比例，确保女教职工平等参与竞争。

2. 加强工会的维权力度

维护职工合法权益是工会组织的基本职责。高校工会女工工作是高校管理的重要部分，事关高校的凝聚力和发展力。作为维护高校女教职工权益的工会女教职工委员会应通过广泛调研、努力探索和实践，创新工作思路，积极维护女教职工的合法权益，加强维权力度。工会对女教职工权益的有效维护，使维权从事后转变为事前，可以减少女教职工权益受侵害的机会。

第一，注重源头参与。积极参与学校改革实施方案的讨论和制定，参与聘任合同的协商、起草、修改工作，把女教职工的合法权益维护在源头。可通过参加学校重要会议（如校长办公会、常委会、全委会等）的机会，把女教职工合理的意见和建议渗透到规章制度尤其是聘任合同的制定讨论中。按照《中华全国总工会贯彻国务院〈中国妇女发展纲要〉（2001—2010年）实施方案》的要求，制订和落实工会工作计划，并对现有各项规章制度进行全面的自查，凡是有与《中华人民共和国妇女权益保障法》、《中国妇女发展纲要》和《女教职工劳动保护条例》等政策相悖的内容，尽快做出修改调整。同时，可以从推行校务公开，建立监督制约机制入手，依据教代会的授权以及工会劳动法律监督工作条例的内容，对聘用合同中有关学校贯彻实施涉及女性权益的劳动法律、法规的情况的执行情况进行监督和落实。

第二，创新维权方式，转变维权重点。《中华全国总工会关于加强协调劳动关系、切实维护职工合法权益、推动构建社会主义和谐社会的决定》明确指出了当前形势下维护职工合法权益工作的基本任务，提出要维护职工的“七项权利”，维权内容更加全面。工会应在科学发展观的指引下，积极改变陈旧的维权方式，由单向维护向多元维护转变，通过教代会、校务公开、合理化建议、提案、民主评议等形式，对涉及女教职工切身利益的重大事项进行讨论，完善民主管理机制，实现维护女教职工的知情权、参与权、监督权；由解决女教职工困难向帮助女教职工提高素质、促进全面发展转变，通过组织开展女教职工业务培训、女教师基本功比赛、女教职工风采展示等，提高女教职工业务能力与业务素质，实现和扩展女教职工的学习权、发展权、健康权。

第三，加强女教职工工作的组织建设。认真贯彻《工会女教职工委员会工作条例》，健全工会组织网络，配备女教职工工作的专职干部，支持学校中各类妇女组织依法独立自主地开展工作，增强女教职工组织活力。在条件允许的情况下，积极建立女教职工法律顾问和法律知识咨询平台，为女教职工维权提供法律援助。

三、女教职工主体：转变观念，自我维权

女教职工权益的切实保障有赖于社会传统观念的转变、相关法律法规的完善、高校管理体制的改革和工会组织维权力度的增强，更有赖于女性自身观念的转变和法律素质的提高。

1. 认识自我角色，强化主体意识

女性主体意识是女性作为主体对自己在客观世界中的地位、作用和价值的自觉意识，是女性对自身价值的认可和追求的理性起点。当代最负盛名的女权主义者西蒙娜·德·波伏娃在《第二性》一书中所提出了“女人不是生成的，而是变成的”，她在书中探讨了生理学意义上的“女性”是如何一步一步按照社会的习俗和要求，变成社会学意义上的“女性”，变成屈居于男性之后的“第二性”。正是这种“第二性”的女性角色定位以及“男主外，女主内”的传统性别分工，大大降低了高校女教职工的主体意识，在面临事业与家庭双重角色的矛盾时，面对来自学校、社会和家庭的多重压力，她们容易选择放弃自身事业发展的权利，甘愿向传统家庭主妇角色回归，以男性的成功给予自身“替代成就感”，从而补偿自身事业发展权利遭受侵害造成的挫折感。在万琼华对湖南岳阳师院 276 名女教师的问卷调查中，当问及“对女性而言重要的是什么”，单选事业的女教师只有 9 人，占女教师总数的 7.2%，在多项选择中竟有 30 人未选事业，占总数的 24%。也正是这种传统性别定位，使高校女教职工在与具有同等能力的男性竞争时，甘愿处于下风。因而，为确保权益不受侵害，高校女教职工应正确认识自我角色，强化主体意识。当然，新的角色调整与主体意识的增强并不等于倡导让女性承担男性的角色，而是要打破社会性别赋予女性的“第二

性”地位和传统性别分工的界限，建立更加平等、合理、合作的性别关系。

2. 提高综合素质，增强维权能力

现代社会是知识社会，教师自身的知识不仅专深还应广博，更要不断更新，才能适应知识社会、信息时代的要求。现代社会更是法治精神高扬的社会，政府需要依法治国，高校需要依法治校，个人也应依法维权。19世纪德国法学家耶林曾指出，为权利而斗争是权利人对自己的义务，高校女教职工也应在不断进修以提升业务素质的同时，积极学习法律知识，特别是与自身密切相关的《中华人民共和国劳动法》、《中华人民共和国妇女权益保障法》、《中华人民共和国教师法》等，通过丰富法律法规知识增强自身权利与义务意识，增强法律意识，提高法律素质，以此来提升自我保障的能力。有调查显示，法律意识淡薄是影响高校女教职工发展的一个主要障碍。高校女教职工只有学法、懂法，才能知法、用法，从而更好地维护自己的合法权益。

总的来说，在聘任制下依法保护女教职工合法权益，是高校人事制度改革中的应有之义，是教育法制建设的重要任务，同时也是社会各部门要全力配合的系统工程，政府、高校组织、女教职工应各自采取相应的对策，三个方面的有效配合将为高校女教职工的权益带来多方位、多层次的保障。

第七节　试论高校教师党员民主权利保障机制的构建〔1〕

摘要：本节针对高校教师党员各项民主权利行使过程中存在的问题，从组织和个人两个层面进行了原因分析，并提出了从组织支持、动力支持和信息支持三个方面着手构建完善科学的保障机制，其中物质载体是保障党员民主权利行使的组织建设和管理制度，动因动力是保障党员行使民主权利的各种激励因素，调控方式是保障党员民主权利行使的信息支持以及沟通机制的构建。

〔1〕　作者简介：解进强，副教授，北京物资学院劳动科学与法律学院副院长。

高校是培养高素质人才的摇篮，是社会知识中心、信息中心和文化中心的有机结合。高校教师党员素质普遍比较高，思维活跃，信息量大，民主意识比较强，对民主权利也非常看重。当前，高校正承担着日益繁重的教学、科研任务，担负着培养人才的历史使命，以及参与经济建设和服务社会的重大责任。在新形势下只有不断拓宽高校党内民主的渠道，切实保障教师党员的民主权利，才能增强党员对党内事务的了解和参与，充分发挥教师党员的“主人”、“主体”、“动力”作用，促进教师党员的全面发展以及高校各项事业的可持续发展。

一、高校教师党员民主权利及其行使中存在的问题

党员民主权利指党员依据党章以及相关的党内法规的规定所享有的权利。从2004年《中国共产党党员民主权利保障条例》（以下简称《条例》）正式颁布到2007年党十七大召开，党员民主权利不断完善和落实。党员民主权利的内容包括：保障党员参加党的政策问题讨论权；保障党员参加会议权，阅读文件权和接受教育、培训权；保障党员的建议和倡议权；保障党员的批评权，揭发、检举权和提出处分、罢免或者撤换要求权；保障党员的表决权、选举权和被选举权；保障党员的申辩、作证和辩护权；保障党员的不同意见声明保留权；保障党员的请求权、申诉和控告权。[1]

近年来，在各级党组织的高度重视和正确领导下，通过高校党组织和党务工作者积极努力的探索，高校党组织更加注重发展党内民主，对党员的教育管理以及制度建设也比较规范，在保障党员民主权利方面，取得了一些可喜的成绩。但是在具体实践中，高校依然存在着许多不足之处。具体表现在以下方面。

（一）知情权行使不够充分

知情权是党员应该享有的最起码的、最基本的权利，但是党章并没有明确规定党员有知情权，往往造成行使知情权的可操作性不强。在实践中，

---

〔1〕 参见《中国共产党章程》及相关党内规章。

部分教师党员平时忙于教学和科研工作，对于一些党内重大方针、政策、指示和决议，无法做到事先知情、早知道。而领导干部的述职述廉报告等往往也不能面向全体教师党员，造成教师党员对党内事务特别是领导机关的相关事务了解较少，在处理干部人事之类学校重大事务的过程中，教师党员无法事先了解相关情况，知情渠道并没有完全畅通。

（二）参与权难以落实到位

党章赋予了党员参与党内事务的权利，但是由于党内民主渠道不够宽、中间环节多、时效性差，高校党组织往往难以为教师党员参与党内事务构架有效的渠道，参与权难以落实到位。在行使表决权方面，由于表决的范围没有明确规定，导致民主决策难以切实实行。由于种种顾虑，有些教师党员不敢发表不同意见，出现“随大流”现象，往往造成“程序民主、内容不民主”的状况。在征求意见和建议的环节，发送征求意见表的范围往往局限于中层以上干部，普通党员一方面不太了解情况，另一方面也往往不会作为被征求意见对象。

（三）选举权仍不规范

党员拥有选举权是党内民主的表现。在高校党建实践中，由于缺少足够的民主酝酿，候选人的产生往往不够民主；其次，由于一些选举基本上都是等额选举或者是差额较小的差额选举，竞争机制不充分，大大缩小甚至剥夺了选举人的选择余地，在某种程度上影响了教师党员行使选举权积极性的发挥。

（四）监督权行使乏力

有效的监督是党内民主的重要保障。但是在实践中，由于教师党员行使监督权缺少具体的监督程序和弹劾罢免制度，对于检举、揭发人也缺少具体的保护制度，对于质询制度，也没有严格的程序和具体的规定，造成教师党员的监督权往往难以实现和保障。尽管党内形成了各种各样的会议制度，但一些会议流于形式，丧失了决策、监督等方面应有的功能。

（五）检举权缺乏必要保障

党章赋予了党员揭发、检举违法乱纪党员干部的权利。但是由于保护机制不完善，党员在行使此项权利时承担着一定的风险，存在着民主权利甚至人身安全难以得到保障的现象，检举人受到侵犯的现象个别高校时有发生，而对受侵权党员保障机制也缺乏具体的程序性规定，造成检举权行使流于形式。

二、造成党员民主权利保障问题的原因

党员民主权利保障中出现的各种问题，原因是多方面的，下面主要从组织和个人两个层面进行分析。

（一）从组织层面来看

1. 高校党组织建设有待进一步健全

目前，高校党组织建设中还存在一些不容忽视的问题，有的基层党支部很难保证集中活动时间，很多支部不能保证每月一至两次的组织生活。有的党支部疏于管理，把党组织生活看成例行公事，被动应付，对党员缺乏经常性教育。一些组织生活缺乏吸引力，不能适应当前高校教师和大学生党员的思想状况与特点。此外，党支部在党员意识培养、能力增强、责任落实、评价考核、管理监督等各方面都有待加强。

2. 对教师党员民主权利认识片面，重视不够

在对待教师党员权利和义务关系方面，一些高校党组织片面强调教师党员“应尽的义务”，忽视了教师党员“应有的权利”，片面强调“权利要服从义务”，忽视了民主权利的保障。还有部分高校党组织认为自身机制运转良好，党员的民主权利基本得到了保障，对新形势下教师党员行使民主权利不够重视，对行使民主权利的保障机制缺乏深入的研究和思考，满足于现状，造成教师党员主体地位的缺失，知情权、参与权以及监督权等无法得到有效保障。

3. 党内民主制度不尽完善

尽管党章和《条例》有关党员民主权利的规定早已存在，但由于缺乏

与之配套的相应的带有刚性的规定和措施，因此执行起来有较大的不确定性。例如，由于尚未建立起完善的党内情况通报制度、重大决策征求意见及质询制度、监督评议制度等，造成党内信息上下沟通不畅，教师党员的知情权无法有效行使；又如，由于尚未建立其完善的党员民主议事制度、集体领导制度和重大决策征求意见制度以及党代会、党委会、常委会的议事规则，基层教师党员的政治参与渠道不通，教师党员参与权无法保障。

4. 党内民主氛围不浓厚

部分领导干部对教师党员的主体地位认识不足、尊重不够，在党内会议及其他党内生活中忽视教师党员的意见和建议。有些领导对“不同意见的党员”还持有抵触和反对情绪，由此破坏了党内民主氛围，造成广大教师党员在党内政治生活中的被动局面。[1]

5. 宣传教育不够

部分高校党组织对教师党员行使民主权利缺乏深入的研究和思考，还存在着空洞宣传的问题，往往在抽象原则层面上谈论党员权利，而对党员权利的具体内容、实现途径、实现方式的宣传教育较少，不自觉地淡化了保障党员权利的观念。

（二）从党员个人层面来看

从党员个人层面来看，党员的主体性作用无法发挥，具体体现在以下方面。

1. 民主意识和责任意识不强

不少教师党员对自身在党内的主体地位认识不够，认为高校教师的主要任务是做好教学、科研工作，其他事情与己无关，党员民主意识淡薄，政治参与意识较低。还有一些教师党员的民主平等意识匮乏，顺从、依赖、附和心理比较严重；在各级党的会议和活动中，“不敢讲话”、“不讲真话”的尴尬局面依然存在；一些教师党员行使自己民主权利的意愿不强，还是抱着“事不关己、高高挂起”的态度，对于党内违规违纪的行为不闻不问。

---

〔1〕 邸乘光，等. 关于机关党内民主建设的调查与思考［J］. 咨政，2010（12）.

2. 缺乏思想动力

由于受到各种不良思想的影响，一些教师党员无视行使民主权利对发展党内民主、加强党的建设的重大意义，认为发展党内民主、全面推进党的建设的伟大工程与一个普通党员距离比较远。不少教师党员由于缺少价值引导和思想动力，在行使民主权利的过程中使命感较低，没有形成保障自己民主权利的习惯，很难将推进党内民主建设视作一种价值理念，自愿为其发展而进行不懈的努力。[1]

三、构建高校教师党员民主权利保障机制

根据系统理论，构成运动系统的三要素是物质、能量和信息，决定运动系统方式的就是物质（载体）结构、动因动力、调控因素三种要素，而机制就是决定某种系统运动方式的物质载体、动因动力及其调控方式。[2]因

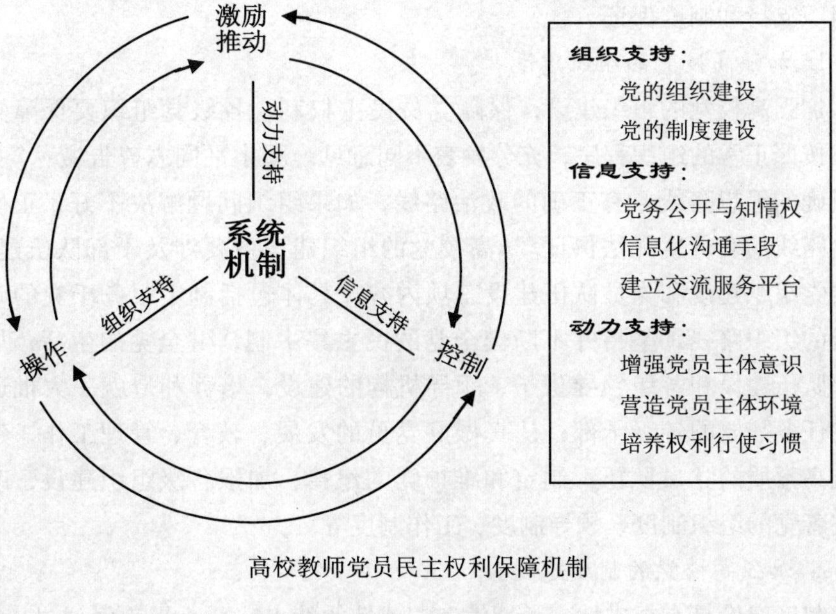

高校教师党员民主权利保障机制

---

〔1〕 刘彦昌．党内基层民主建设的推进动力分析［J］．中共宁波市委党校学报，2010(4):50－55.

〔2〕 黄津孚．现代企业管理原理［M］．北京：首都经贸大学出版社，2002:50.

此，为了保障高校教师党员各项民主权利的有效行使，必须从物质载体、动因动力和调控方式三个方面着手构建完善而科学的保障机制。其中物质载体，即组织支持，是保障党员民主权利行使所依赖的组织结构和管理制度，如基层党组织建设、制度规范等；动因动力，即动力支持，是保障党员行使民主权利的各种内在激励因素和外在激励因素，如党员的主体意识、民主意识、行使民主权利的动因动力等；调控方式，即信息支持，是保障党员民主权利行使的信息支持以及沟通机制的构建，如保障党员知情权、推进党务公开等。

（一）高校教师党员行使民主权利的组织支持

党组织是党员开展活动、发挥作用的载体。因此，保障党员权利，发挥党组织的作用是根本要求，也是必然选择。没有高校党组织对保障党员民主权利的正确认识，保障党员民主权利只能是一句空话。因此，必须进一步加强高校党的组织建设，为保障高校教师党员民主权利的有效行使提供组织支持和制度保证。

1. 加强高校党的组织建设

加强高校党的组织建设，保障党员民主权利，各级党组织要保障党员能够按照正常的组织程序，充分发表不同意见。邓小平同志曾告诫：“我们有正确的思想路线，有正确的政治路线，如果组织问题解决不好，正确的政治路线的实行就无法保证。”高校党的组织建设主要涉及干部队伍建设、基层党组织建设和党员队伍建设三项内容，具体包括制定服务于党的政治路线的组织路线，坚持并不断健全党的民主集中制，健全党的生活；加强干部队伍建设和各级领导班子、领导机构的建设，培养和造就一大批适应党的任务需要的各级干部；认真做好党员的发展、教育、管理工作，建设一支高素质的党员队伍；制定和维护党的纪律；加强各级组织建设，改革和完善党的组织制度、领导制度、工作制度等。

2. 加强高校党的制度建设

制度建设具有根本性、长期性和权威性的特点。邓小平曾经说过：“我们过去发生的各种错误，固然与某些领导人的思想、作风有关，但是组织制度、工作制度方面的问题更重要。这些方面的制度好可以使坏人无法任意横行，制度不好可以使好人无法充分做好事，甚至会走向反面。”[1]因此，党内民主制度建设对于保障党员民主权利有十分重要的意义。

高校党委应以保障党员民主权利为基础，从改革体制机制入手，建立健全充分反映党员和党组织意愿的党内民主制度，不断完善党的领导制度和工作机制。坚持和健全集体领导和个人分工负责相结合的制度。按照集体领导、民主集中、个别酝酿、会议决定的原则，完善党委内部的议事和决策机制，进一步发挥党委全体会议的作用，健全党委常委会的决策程序。

构建规范的党员参与程序，保障高校教师党员的参与权。参与权是党员当家做主的重要表现。党章和相关党内规章赋予了党员参与党内事务的权利，但是对于党员参与的深度和广度、参与的时间和方式等都没有明确的规范。因此，必须重构党员参与程序，形成问题咨询程序、意见征询程序、民主决策程序等参与规程。

尚未实行党代会选举制的高校，要尽快实施，使得广大党员的意志得到真正体现；改革和完善候选人提名制度，更多听取广大党员的意见，真正把组织的意图和广大普通党员的意愿有机结合起来，不使选举制流于形式；逐步尝试直接选举制。严格执行党总支和党支部的换届选举制度。党总支和党支部的选举要严格按照《中国共产党章程》规定和有关党内选举办法执行。明确议程，制定选举办法，通过差额选举和实行无记名投票表决等方式进行，使选举程序民主又规范，组织部门要加强指导和监督。

为了确保高校教师党员真正行使监督的权利，应建立党员问责制度、领导干部述职述廉制度、重大事项决策听证制度。党员问责制度是由质询制度、弹劾制度和罢免制度等制度形成的一个制度体系。在这种制度下，党员代表或者党员干部应该定期向党员或者党员代表汇报工作，接受党员或者党员代表就有关问题提出的质询。目前，大部分高校的述职述廉制度，都建立中层干部和正高级职称人员基础上，应适当吸收和扩大普通党员参加；述职述廉制度由校领导向中层干部延伸，使不同层面的干部自觉接受党员的监督。涉及学校改革、发展的重大事项的决策，可邀请普通党员和有关专业人士进行听证，使党委的决策更加民主、更加科学。

---

[1] 中共中央文献编辑委员会．邓小平文选：第2卷［M］．北京：人民出版社，1994：333.

（二）高校教师党员行使民主权利的动力支持

1. 增强党员行使民主权利的主体意识

要建立有效的党员民主权利保障机制，就必须培养党员干部和党员群众的党员民主权利保障主体意识，激发党员维护党员民主权利的热情，自觉维护和行使党章以及党内其他规章赋予的权利。在新形势下，有必要通过加强干部党员民主权利主体意识教育，使广大干部党员尤其要懂得尊重党员主体地位的重要意义，树立党员民主权利主体地位的观念，“还权”于党员，主动征求党员意见，甘愿接受党员监督。

2. 营造党员主体地位的实现环境

胡锦涛总书记指出：“要继续积极稳妥、扎实有效地推进党内民主建设，坚持民主集中制，坚持党员主体地位，完善党内民主制度，使党内民主意识普遍增强、党内民主制度不断健全、党的创造活力充分发挥”。[1] 党员民主权利主体意识需要具备一定的条件，才能由理论变为现实。因此，必须改变广大党员在党内政治生活和社会生活中的被动局面，结合高校实际，推进党务公开，营造党内民主讨论的环境，鼓励党员投身于党的事业。将党员享有的权利和履行的义务具体化，使其具有可操作性，使党员真正体会到自己的民主权利主体地位。

3. 激发党员行使民主权利的动力

目前，有必要以灌输的方式对党员进行中国特色马克思主义民主理论教育，在提高党员民主权利主体意识的同时，要加强保障党员民主权利的实践，培养党员的维权意识和习惯。同时，鼓励党员主动维权。通过宣传和教育的手段，向党员灌输维权思想，宣讲党员维权的意义，使党员珍视自己的民主权利；采取物质奖励与精神鼓励相结合的方式，激励党员群众举报侵害党员民主权利的行为；成立党员民主权利维权救济机构，提供党员维权救济；正视党员维权的现象，为党员群众维权提供必要的条件和便利。

---

〔1〕 参见胡锦涛2007年6月25日《高举中国特色社会主义伟大旗帜，为夺取全面建设小康社会新胜利而奋斗——在中国共产党第十七次全国代表大会上的报告》。

（三）高校教师党员行使民主权利的信息支持

1. 推进党务公开，保障党员知情权

知情权是保障党员的最基本权利。江泽民指出："要切实保障党员的民主权利，拓宽党内民主渠道，加强党对党内事务的了解和参与。"[1] 胡锦涛在中国共产党第十七次全国代表大会上的报告中指出："尊重党员主体地位，保障党员民主权利，推进党务公开，营造党内民主讨论环境。"知情权也是党员行使民主权利的前提和基础。没有对党内事务的"知"，就不可能对党内事务进行"议"，也不可能对党内干部落实"选"，更不可能对党内事务实现"监"，当然也就不会对侵犯当然权利出现"诉"了。

高校党委必须将党员作为程序建设的首要一环，形成传达程序、通报程序、告知程序、公示程序等程序。具体包括：建立上级会议精神传达制度，规范传达的内容、时间、方式、范围和达到的效果。要把党的方针、政策、决议、指示，通过会议和阅读文件等渠道及时传达到下级党组织和广大党员，不得以"保密"为借口剥夺党员的知情权。尤其是一些会议精神需要党员及时知道和领会，以便迅速加以落实。这就要求党组织在传达有关文件的同时，提供相关的背景资料或加以辅导，以帮助党员正确把握上级会议的精神实质；完善所属组织情况通报制度，将定期通报和临时通报相结合，确保党员及时了解党组织研究决定的重大问题和涉及党员切身利益的问题；完善党内重大事项公示制度。必须对党内重要人事任免实行任前公示制度，对党内重大决策和关系党员切身利益的事项实行事前告知制度。只要不涉及党的秘密，从程序到结果都必须最大限度地向党员公开，使党员充分获得和了解相关的党内信息；建立有关的议事规则。凡属党内重大事务，应该先交广大党员充分酝酿和讨论。党组织开会做报告，应事先在党员中广泛而充分地征求意见，集中各方面的智慧。

2. 充分运用信息手段，完善党内信息沟通机制

现代社会是信息社会，信息社会一定要用现代化的快捷、便利的手段来保障党员的权利。借助信息沟通工具，建立多元化的信息沟通渠道，完善党内信息上下快速传递的沟通机制，增强各个信息传递渠道的相对独立

---

[1] 江泽民．江泽民文选：第3卷［M］．北京：人民出版社，2006：287.

性，形成一个既相互独立又相互统一的纵横交错、四通八达的信息沟通网络，不仅有利于上级党组织能够从各个独立的信息渠道直接了解信息，并使政策指令信息和政策效果信息不走同一条传递渠道，而且有利于提高上级党组织收到的社会信息的真实性。

结合当前校园信息网络建设情况，除了党建网络服务以外，建立党员手机短信发送系统，向一般党员发送党内的有关信息，让他们及时了解和掌握上级党组织和学校党组织的方针、政策及党务信息，这是落实知情权的有效载体。

3. 健全党内激励、关怀、帮扶机制，构建党员交流服务平台

党的十七大提出要建立健全党内激励、关怀、帮扶机制。因为，没有完善的党内激励、关怀、帮扶机制，就没有党内的有效沟通，从实质上保障党员权利也就无从谈起。因此，高校党组织应着眼于建立动态管理机制，通过开展健康有益的交流活动，不断增强党员的归属感；建立健全联动帮扶机制，努力促成高校党组织、教师党员和普通群众的良性互动。这样可以使广大党员时刻感受党的温暖，在增强党组织的凝聚力和向心力的同时，激发广大党员的热情，履行党员职责和权利，在各自的工作岗位上发挥先锋模范作用，为学校的发展奉献出光和热。

第八节　教职工服务平台：工会维权的新机制与新方法[1]

建设教职工服务平台是华北电力大学工会为贯彻落实中国工会十五大精神，努力构建服务型工会而在2009年开始的探索性工作，经过两年多的全力推进，该项工作取得了可喜进展，对创新工会工作理念、工作模式与方法起到积极作用，为推动维权服务升级迈出了坚实的一步。

---

[1]　作者简介：王玲，教授，华北电力大学工会常务副主席。

一、教职工服务平台的提出

随着高校的快速发展，教职工维权需求显现复杂化、多样性、艰巨性的趋势，工会的维权工作遇到资源少财力弱求人难、解决复杂问题有心无力的瓶颈。如何破解维权瓶颈，更好地履行工会的维权职责，是我们需要探索和解决的问题。

依据北京市总工会《关于建设三级服务体系的实施方案》，结合高校维权服务特点，华北电力大学工会提出了建设教职工服务体系的设想。教职工服务体系的工作体制确定为教职工服务委员会。教职工服务委员会的主任由校工会主席（党委副书记）担任，成员由工会、党校办、宣传部、人事处、财务处、后勤资产处、教务处、科技处、校医院、体育部、艺术教育中心等与教职工相关的部门组成。教职工服务委员会在学校党政领导下，在校工会委员会的具体指导下开展工作。

教职工服务委员会是一个新型的教职工服务平台，它可以有效地整合资源，通过多方联合的“一站式”服务，解决一家难以独立解决的问题。因此，它是工会“借势借力”做好维权服务的新载体，是创新工作思路、体制机制、工作方式，建设服务型工会的重要举措和有益探索。从工会角度，把这个教职工服务平台建设好，让它发挥聚力、聚财、聚气的凝聚作用，使维权服务升级有载体、有资源、有渠道、有财力保障。工会以教职工服务委员会为新的工作载体，有利于进一步发挥自身优势，积极履行和扩充服务职能，更好地参与学校建设，在维护职工权益、协调劳动关系、推进和谐校园建设中发挥更大作用；有利于工会拓宽工作领域，充分利用各种资源，提高服务能力，提升工作质量和工作水平；有利于进一步打牢工会组织基础，推动工会组建、发展会员方式和维权机制创新，扩大工会组织覆盖面；有利于工会改进工作作风，深入基层、贴近教职工，不断增强工会的吸引力、凝聚力、影响力。

二、教职工服务平台的建设

教职工服务平台建设是工会在学校党政领导下，整合全校服务资源和力量的一种新型工作模式的探索，因而需要得到学校党政的认同和支持，需要学校各部门的协作与配合，需要教职工的广泛参与，更需要工会干部进一步解放思想，紧紧围绕理念创新、机制创新和服务方式创新而大胆尝试。从2010年起，华北电力大学工会从五个方面进行服务平台建设，探索维权服务的工作模式创新，整体推进教职工服务体系建设工作。

1. 党委发文，明确教职工服务平台的地位和作用

2010年1月党委发布了《关于加强和改进学校工会工作的意见》（华电党发〔2010〕2号），文件中明确提出要建设教职工服务体系，指出“教职工服务体系是新时期工会工作的新载体。建设教职工服务体系是工会适应学校发展形势和教职工队伍发展变化，创新工作思路、体制机制、工作方式，建设服务型工会的重要举措和有益探索。”党委文件确定了服务体系建设的“合法”地位，这就是构建平台的依据。紧接着工会发布了《关于建设教职工服务体系的实施意见》（华电工发〔2010〕5号），文件中明确阐述了教职工服务体系的意义、目标与任务、工作体制与运行机制、实施步骤，由此给出了教职工服务委员会是教职工服务体系的工作体制和载体，是为教职工服务的新平台。如何建设好这个平台并让它发挥应有的作用，是当年工会工作的重点。

2. 广泛征求意见，每年重点解决一个热点问题

按照《关于建设教职工服务体系的实施意见》（华电工发〔2010〕5号）精神，华北电力大学工会按服务内容将服务委员会分成六个项目组，每个项目组确定有牵头单位，按照任务要求开展工作。除此之外，服务委员会还要每年重点解决一个教职工最迫切、最急需的热点问题。如何确定这个重点问题？华北电力大学工会采用“分工会征求、校工会汇总教职工意见”作为热点难点问题的信息来源渠道。具体做法是：每年3月的学期初，由各分工会广泛征求教职工的意见和建议，上报校工会，再由校工会将这些意见分门别类的整理，排出最热门的一类意见作为今年的重点服务项目。

3. 整合资源，以项目组方式开展工作

华北电力大学工会通过教职工服务委员会工作会议部署全年的工作任务。把十多个成员单位分成“民主管理”、队伍建设、送温暖、关爱人才、校园文体活动、和谐劳动关系项目建设组，每个组都要制订计划，开展工

作，六个项目组基本覆盖了为教职服务的主要内容。

（1）民主管理项目组。党校办、组织部、校工会共同组织召开校教代会及教代会评议校级领导干部。

（2）队伍建设项目组。由校工会、人事处、宣传部共同创建了“教师成长论坛”，并举办了题为“如何做好教学与科研工作”的首次论坛。此外，还开展新教师岗前培训，举办师德教育、业务培训、科研交流、教师节座谈会等。

（3）送温暖项目组。与党校办、女职工委员会、女教授协会联合举办多种活动，为女职工送快乐、为青年教工解难题、为困难职工送温暖、与校医院联合搞健康讲座。

（4）关爱人才项目组。与组织部、人事处、宣传部、党校办联合举办获奖教师座谈会、引进人才茶话会、慰问劳模、女教授沙龙，开展“三育人”和“巾帼之星”评比等活动。

（5）校园文体活动项目组。与宣传部、艺术教育中心、体育教学部等联合组织学校的艺术节、体育节、运动会、联欢会、新春茶话会等。

（6）劳动关系项目组。与人事处一起就工资改革方案听取教职工代表的意见、调解外聘员工加班费争议等。

4. 服务套餐为教职工提供多样化可选择的服务

华北电力大学工会在建设教职工服务平台的过程中，把六个子项目的建设成果打包成“服务套餐”，如民生套餐、体育套餐，养生套餐、教育套餐等，为教职工提供多样化可选择的服务，让教职工眼见为实、亲身感受高质量的服务。

（1）民生套餐。该套餐包括：理财讲座、团购房子、互助保险、汽车保养，子女入学讲座、高考志愿填报咨询，子女出国留学经验介绍会，网上生活窍门攻略（工会网站）。

（2）体育套餐。该套餐包括：五个杯赛（全校性比赛），体育协会活动（爱好者参与）、运动会表演（广泛参与和集体展示），网上健身室（工会网站）。

（3）养生套餐。该套餐包括：健康与美容讲座，养生协会活动（爱好者参与），健身舞、舞蹈、合唱等表演（广泛参与与展示），网上养生讲堂（工会网站）。

5. 以“主题沙龙”验收项目完成情况

为了督促、检查、展示各个项目工作进度，同时让广大教职工了解服务委员会的工作情况，华北电力大学工会在年底召开“提案与服务”主题沙龙。主题沙龙由校工会主持，邀请8个职能处室主要负责人作为嘉宾，30多名来自各代表团的教代会代表和会员代表作为来宾，大家就“服务与提案”的内容进行交流。首先由重点服务项目组牵头单位汇报项目完成情况，然后重点项目组成员现场回答教职工提出的相关问题，会议开得热烈，会场气氛轻松愉快，收到“验收项目、沟通情况、交流思想、促进工作”的效果。

三、教职工服务平台的建设成效与体会

1. 教职工服务平台使工会争取到更多的资源手段

北京市总工会在《关于贯彻落实〈中共北京市委关于加强和改进工会工作的意见〉实施方案的通知》（京工发〔2009〕34号）指出：“工会要加强资源整合，从职工群众和基层的实际需求出发，主动争取党的领导和政府（行政）的政策和资金支持，将更多的资源和手段用于重点工作的推进，为基层开展工作创造条件。”工会通过教职工服务平台建设，可以主动争取学校党政的支持，可以将学校各相关部门的资源用于为教职工服务，可以通过“一站式办公”，集中优势攻难关，可以为工会维权服务的升级创造条件。所以说，教职工服务平台建设是落实把“更多的资源赋予工会”的一种尝试。

2. 教职工服务平台是工会实施“工作创新、服务升级”的新载体

为教职工服务的问题往往涉及面广、牵涉问题多，工会常常有心无力，职能部门也有力不从心的苦衷。华北电力大学工会充分利用教职工服务委员会这个服务平台，发挥“一站式办公和多部门协同工作”的作用，聚集权利、人力和财力，共同解决难题，在建设教职工服务平台的过程中，把六个子项目的建设成果打包成“服务套餐”，如民生套餐、体育套餐，养生套餐、教育套餐等，为教职工提供多样化可选择的服务，让教职工眼见为实、亲身感受高质量的服务，使维权服务升级成为现实。

教职工服务委员会创新了工会服务载体，工会通过这个载体，摆脱了

以往工会维权服务四处“求人”的尴尬处境，同时还为职能部门做好服务创造了条件。

3. 教职工服务平台是实现三方共赢的新机制

教职工服务体系建设能够满足教师多层次、多样化的服务需求，让教师队伍稳定、舒畅、健康，以更好地承担起建设高水平大学的重任，这是学校所期望的；它构筑了让工会融入学校主流工作的渠道，使工会服务中心、服务大局的方针得以充分体现；教职工服务平台能够表达学校对教职工的关心和期望、能够有利于职能部门提高管理和服务水平、能够扩充工会的服务领域和提高服务能力，因此通过它，可以使学校、职能部门、工会在为教职工服务方面取得共赢效果。

第九节　高校工会维护教职工政治权益路径初探[1]

摘要：高等学校中全面推行聘任（聘用）制，学校和教职工在平等自愿的基础上，通过签订聘用（聘任）合同，确立受法律保护的人事关系。随之，高校劳动关系、利益关系的契约化初见端倪，劳动争议矛盾等新问题也相继出现。如何在劳动关系矛盾中切实维护处于相对弱势地位的教职工的合法权益，是工会维权中面临的亟待解决的问题。工会作为党领导的工人阶级群众组织，肩负着维护职工群众合法权益的基本职责。高校工会的主要职能之一就是维护教职工的权益。职工合法权益的基本内涵为：职工的经济利益、政治利益、精神文化权益和社会利益。但是，高校与企业及社会上其他组织不同，高校教职工具有知识层次高、民

〔1〕 作者简介：杨文锋，助理研究员，北京市顺义区胜利街道办主任；赵凤琴，教授，北京物资学院纪委书记，工会、教代会主席；余立，副研究员，北京工业大学校两办副主任；冯爱玲，讲师，北京工业大学校两办法治法规室主任；张英，讲师，北京工业大学校两办文书机要室主任。

主意识强的特点。本节重点阐述三个方面的问题：第一，高校劳动关系契约化背景下，工会维权的内容分析；第二，工会发挥职工政治权益保护职能制度保障；第三，工会发挥职工权益保护职能的重要基础。

工会组织发挥着党联系职工群众的桥梁和纽带作用，肩负着维护、建设、参与、教育四项社会职能。高校工会组织在当前更加开放的经济社会环境中，维护教职工合法权益的问题显得尤为重要。新形势下如何维护教职工合法权益成为重要的研究课题。高校与企业及社会上其他组织不同。高校教职工具有知识层次高、民主意识强的特点，如何构建能够充分发挥工会维权职能，保障职工民主管理、民主决策、民主监督权利的落实的制度与机制，维护教职工的政治权益，是建立现代大学制度的重要组成部分。

一、高校劳动关系契约化背景下工会维权的内容分析

上世纪90年代，高等学校进行了人事制度改革，全面推行聘任（聘用）制，学校和教职工在平等自愿的基础上，通过签订聘用（聘任）合同，确立受法律保护的人事关系。随着进一步深入校内管理体制改革，学校与教职工利益关系的契约化初见端倪。

高校工会的主要职能之一就是维护教职工的权益。维护职工合法权益的内涵就是维护职工的经济利益、政治利益、精神文化权益和社会利益。维护教职工的经济权益，是指具体的企事业单位的经济效益、分配原则的制定，包括职工群众有享受劳动、工作、休息的权利，有享受参与工资奖金和津贴分配的权利，有享受集体福利设施、医疗保险、社会保障的权利等。维护教职工的政治权益，主要是指维护教职工的民主权利。在市场经济条件下，出现了经济关系多元化，劳动关系复杂化的情况，但是，不论经济关系和劳动关系如何变化，都不能改变工人阶级主人翁的地位，都不能削弱教职工的民主权利。维护教职工的精神文化权益，主要是指保障教职工的学习权、发展权。[1]

---

〔1〕 孔繁青．高校工会与教职工权益保护［J］．教书育人，2008（7）:20－22.

二、工会发挥职工政治权益保护的制度保障

随着高等教育体制改革的推进，高校的管理也必须从传统的经验决策向现代民主科学决策转变。为此尽快建立健全科学合理的高等学校治理形式，不断健全教职工代表大会制度，积极推行校务公开，构建以教职工代表大会制度为核心的民主监督机制，规范学校内部权力运行，确保广大教职工充分享有知情权、参与权、选择权和监督权，显得尤为迫切重要，而这些制度的建立健全无疑将为教职工政治权益的保障提供强有力的法理基础，从而有效防止了决策失误、行为失范和权力失控。

工会作为教代会的工作机构，在组织教职工参与学校民主管理过程中具有特殊的地位和领军的作用。为此，工会有必要积极推动建立教代会代表列席学校重大决策性会议的制度，使广大教职员工参与学校重大事项的研究和决策以及改革方案的讨论和制定。工会必须积极参与学校中长期发展战略和重大事项的研究和决策，特别是要参与人事制度改革方案以及关系到教职工整体利益、长远利益和根本利益等改革方案的决策与制定，从源头上加大维权的力度，并把工作的重心放在源头参与上。工会应当密切注视改革特别是分配制度改革中出现的新情况、新问题，准确把握改革的力度和教职工的承受能力，充分反映广大教职工群众的意见和合理要求，把教职工的合法权益维护在源头、体现在改革方案和具体决策中。同时工会要加强教代会闭会期间的日常工作的力度，检查监督教代会决议和提案的落实情况，把民主监督工作持久化。唯有如此，才有可能为教职工的政治权益保障提供实践基础。

三、工会发挥教职工政治权益保护的重要基础

工会工作在高校整体工作中总体上处于服务和保障的从属地位，因此，工会要有效保障教职工政治权益，就必须积极协调各方面的关系，配合高校的党政工作的开展和进行。

1. *加强沟通，在凝聚人心中促进科学发展*

工会要把贯彻落实学校党委和学校行政的治校策略与广大教职工的切

身利益和美好愿望高度地结合在一起，形成推动学校建设、改革、发展、迈进的强大向心力和凝聚力。工会组织是团体法人，并具有独立承担民事责任的能力与义务，可以在学校党委的领导下，依法独立自主地开展工作。工会要组织广大教职工积极参与学校的民主决策、民主管理与民主监督工作，努力把工会建设成一个既能让广大教职工积极踊跃参与学校民主政治建设、又能让广大教职工信得过用得上靠得住的团体组织[1]。

2. 加强组织建设，建立健全依法维权的机制

工会要把维权工作纳入规范、制度和法制的轨道，做到主动维权、依法维权、科学维权。一是积极探索实行新的工会组织体制，工会主席要真正做到民主选举，民主选举后由上级工会任命，当选的工会主席、副主席要对全体会员和会员代表负责，接受他们监督，同时也受本单位党委的监督；二是建立健全教职工依法保护自我权益的机制，在教职工中深入开展普法教育，使其更多地了解和掌握法律，学会运用法律武器依法维护自身的合法权益；三是推动建立、完善学校领导干部的法律约束机制、权力制衡机制和制约监督机制，这是保护教职工合法权益的重要环节；四是依法建立和完善维护教职工合法权益的“两代会”制度，并把保障教职工当家做主的民主政治权益与精神文化权益的有效机制作为重点工作来抓，依法建会，依法治会，依法维权[2]。

3. 加强工会干部队伍建设，提高工会干部政治、专业素质

维护教职工合法权益是一项错综复杂、难度很大的工作，工会干部没有较高的素质，就干不好这项工作。一是工会干部要提高政治思想素质。维护教职工合法权益要担一定风险，可能会触动某些官僚主义者或以权谋私者的利益，招致训斥、压制和打击。因此，工会干部有较高的思想素质，树立全心全意为人民服务的思想，具有奉献精神，大公无私，这是工会搞好工作的前提。二是工会干部要增强法制观念，提高政策水平。维护教职工政治权益关键在“合法”。工会所维护的是合法、合理、符合政策要求的

---

〔1〕 王德广，郭穗．新时期高校工会维权现状与维权策略研究［J］．国家教育行政学院学报，2008（1）:65－68.

〔2〕 李晋靖．高校工会依法维权存在问题及对策［J］．浙江工商职业技术学院学报，2008（6）.

利益，对于不合法、不合理、不符合政策的要求，非但不能维护，还要批评帮助，说服教育，这就要求工会干部必须法制观念要强，政策水平要高，遇到问题能够分清是非。三是工会干部应当加强对高校工会维权工作理论的学习与研究。通过理论学习和研究，进一步探索和把握社会主义市场经济条件下工会工作的特点与规律，增强工会维权工作的预见性、主动性，指导和推动维权实践。四是应当加大对工会干部的教育培训力度，努力把更多工会干部培养成为熟悉法律、经济、管理等方面的专门人才；建设专兼聘相结合的工会工作者队伍，多渠道地选拔、储存、使用工会各类人才。

参考文献

[1] 毕宪顺．高等学校的民主监督与权力制约［J］，教育研究，2009（1）．

[2] 克拉克．高等教育系统——学术组织的跨国研究［M］．王承绪，等译．杭州：杭州大学出版社，1994

[3] 蔡本睿．工会理论与实践探索［M］．北京：北京理工大学出版社，2007．

[4] 陈珺媚，陈益杰．浅析我国的劳务派遣制度［J］．法制与社会，2010（7）：62．

[5] 陈爽，聘任制条件下高校教师权益保护的对策［J］．黑龙江高教研究，2011（9）．

[6] 陈永明，大学教师任期制的国际比较［J］．比较教育研究，1999（1）．

[7] 丁虎．聘任制下高职院校教师权益保障现状及其对策［D］．苏州大学，2008．

[8] 方文，章淅根．高校工会维权职能发挥的困境及机制创新［J］．重庆行政：公共论坛，2009（5）：106－108．

[9] 谷爱仙．影响高校女职工发展的障碍与对策——高校女性维权情况调查［J］．陕西师范大学学报：哲学社会科学版，2003（5）：257．

[10] 贺国庆，等．外国高等教育史［M］．北京：人民出版社，2003：200．

[11] 何金城．工会基础理论概论［M］．北京：中国工人出版社，2006．

[12] 贺麟．学术与政治［C］//杨东平．大学精神．沈阳：辽海出版

社. 2001.
[13] 黄凤志. 信息革命与当代国际关系 [M]. 长春: 吉林大学出版社, 2005.
[14] 李德志. 当代中国公共部门人力资源管理与开发 [M]. 北京: 科学出版社, 2004.
[15] 李靖. 管理心理学 [M]. 北京: 科学出版社, 2006.
[16] 李晓燕. 我国教师的权利和义务及其实现保障机制研究 [M]. 广州: 广东教育出版社, 2001.
[17] 李雪贞. 建设与重构: 破解事业单位劳务派遣员工劳动权益保障困境 [J]. 生产力研究, 2010: 156-158.
[18] 刘元文. 职工民主管理理论与实践 [M]. 北京: 中国劳动社会保障出版社, 2007.
[19] 娄万成, 史万兵. 研究型大学管理模式研究 [M]. 北京: 高等教育出版社, 2005.
[20] 马琳. 论当前我国的高校教师聘任制 [D]. 华中科技大学, 2007.
[21] 马陆亭, 范文曜. 我国现代大学制度的建设框架 [J]. 国家教育行政学院学报, 2009 (5): 37-43.
[22] 马三津. 美国高校教师聘任制的研究与启示 [J]. 天津商学院学报, 2006 (5): 65-67.
[23] 彭列汉. 高校工会维权困境与对策思考 [J]. 学理论, 2010 (29): 267-269.
[24] 钱理群, 高远东. 中国大学的问题与改革 [M]. 天津: 天津人民出版社, 2003.
[25] 任初明, 罗之勇. 论教师聘任制优势发挥的条件 [J]. 河池学院学报: 哲学社会科学版, 2006 (2): 122-124.
[26] 孙玲, 秦美从. 劳务派遣工合法权益的维护问题 [J]. 天津市工会管理干部学院学报, 2010 (3): 39-41.
[27] 汤雪峰. 如何有效开展高校工会的维权职能 [J]. 安顺学院学报, 2010 (5): 77-79.
[28] 田成刚, 中外高校师资聘任制度比较研究 [J]. 历史教学问题,

2001 (4): 37 -39.

[29] 万琼华. 试论高校女教师的进取意识 [J]. 湖南社会科学，2002 (3): 131.

[30] 王丽洁. 劳务派遣工地位及权益保护问题探讨 [J]. 理论界，2010 (6): 73 -74.

[31] 王娜. 再论新时期高校工会的维权职能 [J]. 工会论坛，2010 (1).

[32] 王丹. 当前形势下高校教师聘任制的改革与发展研究 [D]. 武汉理工大学，2006.

[33] 中华全国总工会. 工会职工民主管理工作概论 [M]. 北京：中国工人出版社，2006.

[34] 尉健行. 工会的基本职责 [M]. 北京：中国工人出版社，2009.

[35] 蔡本睿，王丽静，刘俊. 工会理论与实践探索 [M]. 北京：北京理工大学出版社，2007.

[36] 北京市教育工会调研组. 北京高校非事业编制职工入会及维权状况的调查报告 [J]. 中国教工，2006 (7): 6 -13.

附　录

中华人民共和国劳动法

（1994 年 7 月 5 日第八届全国人民代表大会常务委员会第八次会议通过）

第一章　总　　则

第一条　为了保护劳动者的合法权益，调整劳动关系，建立和维护适应社会主义市场经济的劳动制度，促进经济发展和社会进步，根据宪法，制定本法。

第二条 在中华人民共和国境内的企业、个体经济组织（以下统称用人单位）和与之形成劳动关系的劳动者，适用本法。

国家机关、事业组织、社会团体和与之建立劳动合同关系的劳动者，依照本法执行。

第三条 劳动者享有平等就业和选择职业的权利、取得劳动报酬的权利、休息休假的权利、获得劳动安全卫生保护的权利、接受职业技能培训的权利、享受社会保险和福利的权利、提请劳动争议处理的权利以及法律规定的其他劳动权利。

劳动者应当完成劳动任务，提高职业技能，执行劳动安全卫生规程，遵守劳动纪律和职业道德。

第四条 用人单位应当依法建立和完善规章制度，保障劳动者享有劳动权利和履行劳动义务。

第五条 国家采取各种措施，促进劳动就业，发展职业教育，制定劳动标准，调节社会收入，完善社会保险，协调劳动关系，逐步提高劳动者的生活水平。

第六条 国家提倡劳动者参加社会义务劳动，开展劳动竞赛和合理化建议活动，鼓励和保护劳动者进行科学研究、技术革新和发明创造，表彰和奖励劳动模范和先进工作者。

第七条 劳动者有权依法参加和组织工会。

工会代表和维护劳动者的合法权益，依法独立自主地开展活动。

第八条 劳动者依照法律规定，通过职工大会、职工代表大会或者其他形式，参与民主管理或者就保护劳动者合法权益与用人单位进行平等协商。

第九条 国务院劳动行政部门主管全国劳动工作。

县级以上地方人民政府劳动行政部门主管本行政区域内的劳动工作。

第二章 促进就业

第十条 国家通过促进经济和社会发展，创造就业条件，扩大就业机会。

国家鼓励企业、事业组织、社会团体在法律、行政法规规定的范围内兴办产业或者拓展经营，增加就业。

国家支持劳动者自愿组织起来就业和从事个体经营实现就业。

第十一条 地方各级人民政府应当采取措施，发展多种类型的职业介绍机构，提供就业服务。

第十二条 劳动者就业，不因民族、种族、性别、宗教信仰不同而受歧视。

第十三条 妇女享有与男子平等的就业权利。在录用职工时，除国家规定的不适合妇女的工种或者岗位外，不得以性别为由拒绝录用妇女或者提高对妇女的录用标准。

第十四条 残疾人、少数民族人员、退出现役的军人的就业，法律、法规有特别规定的，从其规定。

第十五条 禁止用人单位招用未满十六周岁的未成年人。

文艺、体育和特种工艺单位招用未满十六周岁的未成年人，必须依照国家有关规定，履行审批手续，并保障其接受义务教育的权利。

第三章 劳动合同和集体合同

第十六条 劳动合同是劳动者与用人单位确立劳动关系、明确双方权利和义务的协议。

建立劳动关系应当订立劳动合同。

第十七条 订立和变更劳动合同，应当遵循平等自愿、协商一致的原则，不得违反法律、行政法规的规定。

劳动合同依法订立即具有法律约束力，当事人必须履行劳动合同规定的义务。

第十八条 下列劳动合同无效：

（一）违反法律、行政法规的劳动合同；

（二）采取欺诈、威胁等手段订立的劳动合同。

无效的劳动合同，从订立的时候起，就没有法律约束力。确认劳动合同部分无效的，如果不影响其余部分的效力，其余部分仍然有效。

劳动合同的无效，由劳动争议仲裁委员会或者人民法院确认。

第十九条 劳动合同应当以书面形式订立，并具备以下条款：

（一）劳动合同期限；

（二）工作内容；

（三）劳动保护和劳动条件；

（四）劳动报酬；

（五）劳动纪律；

（六）劳动合同终止的条件；

（七）违反劳动合同的责任。

劳动合同除前款规定的必备条款外，当事人可以协商约定其他内容。

第二十条 劳动合同的期限分为有固定期限、无固定期限和以完成一定的工作为期限。

劳动者在同一用人单位连续工作满十年以上，当事人双方同意续延劳动合同的，如果劳动者提出订立无固定期限的劳动合同，应当订立无固定期限的劳动合同。

第二十一条 劳动合同可以约定试用期。试用期最长不得超过六个月。

第二十二条 劳动合同当事人可以在劳动合同中约定保守用人单位商业秘密的有关事项。

第二十三条 劳动合同期满或者当事人约定的劳动合同终止条件出现，劳动合同即行终止。

第二十四条 经劳动合同当事人协商一致，劳动合同可以解除。

第二十五条 劳动者有下列情形之一的，用人单位可以解除劳动合同：

（一）在试用期间被证明不符合录用条件的；

（二）严重违反劳动纪律或者用人单位规章制度的；

（三）严重失职，营私舞弊，对用人单位利益造成重大损害的；

（四）被依法追究刑事责任的。

第二十六条 有下列情形之一的，用人单位可以解除劳动合同，但是应当提前三十日以书面形式通知劳动者本人：

（一）劳动者患病或者非因工负伤，医疗期满后，不能从事原工作也不能从事由用人单位另行安排的工作的；

（二）劳动者不能胜任工作，经过培训或者调整工作岗位，仍不能胜任工作的；

（三）劳动合同订立时所依据的客观情况发生重大变化，致使原劳动合同无法履行，经当事人协商不能就变更劳动合同达成协议的。

第二十七条 用人单位濒临破产进行法定整顿期间或者生产经营状况发生严重困难，确需裁减人员的，应当提前三十日向工会或者全体职工说明情况，听取工会或者职工的意见，经向劳动行政部门报告后，可以裁减人员。

用人单位依据本条规定裁减人员，在六个月内录用人员的，应当优先录用被裁减的人员。

第二十八条 用人单位依据本法第二十四条、第二十六条、第二十七条的规定解除劳动合同的，应当依照国家有关规定给予经济补偿。

第二十九条 劳动者有下列情形之一的，用人单位不得依据本法第二十六条、第二十七条的规定解除劳动合同：

（一）患职业病或者因工负伤并被确认丧失或者部分丧失劳动能力的；

（二）患病或者负伤，在规定的医疗期内的；

（三）女职工在孕期、产期、哺乳期内的；

（四）法律、行政法规规定的其他情形。

第三十条 用人单位解除劳动合同，工会认为不适当的，有权提出意见。如果用人单位违反法律、法规或者劳动合同，工会有权要求重新处理；劳动者申请仲裁或者提起诉讼的，工会应当依法给予支持和帮助。

第三十一条 劳动者解除劳动合同，应当提前三十日以书面形式通知用人单位。

第三十二条 有下列情形之一的，劳动者可以随时通知用人单位解除劳动合同：

（一）在试用期内的；

（二）用人单位以暴力、威胁或者非法限制人身自由的手段强迫劳动的；

（三）用人单位未按照劳动合同约定支付劳动报酬或者提供劳动条件的。

第三十三条 企业职工一方与企业可以就劳动报酬、工作时间、休息休假、劳动安全卫生、保险福利等事项，签订集体合同。集体合同草案应当提交职工代表大会或者全体职工讨论通过。

集体合同由工会代表职工与企业签订；没有建立工会的企业，由职工推举的代表与企业签订。

第三十四条 集体合同签订后应当报送劳动行政部门；劳动行政部门自收到集体合同文本之日起十五日内未提出异议的，集体合同即行生效。

第三十五条 依法签订的集体合同对企业和企业全体职工具有约束力。职工个人与企业订立的劳动合同中劳动条件和劳动报酬等标准不得低于集体合同的规定。

第四章 工作时间和休息休假

第三十六条 国家实行劳动者每日工作时间不超过八小时、平均每周工作时间不超过四十四小时的工时制度。

第三十七条 对实行计件工作的劳动者，用人单位应当根据本法第三十六条规定的工时制度合理确定其劳动定额和计件报酬标准。

第三十八条 用人单位应当保证劳动者每周至少休息一日。

第三十九条 企业因生产特点不能实行本法第三十六条、第三十八条规定的，经劳动行政部门批准，可以实行其他工作和休息办法。

第四十条 用人单位在下列节日期间应当依法安排劳动者休假：

（一）元旦；

（二）春节；

（三）国际劳动节；

（四）国庆节；

（五）法律、法规规定的其他休假节日。

第四十一条 用人单位由于生产经营需要，经与工会和劳动者协商后可以延长工作时间，一般每日不得超过一小时；因特殊原因需要延长工作时间的，在保障劳动者身体健康的条件下延长工作时间每日不得超过三小时，但是每月不得超过三十六小时。

第四十二条 有下列情形之一的，延长工作时间不受本法第四十一条的限制：

（一）发生自然灾害、事故或者因其他原因，威胁劳动者生命健康和财产安全，需要紧急处理的；

（二）生产设备、交通运输线路、公共设施发生故障，影响生产和公众利益，必须及时抢修的；

（三）法律、行政法规规定的其他情形。

第四十三条 用人单位不得违反本法规定延长劳动者的工作时间。

第四十四条 有下列情形之一的，用人单位应当按照下列标准支付高于劳动者正常工作时间工资的工资报酬：

（一）安排劳动者延长工作时间的，支付不低于工资的百分之一百五十的工资报酬；

（二）休息日安排劳动者工作又不能安排补休的，支付不低于工资的百分之二百的工资报酬；

（三）法定休假日安排劳动者工作的，支付不低于工资的百分之三百的工资报酬。

第四十五条 国家实行带薪年休假制度。

劳动者连续工作一年以上的，享受带薪年休假。具体办法由国务院规定。

第五章 工 资

第四十六条 工资分配应当遵循按劳分配原则，实行同工同酬。

工资水平在经济发展的基础上逐步提高。国家对工资总量实行宏观调控。

第四十七条 用人单位根据本单位的生产经营特点和经济效益，依法自主确定本单位的工资分配方式和工资水平。

第四十八条 国家实行最低工资保障制度。最低工资的具体标准由省、自治区、直辖市人民政府规定，报国务院备案。

用人单位支付劳动者的工资不得低于当地最低工资标准。

第四十九条 确定和调整最低工资标准应当综合参考下列因素：

（一）劳动者本人及平均赡养人口的最低生活费用；

（二）社会平均工资水平；

（三）劳动生产率；

（四）就业状况；

（五）地区之间经济发展水平的差异。

第五十条　工资应当以货币形式按月支付给劳动者本人。不得克扣或者无故拖欠劳动者的工资。

第五十一条　劳动者在法定休假日和婚丧假期间以及依法参加社会活动期间，用人单位应当依法支付工资。

第六章　劳动安全卫生

第五十二条　用人单位必须建立、健全劳动安全卫生制度，严格执行国家劳动安全卫生规程和标准，对劳动者进行劳动安全卫生教育，防止劳动过程中的事故，减少职业危害。

第五十三条　劳动安全卫生设施必须符合国家规定的标准。

新建、改建、扩建工程的劳动安全卫生设施必须与主体工程同时设计、同时施工、同时投入生产和使用。

第五十四条　用人单位必须为劳动者提供符合国家规定的劳动安全卫生条件和必要的劳动防护用品，对从事有职业危害作业的劳动者应当定期进行健康检查。

第五十五条　从事特种作业的劳动者必须经过专门培训并取得特种作业资格。

第五十六条　劳动者在劳动过程中必须严格遵守安全操作规程。

劳动者对用人单位管理人员违章指挥、强令冒险作业，有权拒绝执行；对危害生命安全和身体健康的行为，有权提出批评、检举和控告。

第五十七条　国家建立伤亡事故和职业病统计报告和处理制度。县级以上各级人民政府劳动行政部门、有关部门和用人单位应当依法对劳动者在劳动过程中发生的伤亡事故和劳动者的职业病状况，进行统计、报告和处理。

第七章　女职工和未成年工特殊保护

第五十八条　国家对女职工和未成年工实行特殊劳动保护。

未成年工是指年满十六周岁未满十八周岁的劳动者。

第五十九条 禁止安排女职工从事矿山井下、国家规定的第四级体力劳动强度的劳动和其他禁忌从事的劳动。

第六十条 不得安排女职工在经期从事高处、低温、冷水作业和国家规定的第三级体力劳动强度的劳动。

第六十一条 不得安排女职工在怀孕期间从事国家规定的第三级体力劳动强度的劳动和孕期禁忌从事的劳动。对怀孕七个月以上的女职工，不得安排其延长工作时间和夜班劳动。

第六十二条 女职工生育享受不少于九十天的产假。

第六十三条 不得安排女职工在哺乳未满一周岁的婴儿期间从事国家规定的第三级体力劳动强度的劳动和哺乳期禁忌从事的其他劳动，不得安排其延长工作时间和夜班劳动。

第六十四条 不得安排未成年工从事矿山井下、有毒有害、国家规定的第四级体力劳动强度的劳动和其他禁忌从事的劳动。

第六十五条 用人单位应当对未成年工定期进行健康检查。

第八章 职业培训

第六十六条 国家通过各种途径，采取各种措施，发展职业培训事业，开发劳动者的职业技能，提高劳动者素质，增强劳动者的就业能力和工作能力。

第六十七条 各级人民政府应当把发展职业培训纳入社会经济发展的规划，鼓励和支持有条件的企业、事业组织、社会团体和个人进行各种形式的职业培训。

第六十八条 用人单位应当建立职业培训制度，按照国家规定提取和使用职业培训经费，根据本单位实际，有计划地对劳动者进行职业培训。

从事技术工种的劳动者，上岗前必须经过培训。

第六十九条 国家确定职业分类，对规定的职业制定职业技能标准，实行职业资格证书制度，由经过政府批准的考核鉴定机构负责对劳动者实施职业技能考核鉴定。

第九章 社会保险和福利

第七十条 国家发展社会保险事业，建立社会保险制度，设立社会保险基金，使劳动者在年老、患病、工伤、失业、生育等情况下获得帮助和补偿。

第七十一条 社会保险水平应当与社会经济发展水平和社会承受能力相适应。

第七十二条 社会保险基金按照保险类型确定资金来源，逐步实行社会统筹。用人单位和劳动者必须依法参加社会保险，缴纳社会保险费。

第七十三条 劳动者在下列情形下，依法享受社会保险待遇：

（一）退休；

（二）患病、负伤；

（三）因工伤残或者患职业病；

（四）失业；

（五）生育。

劳动者死亡后，其遗属依法享受遗属津贴。

劳动者享受社会保险待遇的条件和标准由法律、法规规定。

劳动者享受的社会保险金必须按时足额支付。

第七十四条 社会保险基金经办机构依照法律规定收支、管理和运营社会保险基金，并负有使社会保险基金保值增值的责任。

社会保险基金监督机构依照法律规定，对社会保险基金的收支、管理和运营实施监督。

社会保险基金经办机构和社会保险基金监督机构的设立和职能由法律规定。

任何组织和个人不得挪用社会保险基金。

第七十五条 国家鼓励用人单位根据本单位实际情况为劳动者建立补充保险。

国家提倡劳动者个人进行储蓄性保险。

第七十六条 国家发展社会福利事业，兴建公共福利设施，为劳动者休息、休养和疗养提供条件。

用人单位应当创造条件，改善集体福利，提高劳动者的福利待遇。

第十章 劳动争议

第七十七条 用人单位与劳动者发生劳动争议，当事人可以依法申请调解、仲裁、提起诉讼，也可以协商解决。

调解原则适用于仲裁和诉讼程序。

第七十八条 解决劳动争议，应当根据合法、公正、及时处理的原则，依法维护劳动争议当事人的合法权益。

第七十九条 劳动争议发生后，当事人可以向本单位劳动争议调解委员会申请调解；调解不成，当事人一方要求仲裁的，可以向劳动争议仲裁委员会申请仲裁。当事人一方也可以直接向劳动争议仲裁委员会申请仲裁。对仲裁裁决不服的，可以向人民法院提起诉讼。

第八十条 在用人单位内，可以设立劳动争议调解委员会。劳动争议调解委员会由职工代表、用人单位代表和工会代表组成。劳动争议调解委员会主任由工会代表担任。

劳动争议经调解达成协议的，当事人应当履行。

第八十一条 劳动争议仲裁委员会由劳动行政部门代表、同级工会代表、用人单位方面的代表组成。劳动争议仲裁委员会主任由劳动行政部门代表担任。

第八十二条 提出仲裁要求的一方应当自劳动争议发生之日起六十日内向劳动争议仲裁委员会提出书面申请。仲裁裁决一般应在收到仲裁申请的六十日内作出。对仲裁裁决无异议的，当事人必须履行。

第八十三条 劳动争议当事人对仲裁裁决不服的，可以自收到仲裁裁决书之日起十五日内向人民法院提起诉讼。一方当事人在法定期限内不起诉又不履行仲裁裁决的，另一方当事人可以申请人民法院强制执行。

第八十四条 因签订集体合同发生争议，当事人协商解决不成的，当地人民政府劳动行政部门可以组织有关各方协调处理。

因履行集体合同发生争议，当事人协商解决不成的，可以向劳动争议仲裁委员会申请仲裁；对仲裁裁决不服的，可以自收到仲裁裁决书之日起十五日内向人民法院提起诉讼。

第十一章　监督检查

第八十五条　县级以上各级人民政府劳动行政部门依法对用人单位遵守劳动法律、法规的情况进行监督检查，对违反劳动法律、法规的行为有权制止，并责令改正。

第八十六条　县级以上各级人民政府劳动行政部门监督检查人员执行公务，有权进入用人单位了解执行劳动法律、法规的情况，查阅必要的资料，并对劳动场所进行检查。

县级以上各级人民政府劳动行政部门监督检查人员执行公务，必须出示证件，秉公执法并遵守有关规定。

第八十七条　县级以上各级人民政府有关部门在各自职责范围内，对用人单位遵守劳动法律、法规的情况进行监督。

第八十八条　各级工会依法维护劳动者的合法权益，对用人单位遵守劳动法律、法规的情况进行监督。

任何组织和个人对于违反劳动法律、法规的行为有权检举和控告。

第十二章　法律责任

第八十九条　用人单位制定的劳动规章制度违反法律、法规规定的，由劳动行政部门给予警告，责令改正；对劳动者造成损害的，应当承担赔偿责任。

第九十条　用人单位违反本法规定，延长劳动者工作时间的，由劳动行政部门给予警告，责令改正，并可以处以罚款。

第九十一条　用人单位有下列侵害劳动者合法权益情形之一的，由劳动行政部门责令支付劳动者的工资报酬、经济补偿，并可以责令支付赔偿金：

（一）克扣或者无故拖欠劳动者工资的；

（二）拒不支付劳动者延长工作时间工资报酬的；

（三）低于当地最低工资标准支付劳动者工资的；

（四）解除劳动合同后，未依照本法规定给予劳动者经济补偿的。

第九十二条 用人单位的劳动安全设施和劳动卫生条件不符合国家规定或者未向劳动者提供必要的劳动防护用品和劳动保护设施的，由劳动行政部门或者有关部门责令改正，可以处以罚款；情节严重的，提请县级以上人民政府决定责令停产整顿；对事故隐患不采取措施，致使发生重大事故，造成劳动者生命和财产损失的，对责任人员比照刑法第一百八十七条的规定追究刑事责任。

第九十三条 用人单位强令劳动者违章冒险作业，发生重大伤亡事故，造成严重后果的，对责任人员依法追究刑事责任。

第九十四条 用人单位非法招用未满十六周岁的未成年人的，由劳动行政部门责令改正，处以罚款；情节严重的，由工商行政管理部门吊销营业执照。

第九十五条 用人单位违反本法对女职工和未成年工的保护规定，侵害其合法权益的，由劳动行政部门责令改正，处以罚款；对女职工或者未成年工造成损害的，应当承担赔偿责任。

第九十六条 用人单位有下列行为之一，由公安机关对责任人员处以十五日以下拘留、罚款或者警告；构成犯罪的，对责任人员依法追究刑事责任：

（一）以暴力、威胁或者非法限制人身自由的手段强迫劳动的；

（二）侮辱、体罚、殴打、非法搜查和拘禁劳动者的。

第九十七条 由于用人单位的原因订立的无效合同，对劳动者造成损害的，应当承担赔偿责任。

第九十八条 用人单位违反本法规定的条件解除劳动合同或者故意拖延不订立劳动合同的，由劳动行政部门责令改正；对劳动者造成损害的，应当承担赔偿责任。

第九十九条 用人单位招用尚未解除劳动合同的劳动者，对原用人单位造成经济损失的，该用人单位应当依法承担连带赔偿责任。

第一百条 用人单位无故不缴纳社会保险费的，由劳动行政部门责令其限期缴纳，逾期不缴的，可以加收滞纳金。

第一百零一条 用人单位无理阻挠劳动行政部门、有关部门及其工作人员行使监督检查权，打击报复举报人员的，由劳动行政部门或者有关部门处以罚款；构成犯罪的，对责任人员依法追究刑事责任。

第一百零二条 劳动者违反本法规定的条件解除劳动合同或者违反劳动合同中约定的保密事项，对用人单位造成经济损失的，应当依法承担赔偿责任。

第一百零三条 劳动行政部门或者有关部门的工作人员滥用职权、玩忽职守、徇私舞弊，构成犯罪的，依法追究刑事责任；不构成犯罪的，给予行政处分。

第一百零四条 国家工作人员和社会保险基金经办机构的工作人员挪用社会保险基金，构成犯罪的，依法追究刑事责任。

第一百零五条 违反本法规定侵害劳动者合法权益，其他法律、法规已规定处罚的，依照该法律、行政法规的规定处罚。

第十三章　附　　则

第一百零六条 省、自治区、直辖市人民政府根据本法和本地区的实际情况，规定劳动合同制度的实施步骤，报国务院备案。

第一百零七条 本法自 1995 年 1 月 1 日起施行。

中华人民共和国劳动合同法

（2007年6月29日第十届全国人民代表大会常务委员会
第二十八次会议通过）

目　录

第一章　总　则

第一条　为了完善劳动合同制度，明确劳动合同双方当事人的权利和义务，保护劳动者的合法权益，构建和发展和谐稳定的劳动关系，制定本法。

第二条　中华人民共和国境内的企业、个体经济组织、民办非企业单位等组织（以下称用人单位）与劳动者建立劳动关系，订立、履行、变更、解除或者终止劳动合同，适用本法。

国家机关、事业单位、社会团体和与其建立劳动关系的劳动者，订立、履行、变更、解除或者终止劳动合同，依照本法执行。

第三条 订立劳动合同，应当遵循合法、公平、平等自愿、协商一致、诚实信用的原则。

依法订立的劳动合同具有约束力，用人单位与劳动者应当履行劳动合同约定的义务。

第四条 用人单位应当依法建立和完善劳动规章制度，保障劳动者享有劳动权利、履行劳动义务。

用人单位在制定、修改或者决定有关劳动报酬、工作时间、休息休假、劳动安全卫生、保险福利、职工培训、劳动纪律以及劳动定额管理等直接涉及劳动者切身利益的规章制度或者重大事项时，应当经职工代表大会或者全体职工讨论，提出方案和意见，与工会或者职工代表平等协商确定。

在规章制度和重大事项决定实施过程中，工会或者职工认为不适当的，有权向用人单位提出，通过协商予以修改完善。

用人单位应当将直接涉及劳动者切身利益的规章制度和重大事项决定公示，或者告知劳动者。

第五条 县级以上人民政府劳动行政部门会同工会和企业方面代表，建立健全协调劳动关系三方机制，共同研究解决有关劳动关系的重大问题。

第六条 工会应当帮助、指导劳动者与用人单位依法订立和履行劳动合同，并与用人单位建立集体协商机制，维护劳动者的合法权益。

第二章 劳动合同的订立

第七条 用人单位自用工之日起即与劳动者建立劳动关系。用人单位应当建立职工名册备查。

第八条 用人单位招用劳动者时，应当如实告知劳动者工作内容、工作条件、工作地点、职业危害、安全生产状况、劳动报酬，以及劳动者要求了解的其他情况；用人单位有权了解劳动者与劳动合同直接相关的基本情况，劳动者应当如实说明。

第九条 用人单位招用劳动者，不得扣押劳动者的居民身份证和其他证件，不得要求劳动者提供担保或者以其他名义向劳动者收取财物。

第十条 建立劳动关系，应当订立书面劳动合同。

已建立劳动关系，未同时订立书面劳动合同的，应当自用工之日起一个月内订立书面劳动合同。

用人单位与劳动者在用工前订立劳动合同的，劳动关系自用工之日起建立。

第十一条 用人单位未在用工的同时订立书面劳动合同，与劳动者约定的劳动报酬不明确的，新招用的劳动者的劳动报酬按照集体合同规定的标准执行；没有集体合同或者集体合同未规定的，实行同工同酬。

第十二条 劳动合同分为固定期限劳动合同、无固定期限劳动合同和以完成一定工作任务为期限的劳动合同。

第十三条 固定期限劳动合同，是指用人单位与劳动者约定合同终止时间的劳动合同。

用人单位与劳动者协商一致，可以订立固定期限劳动合同。

第十四条 无固定期限劳动合同，是指用人单位与劳动者约定无确定终止时间的劳动合同。

用人单位与劳动者协商一致，可以订立无固定期限劳动合同。有下列情形之一，劳动者提出或者同意续订、订立劳动合同的，除劳动者提出订立固定期限劳动合同外，应当订立无固定期限劳动合同：

（一）劳动者在该用人单位连续工作满十年的；

（二）用人单位初次实行劳动合同制度或者国有企业改制重新订立劳动合同时，劳动者在该用人单位连续工作满十年且距法定退休年龄不足十年的；

（三）连续订立二次固定期限劳动合同，且劳动者没有本法第三十九条和第四十条第一项、第二项规定的情形，续订劳动合同的。

用人单位自用工之日起满一年不与劳动者订立书面劳动合同的，视为用人单位与劳动者已订立无固定期限劳动合同。

第十五条 以完成一定工作任务为期限的劳动合同，是指用人单位与劳动者约定以某项工作的完成为合同期限的劳动合同。

用人单位与劳动者协商一致，可以订立以完成一定工作任务为期限的劳动合同。

第十六条 劳动合同由用人单位与劳动者协商一致，并经用人单位与劳动者在劳动合同文本上签字或者盖章生效。

劳动合同文本由用人单位和劳动者各执一份。

第十七条 劳动合同应当具备以下条款：

（一）用人单位的名称、住所和法定代表人或者主要负责人；

（二）劳动者的姓名、住址和居民身份证或者其他有效身份证件号码；

（三）劳动合同期限；

（四）工作内容和工作地点；

（五）工作时间和休息休假；

（六）劳动报酬；

（七）社会保险；

（八）劳动保护、劳动条件和职业危害防护；

（九）法律、法规规定应当纳入劳动合同的其他事项。

劳动合同除前款规定的必备条款外，用人单位与劳动者可以约定试用期、培训、保守秘密、补充保险和福利待遇等其他事项。

第十八条 劳动合同对劳动报酬和劳动条件等标准约定不明确，引发争议的，用人单位与劳动者可以重新协商；协商不成的，适用集体合同规定；没有集体合同或者集体合同未规定劳动报酬的，实行同工同酬；没有集体合同或者集体合同未规定劳动条件等标准的，适用国家有关规定。

第十九条 劳动合同期限三个月以上不满一年的，试用期不得超过一个月；劳动合同期限一年以上不满三年的，试用期不得超过二个月；三年以上固定期限和无固定期限的劳动合同，试用期不得超过六个月。

同一用人单位与同一劳动者只能约定一次试用期。

以完成一定工作任务为期限的劳动合同或者劳动合同期限不满三个月的，不得约定试用期。

试用期包含在劳动合同期限内。劳动合同仅约定试用期的，试用期不成立，该期限为劳动合同期限。

第二十条 劳动者在试用期的工资不得低于本单位相同岗位最低档工资或者劳动合同约定工资的百分之八十，并不得低于用人单位所在地的最低工资标准。

第二十一条 在试用期中，除劳动者有本法第三十九条和第四十条第一项、第二项规定的情形外，用人单位不得解除劳动合同。用人单位在试用期解除劳动合同的，应当向劳动者说明理由。

第二十二条 用人单位为劳动者提供专项培训费用，对其进行专业技术培训的，可以与该劳动者订立协议，约定服务期。

劳动者违反服务期约定的，应当按照约定向用人单位支付违约金。违约金的数额不得超过用人单位提供的培训费用。用人单位要求劳动者支付的违约金不得超过服务期尚未履行部分所应分摊的培训费用。

用人单位与劳动者约定服务期的，不影响按照正常的工资调整机制提高劳动者在服务期期间的劳动报酬。

第二十三条 用人单位与劳动者可以在劳动合同中约定保守用人单位的商业秘密和与知识产权相关的保密事项。

对负有保密义务的劳动者，用人单位可以在劳动合同或者保密协议中与劳动者约定竞业限制条款，并约定在解除或者终止劳动合同后，在竞业限制期限内按月给予劳动者经济补偿。劳动者违反竞业限制约定的，应当按照约定向用人单位支付违约金。

第二十四条 竞业限制的人员限于用人单位的高级管理人员、高级技术人员和其他负有保密义务的人员。竞业限制的范围、地域、期限由用人单位与劳动者约定，竞业限制的约定不得违反法律、法规的规定。

在解除或者终止劳动合同后，前款规定的人员到与本单位生产或者经营同类产品、从事同类业务的有竞争关系的其他用人单位，或者自己开业生产或者经营同类产品、从事同类业务的竞业限制期限，不得超过二年。

第二十五条 除本法第二十二条和第二十三条规定的情形外，用人单位不得与劳动者约定由劳动者承担违约金。

第二十六条 下列劳动合同无效或者部分无效：

（一）以欺诈、胁迫的手段或者乘人之危，使对方在违背真实意思的情况下订立或者变更劳动合同的；

（二）用人单位免除自己的法定责任、排除劳动者权利的；

（三）违反法律、行政法规强制性规定的。

对劳动合同的无效或者部分无效有争议的，由劳动争议仲裁机构或者人民法院确认。

第二十七条 劳动合同部分无效，不影响其他部分效力的，其他部分仍然有效。

第二十八条 劳动合同被确认无效，劳动者已付出劳动的，用人单位应当向劳动者支付劳动报酬。劳动报酬的数额，参照本单位相同或者相近岗位劳动者的劳动报酬确定。

第三章　劳动合同的履行和变更

第二十九条　用人单位与劳动者应当按照劳动合同的约定，全面履行各自的义务。

第三十条　用人单位应当按照劳动合同约定和国家规定，向劳动者及时足额支付劳动报酬。

用人单位拖欠或者未足额支付劳动报酬的，劳动者可以依法向当地人民法院申请支付令，人民法院应当依法发出支付令。

第三十一条　用人单位应当严格执行劳动定额标准，不得强迫或者变相强迫劳动者加班。用人单位安排加班的，应当按照国家有关规定向劳动者支付加班费。

第三十二条　劳动者拒绝用人单位管理人员违章指挥、强令冒险作业的，不视为违反劳动合同。

劳动者对危害生命安全和身体健康的劳动条件，有权对用人单位提出批评、检举和控告。

第三十三条　用人单位变更名称、法定代表人、主要负责人或者投资人等事项，不影响劳动合同的履行。

第三十四条　用人单位发生合并或者分立等情况，原劳动合同继续有效，劳动合同由承继其权利和义务的用人单位继续履行。

第三十五条　用人单位与劳动者协商一致，可以变更劳动合同约定的内容。变更劳动合同，应当采用书面形式。

变更后的劳动合同文本由用人单位和劳动者各执一份。

第四章　劳动合同的解除和终止

第三十六条　用人单位与劳动者协商一致，可以解除劳动合同。

第三十七条　劳动者提前三十日以书面形式通知用人单位，可以解除劳动合同。劳动者在试用期内提前三日通知用人单位，可以解除劳动合同。

第三十八条 用人单位有下列情形之一的，劳动者可以解除劳动合同：

（一）未按照劳动合同约定提供劳动保护或者劳动条件的；

（二）未及时足额支付劳动报酬的；

（三）未依法为劳动者缴纳社会保险费的；

（四）用人单位的规章制度违反法律、法规的规定，损害劳动者权益的；

（五）因本法第二十六条第一款规定的情形致使劳动合同无效的；

（六）法律、行政法规规定劳动者可以解除劳动合同的其他情形。

用人单位以暴力、威胁或者非法限制人身自由的手段强迫劳动者劳动的，或者用人单位违章指挥、强令冒险作业危及劳动者人身安全的，劳动者可以立即解除劳动合同，不需事先告知用人单位。

第三十九条 劳动者有下列情形之一的，用人单位可以解除劳动合同：

（一）在试用期间被证明不符合录用条件的；

（二）严重违反用人单位的规章制度的；

（三）严重失职，营私舞弊，给用人单位造成重大损害的；

（四）劳动者同时与其他用人单位建立劳动关系，对完成本单位的工作任务造成严重影响，或者经用人单位提出，拒不改正的；

（五）因本法第二十六条第一款第一项规定的情形致使劳动合同无效的；

（六）被依法追究刑事责任的。

第四十条 有下列情形之一的，用人单位提前三十日以书面形式通知劳动者本人或者额外支付劳动者一个月工资后，可以解除劳动合同：

（一）劳动者患病或者非因工负伤，在规定的医疗期满后不能从事原工作，也不能从事由用人单位另行安排的工作的；

（二）劳动者不能胜任工作，经过培训或者调整工作岗位，仍不能胜任工作的；

（三）劳动合同订立时所依据的客观情况发生重大变化，致使劳动合同无法履行，经用人单位与劳动者协商，未能就变更劳动合同内容达成协议的。

第四十一条 有下列情形之一，需要裁减人员二十人以上或者裁减不足二十人但占企业职工总数百分之十以上的，用人单位提前三十日向工会或者全体职工说明情况，听取工会或者职工的意见后，裁减人员方案经向劳动行政部门报告，可以裁减人员：

（一）依照企业破产法规定进行重整的；

（二）生产经营发生严重困难的；

（三）企业转产、重大技术革新或者经营方式调整，经变更劳动合同后，仍需裁减人员的；

（四）其他因劳动合同订立时所依据的客观经济情况发生重大变化，致使劳动合同无法履行的。

裁减人员时，应当优先留用下列人员：

（一）与本单位订立较长期限的固定期限劳动合同的；

（二）与本单位订立无固定期限劳动合同的；

（三）家庭无其他就业人员，有需要扶养的老人或者未成年人的。

用人单位依照本条第一款规定裁减人员，在六个月内重新招用人员的，应当通知被裁减的人员，并在同等条件下优先招用被裁减的人员。

第四十二条 劳动者有下列情形之一的，用人单位不得依照本法第四十条、第四十一条的规定解除劳动合同：

（一）从事接触职业病危害作业的劳动者未进行离岗前职业健康检查，或者疑似职业病病人在诊断或者医学观察期间的；

（二）在本单位患职业病或者因工负伤并被确认丧失或者部分丧失劳动能力的；

（三）患病或者非因工负伤，在规定的医疗期内的；

（四）女职工在孕期、产期、哺乳期的；

（五）在本单位连续工作满十五年，且距法定退休年龄不足五年的；

（六）法律、行政法规规定的其他情形。

第四十三条 用人单位单方解除劳动合同，应当事先将理由通知工会。用人单位违反法律、行政法规规定或者劳动合同约定的，工会有权要求用人单位纠正。用人单位应当研究工会的意见，并将处理结果书面通知工会。

第四十四条 有下列情形之一的，劳动合同终止：

（一）劳动合同期满的；

（二）劳动者开始依法享受基本养老保险待遇的；

（三）劳动者死亡，或者被人民法院宣告死亡或者宣告失踪的；

（四）用人单位被依法宣告破产的；

（五）用人单位被吊销营业执照、责令关闭、撤销或者用人单位决定提前解散的；

（六）法律、行政法规规定的其他情形。

第四十五条 劳动合同期满，有本法第四十二条规定情形之一的，劳动合同应当续延至相应的情形消失时终止。但是，本法第四十二条第二项规定丧失或者部分丧失劳动能力劳动者的劳动合同的终止，按照国家有关工伤保险的规定执行。

第四十六条 有下列情形之一的，用人单位应当向劳动者支付经济补偿：

（一）劳动者依照本法第三十八条规定解除劳动合同的；

（二）用人单位依照本法第三十六条规定向劳动者提出解除劳动合同并与劳动者协商一致解除劳动合同的；

（三）用人单位依照本法第四十条规定解除劳动合同的；

（四）用人单位依照本法第四十一条第一款规定解除劳动合同的；

（五）除用人单位维持或者提高劳动合同约定条件续订劳动合同，劳动者不同意续订的情形外，依照本法第四十四条第一项规定终止固定期限劳动合同的；

（六）依照本法第四十四条第四项、第五项规定终止劳动合同的；

（七）法律、行政法规规定的其他情形。

第四十七条 经济补偿按劳动者在本单位工作的年限，每满一年支付一个月工资的标准向劳动者支付。六个月以上不满一年的，按一年计算；不满六个月的，向劳动者支付半个月工资的经济补偿。

劳动者月工资高于用人单位所在直辖市、设区的市级人民政府公布的本地区上年度职工月平均工资三倍的，向其支付经济补偿的标准按职工月平均工资三倍的数额支付，向其支付经济补偿的年限最高不超过十二年。

本条所称月工资是指劳动者在劳动合同解除或者终止前十二个月的平均工资。

第四十八条 用人单位违反本法规定解除或者终止劳动合同，劳动者要求继续履行劳动合同的，用人单位应当继续履行；劳动者不要求继续履行劳动合同或者劳动合同已经不能继续履行的，用人单位应当依照本法第八十七条规定支付赔偿金。

第四十九条 国家采取措施，建立健全劳动者社会保险关系跨地区转移接续制度。

第五十条 用人单位应当在解除或者终止劳动合同时出具解除或者终止劳动合同的证明，并在十五日内为劳动者办理档案和社会保险关系转移手续。

劳动者应当按照双方约定，办理工作交接。用人单位依照本法有关规定应当向劳动者支付经济补偿的，在办结工作交接时支付。

用人单位对已经解除或者终止的劳动合同的文本，至少保存二年备查。

第五章 特别规定

第一节 集体合同

第五十一条 企业职工一方与用人单位通过平等协商，可以就劳动报酬、工作时间、休息休假、劳动安全卫生、保险福利等事项订立集体合同。集体合同草案应当提交职工代表大会或者全体职工讨论通过。

集体合同由工会代表企业职工一方与用人单位订立；尚未建立工会的用人单位，由上级工会指导劳动者推举的代表与用人单位订立。

第五十二条 企业职工一方与用人单位可以订立劳动安全卫生、女职工权益保护、工资调整机制等专项集体合同。

第五十三条 在县级以下区域内，建筑业、采矿业、餐饮服务业等行业可以由工会与企业方面代表订立行业性集体合同，或者订立区域性集体合同。

第五十四条 集体合同订立后，应当报送劳动行政部门；劳动行政部门自收到集体合同文本之日起十五日内未提出异议的，集体合同即行生效。

依法订立的集体合同对用人单位和劳动者具有约束力。行业性、区域性集体合同对当地本行业、本区域的用人单位和劳动者具有约束力。

第五十五条 集体合同中劳动报酬和劳动条件等标准不得低于当地人民政府规定的最低标准；用人单位与劳动者订立的劳动合同中劳动报酬和劳动条件等标准不得低于集体合同规定的标准。

第五十六条 用人单位违反集体合同，侵犯职工劳动权益的，工会可以依法要求用人单位承担责任；因履行集体合同发生争议，经协商解决不成的，工会可以依法申请仲裁、提起诉讼。

第二节 劳务派遣

第五十七条 劳务派遣单位应当依照公司法的有关规定设立，注册资本不得少于五十万元。

第五十八条 劳务派遣单位是本法所称用人单位，应当履行用人单位对劳动者的义务。劳务派遣单位与被派遣劳动者订立的劳动合同，除应当载明本法第十七条规定的事项外，还应当载明被派遣劳动者的用工单位以及派遣期限、工作岗位等情况。

劳务派遣单位应当与被派遣劳动者订立二年以上的固定期限劳动合同，按月支付劳动报酬；被派遣劳动者在无工作期间，劳务派遣单位应当按照所在地人民政府规定的最低工资标准，向其按月支付报酬。

第五十九条 劳务派遣单位派遣劳动者应当与接受以劳务派遣形式用工的单位（以下称用工单位）订立劳务派遣协议。劳务派遣协议应当约定派遣岗位和人员数量、派遣期限、劳动报酬和社会保险费的数额与支付方式以及违反协议的责任。

用工单位应当根据工作岗位的实际需要与劳务派遣单位确定派遣期限，不得将连续用工期限分割订立数个短期劳务派遣协议。

第六十条 劳务派遣单位应当将劳务派遣协议的内容告知被派遣劳动者。

劳务派遣单位不得克扣用工单位按照劳务派遣协议支付给被派遣劳动者的劳动报酬。

劳务派遣单位和用工单位不得向被派遣劳动者收取费用。

第六十一条 劳务派遣单位跨地区派遣劳动者的，被派遣劳动者享有的劳动报酬和劳动条件，按照用工单位所在地的标准执行。

第六十二条 用工单位应当履行下列义务：

（一）执行国家劳动标准，提供相应的劳动条件和劳动保护；

（二）告知被派遣劳动者的工作要求和劳动报酬；

（三）支付加班费、绩效奖金，提供与工作岗位相关的福利待遇；

（四）对在岗被派遣劳动者进行工作岗位所必需的培训；

（五）连续用工的，实行正常的工资调整机制。

用工单位不得将被派遣劳动者再派遣到其他用人单位。

第六十三条 被派遣劳动者享有与用工单位的劳动者同工同酬的权利。用工单位无同类岗位劳动者的，参照用工单位所在地相同或者相近岗位劳动者的劳动报酬确定。

第六十四条 被派遣劳动者有权在劳务派遣单位或者用工单位依法参加或者组织工会，维护自身的合法权益。

第六十五条 被派遣劳动者可以依照本法第三十六条、第三十八条的规定与劳务派遣单位解除劳动合同。

被派遣劳动者有本法第三十九条和第四十条第一项、第二项规定情形的，用工单位可以将劳动者退回劳务派遣单位，劳务派遣单位依照本法有关规定，可以与劳动者解除劳动合同。

第六十六条 劳务派遣一般在临时性、辅助性或者替代性的工作岗位上实施。

第六十七条 用人单位不得设立劳务派遣单位向本单位或者所属单位派遣劳动者。

第三节 非全日制用工

第六十八条 非全日制用工，是指以小时计酬为主，劳动者在同一用人单位一般平均每日工作时间不超过四小时，每周工作时间累计不超过二十四小时的用工形式。

第六十九条 非全日制用工双方当事人可以订立口头协议。

从事非全日制用工的劳动者可以与一个或者一个以上用人单位订立劳动合同；但是，后订立的劳动合同不得影响先订立的劳动合同的履行。

第七十条 非全日制用工双方当事人不得约定试用期。

第七十一条 非全日制用工双方当事人任何一方都可以随时通知对方终止用工。终止用工，用人单位不向劳动者支付经济补偿。

第七十二条 非全日制用工小时计酬标准不得低于用人单位所在地人民政府规定的最低小时工资标准。

非全日制用工劳动报酬结算支付周期最长不得超过十五日。

第六章 监督检查

第七十三条 国务院劳动行政部门负责全国劳动合同制度实施的监督管理。

县级以上地方人民政府劳动行政部门负责本行政区域内劳动合同制度实施的监督管理。

县级以上各级人民政府劳动行政部门在劳动合同制度实施的监督管理工作中，应当听取工会、企业方面代表以及有关行业主管部门的意见。

第七十四条 县级以上地方人民政府劳动行政部门依法对下列实施劳动合同制度的情况进行监督检查：

（一）用人单位制定直接涉及劳动者切身利益的规章制度及其执行的情况；

（二）用人单位与劳动者订立和解除劳动合同的情况；

（三）劳务派遣单位和用工单位遵守劳务派遣有关规定的情况；

（四）用人单位遵守国家关于劳动者工作时间和休息休假规定的情况；

（五）用人单位支付劳动合同约定的劳动报酬和执行最低工资标准的情况；

（六）用人单位参加各项社会保险和缴纳社会保险费的情况；

（七）法律、法规规定的其他劳动监察事项。

第七十五条 县级以上地方人民政府劳动行政部门实施监督检查时，有权查阅与劳动合同、集体合同有关的材料，有权对劳动场所进行实地检查，用人单位和劳动者都应当如实提供有关情况和材料。

劳动行政部门的工作人员进行监督检查，应当出示证件，依法行使职权，文明执法。

第七十六条 县级以上人民政府建设、卫生、安全生产监督管理等有关主管部门在各自职责范围内，对用人单位执行劳动合同制度的情况进行监督管理。

第七十七条 劳动者合法权益受到侵害的，有权要求有关部门依法处理，或者依法申请仲裁、提起诉讼。

第七十八条 工会依法维护劳动者的合法权益，对用人单位履行劳动合同、集体合同的情况进行监督。用人单位违反劳动法律、法规和劳动合同、集体合同的，工会有权提出意见或者要求纠正；劳动者申请仲裁、提起诉讼的，工会依法给予支持和帮助。

第七十九条 任何组织或者个人对违反本法的行为都有权举报，县级以上人民政府劳动行政部门应当及时核实、处理，并对举报有功人员给予奖励。

第七章 法律责任

第八十条 用人单位直接涉及劳动者切身利益的规章制度违反法律、法规规定的，由劳动行政部门责令改正，给予警告；给劳动者造成损害的，应当承担赔偿责任。

第八十一条 用人单位提供的劳动合同文本未载明本法规定的劳动合同必备条款或者用人单位未将劳动合同文本交付劳动者的，由劳动行政部门责令改正；给劳动者造成损害的，应当承担赔偿责任。

第八十二条 用人单位自用工之日起超过一个月不满一年未与劳动者订立书面劳动合同的，应当向劳动者每月支付二倍的工资。

用人单位违反本法规定不与劳动者订立无固定期限劳动合同的，自应当订立无固定期限劳动合同之日起向劳动者每月支付二倍的工资。

第八十三条 用人单位违反本法规定与劳动者约定试用期的，由劳动行政部门责令改正；违法约定的试用期已经履行的，由用人单位以劳动者试用期满月工资为标准，按已经履行的超过法定试用期的期间向劳动者支付赔偿金。

第八十四条 用人单位违反本法规定，扣押劳动者居民身份证等证件的，由劳动行政部门责令限期退还劳动者本人，并依照有关法律规定给予处罚。

用人单位违反本法规定，以担保或者其他名义向劳动者收取财物的，由劳动行政部门责令限期退还劳动者本人，并以每人五百元以上二千元以下的标准处以罚款；给劳动者造成损害的，应当承担赔偿责任。

劳动者依法解除或者终止劳动合同，用人单位扣押劳动者档案或者其他物品的，依照前款规定处罚。

第八十五条 用人单位有下列情形之一的，由劳动行政部门责令限期支付劳动报酬、加班费或者经济补偿；劳动报酬低于当地最低工资标准的，应当支付其差额部分；逾期不支付的，责令用人单位按应付金额百分之五十以上百分之一百以下的标准向劳动者加付赔偿金：

（一）未按照劳动合同的约定或者国家规定及时足额支付劳动者劳动报酬的；

（二）低于当地最低工资标准支付劳动者工资的；

（三）安排加班不支付加班费的；

（四）解除或者终止劳动合同，未依照本法规定向劳动者支付经济补偿的。

第八十六条 劳动合同依照本法第二十六条规定被确认无效，给对方造成损害的，有过错的一方应当承担赔偿责任。

第八十七条 用人单位违反本法规定解除或者终止劳动合同的，应当依照本法第四十七条规定的经济补偿标准的二倍向劳动者支付赔偿金。

第八十八条 用人单位有下列情形之一的，依法给予行政处罚；构成犯罪的，依法追究刑事责任；给劳动者造成损害的，应当承担赔偿责任：

（一）以暴力、威胁或者非法限制人身自由的手段强迫劳动的；

（二）违章指挥或者强令冒险作业危及劳动者人身安全的；

（三）侮辱、体罚、殴打、非法搜查或者拘禁劳动者的；

（四）劳动条件恶劣、环境污染严重，给劳动者身心健康造成严重损害的。

第八十九条 用人单位违反本法规定未向劳动者出具解除或者终止劳动合同的书面证明，由劳动行政部门责令改正；给劳动者造成损害的，应当承担赔偿责任。

第九十条 劳动者违反本法规定解除劳动合同，或者违反劳动合同中约定的保密义务或者竞业限制，给用人单位造成损失的，应当承担赔偿责任。

第九十一条 用人单位招用与其他用人单位尚未解除或者终止劳动合同的劳动者，给其他用人单位造成损失的，应当承担连带赔偿责任。

第九十二条 劳务派遣单位违反本法规定的，由劳动行政部门和其他有关主管部门责令改正；情节严重的，以每人一千元以上五千元以下的标准处以罚款，并由工商行政管理部门吊销营业执照；给被派遣劳动者造成损害的，劳务派遣单位与用工单位承担连带赔偿责任。

第九十三条 对不具备合法经营资格的用人单位的违法犯罪行为，依法追究法律责任；劳动者已经付出劳动的，该单位或者其出资人应当依照本法有关规定向劳动者支付劳动报酬、经济补偿、赔偿金；给劳动者造成损害的，应当承担赔偿责任。

第九十四条 个人承包经营违反本法规定招用劳动者，给劳动者造成损害的，发包的组织与个人承包经营者承担连带赔偿责任。

第九十五条 劳动行政部门和其他有关主管部门及其工作人员玩忽职守、不履行法定职责，或者违法行使职权，给劳动者或者用人单位造成损害的，应当承担赔偿责任；对直接负责的主管人员和其他直接责任人员，依法给予行政处分；构成犯罪的，依法追究刑事责任。

第八章　附　　则

第九十六条 事业单位与实行聘用制的工作人员订立、履行、变更、解除或者终止劳动合同，法律、行政法规或者国务院另有规定的，依照其规定；未作规定的，依照本法有关规定执行。

第九十七条 本法施行前已依法订立且在本法施行之日存续的劳动合同，继续履行；本法第十四条第二款第三项规定连续订立固定期限劳动合同的次数，自本法施行后续订固定期限劳动合同时开始计算。

本法施行前已建立劳动关系，尚未订立书面劳动合同的，应当自本法施行之日起一个月内订立。

本法施行之日存续的劳动合同在本法施行后解除或者终止，依照本法第四十六条规定应当支付经济补偿的，经济补偿年限自本法施行之日起计算；本法施行前按照当时有关规定，用人单位应当向劳动者支付经济补偿的，按照当时有关规定执行。

第九十八条 本法自2008年1月1日起施行。

中华人民共和国教育法

（1995年3月18日第八届全国人民代表大会第三次会议通过）

目　录

第一章　总　则

第一条　为了发展教育事业，提高全民族的素质，促进社会主义物质文明和精神文明建设，根据宪法，制定本法。

第二条　在中华人民共和国境内的各级各类教育，适用本法。

第三条　国家坚持以马克思列宁主义、毛泽东思想和建设有中国特色社会主义理论为指导，遵循宪法确定的基本原则，发展社会主义的教育事业。

第四条　教育是社会主义现代化建设的基础，国家保障教育事业优先发展。

全社会应当关心和支持教育事业的发展。

全社会应当尊重教师。

第五条 教育必须为社会主义现代化建设服务，必须与生产劳动相结合，培养德、智、体等方面全面发展的社会主义事业的建设者和接班人。

第六条 国家在受教育者中进行爱国主义、集体主义、社会主义的教育，进行理想、道德、纪律、法制、国防和民族团结的教育。

第七条 教育应当继承和弘扬中华民族优秀的历史文化传统，吸收人类文明发展的一切优秀成果。

第八条 教育活动必须符合国家和社会公共利益。

国家实行教育与宗教相分离。任何组织和个人不得利用宗教进行妨碍国家教育制度的活动。

第九条 中华人民共和国公民有受教育的权利和义务。

公民不分民族、种族、性别、职业、财产状况、宗教信仰等，依法享有平等的受教育机会。

第十条 国家根据各少数民族的特点和需要，帮助各少数民族地区发展教育事业。

国家扶持边远贫困地区发展教育事业。

国家扶持和发展残疾人教育事业。

第十一条 国家适应社会主义市场经济发展和社会进步的需要，推进教育改革，促进各级各类教育协调发展，建立和完善终身教育体系。

国家支持、鼓励和组织教育科学研究，推广教育科学研究成果，促进教育质量提高。

第十二条 汉语言文字为学校及其他教育机构的基本教学语言文字。少数民族学生为主的学校及其他教育机构，可以使用本民族或者当地民族通用的语言文字进行教学。

学校及其他教育机构进行教学，应当推广使用全国通用的普通话和规范字。

第十三条 国家对发展教育事业做出突出贡献的组织和个人，给予奖励。

第十四条 国务院和地方各级人民政府根据分级管理、分工负责的原则，领导和管理教育工作。

中等及中等以下教育在国务院领导下，由地方人民政府管理。

高等教育由国务院和省、自治区、直辖市人民政府管理。

第十五条 国务院教育行政部门主管全国教育工作，统筹规划、协调管理全国的教育事业。

县级以上地方各级人民政府教育行政部门主管本行政区域内的教育工作。

县级以上各级人民政府其他有关部门在各自的职责范围内，负责有关的教育工作。

第十六条 国务院和县级以上地方各级人民政府应当向本级人民代表大会或者其常务委员会报告教育工作和教育经费预算、决算情况，接受监督。

第二章 教育基本制度

第十七条 国家实行学前教育、初等教育、中等教育、高等教育的学校教育制度。

国家建立科学的学制系统。学制系统内的学校和其他教育机构的设置、教育形式、修业年限、招生对象、培养目标等，由国务院或者由国务院授权教育行政部门规定。

第十八条 国家实行九年制义务教育制度。

各级人民政府采取各种措施保障适龄儿童、少年就学。

适龄儿童、少年的父母或者其他监护人以及有关社会组织和个人有义务使适龄儿童、少年接受并完成规定年限的义务教育。

第十九条 国家实行职业教育制度和成人教育制度。

各级人民政府、有关行政部门以及企业事业组织应当采取措施，发展并保障公民接受职业学校教育或者各种形式的职业培训。

国家鼓励发展多种形式的成人教育，使公民接受适当形式的政治、经济、文化、科学、技术、业务教育和终身教育。

第二十条 国家实行国家教育考试制度。

国家教育考试由国务院教育行政部门确定种类，并由国家批准的实施教育考试的机构承办。

第二十一条 国家实行学业证书制度。

经国家批准设立或者认可的学校及其他教育机构按照国家有关规定，颁发学历证书或者其他学业证书。

第二十二条 国家实行学位制度。

学位授予单位依法对达到一定学术水平或者专业技术水平的人员授予相应的学位，颁发学位证书。

第二十三条 各级人民政府、基层群众性自治组织和企业事业组织应当采取各种措施，开展扫除文盲的教育工作。

按照国家规定具有接受扫除文盲教育能力的公民，应当接受扫除文盲的教育。

第二十四条 国家实行教育督导制度和学校及其他教育机构教育评估制度。

第三章 学校及其他教育机构

第二十五条 国家制定教育发展规划，并举办学校及其他教育机构。

国家鼓励企业事业组织、社会团体、其他社会组织及公民个人依法举办学校及其他教育机构。

任何组织和个人不得以营利为目的举办学校及其他教育机构。

第二十六条 设立学校及其他教育机构，必须具备下列基本条件：

（一）有组织机构和章程；

（二）有合格的教师；

（三）有符合规定标准的教学场所及设施、设备等；

（四）有必备的办学资金和稳定的经费来源。

第二十七条 学校及其他教育机构的设立、变更和终止，应当按照国家有关规定办理审核、批准、注册或者备案手续。

第二十八条 学校及其他教育机构行使下列权利：

（一）按照章程自主管理；

（二）组织实施教育教学活动；

（三）招收学生或者其他受教育者；

（四）对受教育者进行学籍管理，实施奖励或者处分；

（五）对受教育者颁发相应的学业证书；

（六）聘任教师及其他职工，实施奖励或者处分；

（七）管理、使用本单位的设施和经费；

（八）拒绝任何组织和个人对教育教学活动的非法干涉；

（九）法律、法规规定的其他权利。

国家保护学校及其他教育机构的合法权益不受侵犯。

第二十九条 学校及其他教育机构应当履行下列义务：

（一）遵守法律、法规；

（二）贯彻国家的教育方针，执行国家教育教学标准，保证教育教学质量；

（三）维护受教育者、教师及其他职工的合法权益；

（四）以适当方式为受教育者及其监护人了解受教育者的学业成绩及其他有关情况提供便利；

（五）遵照国家有关规定收取费用并公开收费项目；

（六）依法接受监督。

第三十条 学校及其他教育机构的举办者按照国家有关规定，确定其所举办的学校或者其他教育机构的管理体制。

学校及其他教育机构的校长或者主要行政负责人必须由具有中华人民共和国国籍、在中国境内定居、并具备国家规定任职条件的公民担任，其任免按照国家有关规定办理。学校的教学及其他行政管理，由校长负责。

学校及其他教育机构应当按照国家有关规定，通过以教师为主体的教职工代表大会等组织形式，保障教职工参与民主管理和监督。

第三十一条 学校及其他教育机构具备法人条件的，自批准设立或者登记注册之日起取得法人资格。

学校及其他教育机构在民事活动中依法享有民事权利，承担民事责任。

学校及其他教育机构中的国有资产属于国家所有。

学校及其他教育机构兴办的校办产业独立承担民事责任。

第四章　教师和其他教育工作者

第三十二条 教师享有法律规定的权利，履行法律规定的义务，忠诚于人民的教育事业。

第三十三条 国家保护教师的合法权益，改善教师的工作条件和生活条件，提高教师的社会地位。

教师的工资报酬、福利待遇，依照法律、法规的规定办理。

第三十四条 国家实行教师资格、职务、聘任制度，通过考核、奖励、培养和培训，提高教师素质，加强教师队伍建设。

第三十五条 学校及其他教育机构中的管理人员，实行教育职员制度。

学校及其他教育机构中的教学辅助人员和其他专业技术人员，实行专业技术职务聘任制度。

第五章 受教育者

第三十六条 受教育者在入学、升学、就业等方面依法享有平等权利。

学校和有关行政部门应当按照国家有关规定，保障女子在入学、升学、就业、授予学位、派出留学等方面享有同男子平等的权利。

第三十七条 国家、社会对符合入学条件、家庭经济困难的儿童、少年、青年，提供各种形式的资助。

第三十八条 国家、社会、学校及其他教育机构应当根据残疾人身心特性和需要实施教育，并为其提供帮助和便利。

第三十九条 国家、社会、家庭、学校及其他教育机构应当为有违法犯罪行为的未成年人接受教育创造条件。

第四十条 从业人员有依法接受职业培训和继续教育的权利和义务。

国家机关、企业事业组织和其他社会组织，应当为本单位职工的学习和培训提供条件和便利。

第四十一条 国家鼓励学校及其他教育机构、社会组织采取措施，为公民接受终身教育创造条件。

第四十二条 受教育者享有下列权利：

（一）参加教育教学计划安排的各种活动，使用教育教学设施、设备、图书资料；

（二）按照国家有关规定获得奖学金、贷学金、助学金；

（三）在学业成绩和品行上获得公正评价，完成规定的学业后获得相应的学业证书、学位证书；

（四）对学校给予的处分不服向有关部门提出申诉，对学校、教师侵犯其人身权、财产权等合法权益，提出申诉或者依法提起诉讼；

（五）法律、法规规定的其他权利。

第四十三条 受教育者应当履行下列义务：

（一）遵守法律、法规；

（二）遵守学生行为规范，尊敬师长，养成良好的思想品德和行为习惯；

（三）努力学习，完成规定的学习任务；

（四）遵守所在学校或者其他教育机构的管理制度。

第四十四条 教育、体育、卫生行政部门和学校及其他教育机构应当完善体育、卫生保健设施，保护学生的身心健康。

第六章 教育与社会

第四十五条 国家机关、军队、企业事业组织、社会团体及其他社会组织和个人，应当依法为儿童、少年、青年学生的身心健康成长创造良好的社会环境。

第四十六条 国家鼓励企业事业组织、社会团体及其他社会组织同高等学校、中等职业学校在教学、科研、技术开发和推广等方面进行多种形式的合作。

企业事业组织、社会团体及其他社会组织和个人，可以通过适当形式，支持学校的建设，参与学校管理。

第四十七条 国家机关、军队、企业事业组织及其他社会组织应当为学校组织的学生实习、社会实践活动提供帮助和便利。

第四十八条 学校及其他教育机构在不影响正常教育教学活动的前提下，应当积极参加当地的社会公益活动。

第四十九条 未成年人的父母或者其他监护人应当为其未成年子女或者其他被监护人受教育提供必要条件。

未成年人的父母或者其他监护人应当配合学校及其他教育机构，对其未成年子女或者其他被监护人进行教育。

学校、教师可以对学生家长提供家庭教育指导。

第五十条 图书馆、博物馆、科技馆、文化馆、美术馆、体育馆（场）等社会公共文化体育设施，以及历史文化古迹和革命纪念馆（地），应当对教师、学生实行优待，为受教育者接受教育提供便利。

广播、电视台（站）应当开设教育节目，促进受教育者思想品德、文化和科学技术素质的提高。

第五十一条 国家、社会建立和发展对未成年人进行校外教育的设施。

学校及其他教育机构应当同基层群众性自治组织、企业事业组织、社会团体相互配合，加强对未成年人的校外教育工作。

第五十二条 国家鼓励社会团体、社会文化机构及其他社会组织和个人开展有益于受教育者身心健康的社会文化教育活动。

第七章 教育投入与条件保障

第五十三条 国家建立以财政拨款为主、其他多种渠道筹措教育经费为辅的体制，逐步增加对教育的投入，保证国家举办的学校教育经费的稳定来源。

企业事业组织、社会团体及其他社会组织和个人依法举办的学校及其他教育机构，办学经费由举办者负责筹措，各级人民政府可以给予适当支持。

第五十四条 国家财政性教育经费支出占国民生产总值的比例应当随着国民经济的发展和财政收入的增长逐步提高。具体比例和实施步骤由国务院规定。

全国各级财政支出总额中教育经费所占比例应当随着国民经济的发展逐步提高。

第五十五条 各级人民政府的教育经费支出，按照事权和财权相统一的原则，在财政预算中单独列项。

各级人民政府教育财政拨款的增长应当高于财政经常性收入的增长，并使按在校学生人数平均的教育费用逐步增长，保证教师工资和学生人均公用经费逐步增长。

第五十六条 国务院及县级以上地方各级人民政府应当设立教育专项资金，重点扶持边远贫困地区、少数民族地区实施义务教育。

第五十七条 税务机关依法足额征收教育费附加，由教育行政部门统筹管理，主要用于实施义务教育。

省、自治区、直辖市人民政府根据国务院的有关规定，可以决定开征用于教育的地方附加费，专款专用。

农村乡统筹中的教育费附加，由乡人民政府组织收取，由县级人民政府教育行政部门代为管理或者由乡人民政府管理，用于本乡范围内乡、村两级教育事业。农村教育费附加在乡统筹中所占具体比例和具体管理办法，由省、自治区、直辖市人民政府规定。

第五十八条 国家采取优惠措施，鼓励和扶持学校在不影响正常教育教学的前提下开展勤工俭学和社会服务，兴办校办产业。

第五十九条 经县级人民政府批准，乡、民族乡、镇的人民政府根据自愿、量力的原则，可以在本行政区域内集资办学，用于实施义务教育学校的危房改造和修缮、新建校舍，不得挪作他用。

第六十条 国家鼓励境内、境外社会组织和个人捐资助学。

第六十一条 国家财政性教育经费、社会组织和个人对教育的捐赠，必须用于教育，不得挪用、克扣。

第六十二条 国家鼓励运用金融、信贷手段，支持教育事业的发展。

第六十三条 各级人民政府及其教育行政部门应当加强对学校及其他教育机构教育经费的监督管理，提高教育投资效益。

第六十四条 地方各级人民政府及其有关行政部门必须把学校的基本建设纳入城乡建设规划，统筹安排学校的基本建设用地及所需物资，按照国家有关规定实行优先、优惠政策。

第六十五条 各级人民政府对教科书及教学用图书资料的出版发行，对教学仪器、设备的生产和供应，对用于学校教育教学和科学研究的图书资料、教学仪器、设备的进口，按照国家有关规定实行优先、优惠政策。

第六十六条 县级以上人民政府应当发展卫星电视教育和其他现代化教学手段，有关行政部门应当优先安排，给予扶持。

国家鼓励学校及其他教育机构推广运用现代化教学手段。

第八章　教育对外交流与合作

第六十七条　国家鼓励开展教育对外交流与合作。

教育对外交流与合作坚持独立自主、平等互利、相互尊重的原则，不得违反中国法律，不得损害国家主权、安全和社会公共利益。

第六十八条　中国境内公民出国留学、研究、进行学术交流或者任教，依照国家有关规定办理。

第六十九条　中国境外个人符合国家规定的条件并办理有关手续后，可以进入中国境内学校及其他教育机构学习、研究、进行学术交流或者任教，其合法权益受国家保护。

第七十条　中国对境外教育机构颁发的学位证书、学历证书及其他学业证书的承认，依照中华人民共和国缔结或者加入的国际条约办理，或者按照国家有关规定办理。

第九章　法 律 责 任

第七十一条　违反国家有关规定，不按照预算核拨教育经费的，由同级人民政府限期核拨；情节严重的，对直接负责的主管人员和其他直接责任人员，依法给予行政处分。

违反国家财政制度、财务制度，挪用、克扣教育经费的，由上级机关责令限期归还被挪用、克扣的经费，并对直接负责的主管人员和其他直接责任人员，依法给予行政处分；构成犯罪的，依法追究刑事责任。

第七十二条　结伙斗殴、寻衅滋事，扰乱学校及其他教育机构教育教学秩序或者破坏校舍、场地及其他财产的，由公安机关给予治安管理处罚；构成犯罪的，依法追究刑事责任。

侵占学校及其他教育机构的校舍、场地及其他财产的，依法承担民事责任。

第七十三条　明知校舍或者教育教学设施有危险，而不采取措施，造成人员伤亡或者重大财产损失的，对直接负责的主管人员和其他直接责任人员，依法追究刑事责任。

第七十四条 违反国家有关规定，向学校或者其他教育机构收取费用的，由政府责令退还所收费用；对直接负责的主管人员和其他直接责任人员，依法给予行政处分。

第七十五条 违反国家有关规定，举办学校或者其他教育机构的，由教育行政部门予以撤销；有违法所得的，没收违法所得；对直接负责的主管人员和其他直接责任人员，依法给予行政处分。

第七十六条 违反国家有关规定招收学员的，由教育行政部门责令退回招收的学员，退还所收费用；对直接负责的主管人员和其他直接责任人员，依法给予行政处分。

第七十七条 在招收学生工作中徇私舞弊的，由教育行政部门责令退回招收的人员；对直接负责的主管人员和其他直接责任人员，依法给予行政处分；构成犯罪的，依法追究刑事责任。

第七十八条 学校及其他教育机构违反国家有关规定向受教育者收取费用的，由教育行政部门责令退还所收费用；对直接负责的主管人员和其他直接责任人员，依法给予行政处分。

第七十九条 在国家教育考试中作弊的，由教育行政部门宣布考试无效，对直接负责的主管人员和其他直接责任人员，依法给予行政处分。

非法举办国家教育考试的，由教育行政部门宣布考试无效；有违法所得的，没收违法所得；对直接负责的主管人员和其他直接责任人员，依法给予行政处分。

第八十条 违反本法规定，颁发学位证书、学历证书或者其他学业证书的，由教育行政部门宣布证书无效，责令收回或者予以没收；有违法所得的，没收违法所得；情节严重的，取消其颁发证书的资格。

第八十一条 违反本法规定，侵犯教师、受教育者、学校或者其他教育机构的合法权益，造成损失、损害的，应当依法承担民事责任。

第十章　附　　则

第八十二条 军事学校教育由中央军事委员会根据本法的原则规定。

宗教学校教育由国务院另行规定。

第八十三条 境外的组织和个人在中国境内办学和合作办学的办法，由国务院规定。

第八十四条 本法自 1995 年 9 月 1 日起施行。

中华人民共和国高等教育法

（1998 年 8 月 29 日第九届全国人民代表大会常务委员会第四次会议通过）

第一章　总　　则

第一条　为了发展高等教育事业，实施科教兴国战略，促进社会主义物质文明和精神文明，根据宪法和教育法，制定本法。

第二条　在中华人民共和国境内从事高等教育活动，适用本法。

本法所称高等教育，是指在完成高级中等教育基础上实施的教育。

第三条　国家坚持以马克思列宁主义、毛泽东思想、邓小平理论为指导，遵循宪法确定的基本原则，发展社会主义的高等教育事业。

第四条　高等教育必须贯彻国家的教育方针，为社会主义现代化建设服务，与生产劳动相结合，使受教育者成为德、智、体等方面全面发展的社会主义事业的建设者和接班人。

第五条　高等教育的任务是培养具有创新精神和实践能力的高级专门人才，发展科学技术文化，促进社会主义现代化建设。

第六条　国家根据经济建设和社会发展的需要，制定高等教育发展规划，举办高等学校，并采取多种形式积极发展高等教育事业。

国家鼓励企业事业组织、社会团体及其他社会组织和公民等社会力量依法举办高等学校，参与和支持高等教育事业的改革和发展。

第七条 国家按照社会主义现代化建设和发展社会主义市场经济的需要，根据不同类型、不同层次高等学校的实际，推进高等教育体制改革和高等教育教学改革，优化高等教育结构和资源配置，提高高等教育的质量和效益。

第八条 国家根据少数民族的特点和需要，帮助和支持少数民族地区发展高等教育事业，为少数民族培养高级专门人才。

第九条 公民依法享有接受高等教育的权利。

国家采取措施，帮助少数民族学生和经济困难的学生接受高等教育。

高等学校必须招收符合国家规定的录取标准的残疾学生入学，不得因其残疾而拒绝招收。

第十条 国家依法保障高等学校中的科学研究、文学艺术创作和其他文化活动的自由。

在高等学校中从事科学研究、文学艺术创作和其他文化活动，应当遵守法律。

第十一条 高等学校应当面向社会，依法自主办学，实行民主管理。

第十二条 国家鼓励高等学校之间、高等学校与科学研究机构以及企业事业组织之间开展协作，实行优势互补，提高教育资源的使用效益。

国家鼓励和支持高等教育事业的国际交流与合作。

第十三条 国务院统一领导和管理全国高等教育事业。

省、自治区、直辖市人民政府统筹协调本行政区域内的高等教育事业，管理主要为地方培养人才和国务院授权管理的高等学校。

第十四条 国务院教育行政部门主管全国高等教育工作，管理由国务院确定的主要为全国培养人才的高等学校。国务院其他有关部门在国务院规定的职责范围内，负责有关的高等教育工作。

第二章　高等教育基本制度

第十五条 高等教育包括学历教育和非学历教育。

高等教育采用全日制和非全日制教育形式。

国家支持采用广播、电视、函授及其他远程教育方式实施高等教育。

第十六条 高等学历教育分为专科教育、本科教育和研究生教育。

高等学历教育应当符合下列学业标准：

（一）专科教育应当使学生掌握本专业必备的基础理论、专门知识，具有从事本专业实际工作的基本技能和初步能力；

（二）本科教育应当使学生比较系统地掌握本学科、专业必需的基础理论、基本知识，掌握本专业必要的基本技能、方法和相关知识，具有从事本专业实际工作和研究工作的初步能力；

（三）硕士研究生教育应当使学生掌握本学科坚实的基础理论、系统的专业知识，掌握相应的技能、方法和相关知识，具有从事本专业实际工作和科学研究工作的能力。博士研究生教育应当使学生掌握本学科坚实宽广的基础理论、系统深入的专业知识、相应的技能和方法，具有独立从事本学科创造性科学研究工作和实际工作的能力。

第十七条 专科教育的基本修业年限为二至三年，本科教育的基本修业年限为四至五年，硕士研究生教育的基本修业年限为二至三年，博士研究生教育的基本修业年限为三至四年。非全日制高等学历教育的修业年限应当适当延长。高等学校根据实际需要，报主管的教育行政部门批准，可以对本学校的修业年限作出调整。

第十八条 高等教育由高等学校和其他高等教育机构实施。

大学、独立设置的学院主要实施本科及本科以上教育。高等专科学校实施专科教育。经国务院教育行政部门批准，科学研究机构可以承担研究生教育的任务。

其他高等教育机构实施非学历高等教育。

第十九条 高级中等教育毕业或者具有同等学力的，经考试合格，由实施相应学历教育的高等学校录取，取得专科生或者本科生入学资格。

本科毕业或者具有同等学力的，经考试合格，由实施相应学历教育的高等学校或者经批准承担研究生教育任务的科学研究机构录取，取得硕士研究生入学资格。

硕士研究生毕业或者具有同等学力的，经考试合格，由实施相应学历教育的高等学校或者经批准承担研究生教育任务的科学研究机构录取，取得博士研究生入学资格。

允许特定学科和专业的本科毕业生直接取得博士研究生入学资格，具体办法由国务院教育行政部门规定。

第二十条 接受高等学历教育的学生，由所在高等学校或者经批准承担研究生教育任务的科学研究机构根据其修业年限、学业成绩等，按照国家有关规定，发给相应的学历证书或者其他学业证书。

接受非学历高等教育的学生，由所在高等学校或者其他高等教育机构发给相应的结业证书。结业证书应当载明修业年限和学业内容。

第二十一条 国家实行高等教育自学考试制度，经考试合格的，发给相应的学历证书或者其他学业证书。

第二十二条 国家实行学位制度。学位分为学士、硕士和博士。

公民通过接受高等教育或者自学，其学业水平达到国家规定的学位标准，可以向学位授予单位申请授予相应的学位。

第二十三条 高等学校和其他高等教育机构应当根据社会需要和自身办学条件，承担实施继续教育的工作。

第三章 高等学校的设立

第二十四条 设立高等学校，应当符合国家高等教育发展规划，符合国家利益和社会公共利益，不得以营利为目的。

第二十五条 设立高等学校，应当具备教育法规定的基本条件。

大学或者独立设置的学院还应当具有较强的教学、科学研究力量，较高的教学、科学研究水平和相应规模，能够实施本科及本科以上教育。大学还必须设有三个以上国家规定的学科门类为主要学科。设立高等学校的具体标准由国务院制定。

设立其他高等教育机构的具体标准，由国务院授权的有关部门或者省、自治区、直辖市人民政府根据国务院规定的原则制定。

第二十六条 设立高等学校，应当根据其层次、类型、所设学科类别、规模、教学和科学研究水平，使用相应的名称。

第二十七条 申请设立高等学校的，应当向审批机关提交下列材料：

（一）申办报告；

（二）可行性论证材料；

（三）章程；

（四）审批机关依照本法规定要求提供的其他材料。

第二十八条 高等学校的章程应当规定以下事项：

（一）学校名称、校址；

（二）办学宗旨；

（三）办学规模；

（四）学科门类的设置；

（五）教育形式；

（六）内部管理体制；

（七）经费来源、财产和财务制度；

（八）举办者与学校之间的权利、义务；

（九）章程修改程序；

（十）其他必须由章程规定的事项。

第二十九条 设立高等学校由国务院教育行政部门审批，其中设立实施专科教育的高等学校，经国务院授权，也可以由省、自治区、直辖市人民政府审批；设立其他高等教育机构，由国务院授权的有关部门或者省、自治区、直辖市人民政府审批。对不符合规定条件审批设立的高等学校和其他高等教育机构，国务院教育行政部门有权予以撤销。

审批高等学校的设立，应当聘请由专家组成的评议机构评议。

高等学校和其他高等教育机构分立、合并、终止，变更名称、类别和其他重要事项，由原审批机关审批；章程的修改，应当报原审批机关核准。

第四章 高等学校的组织和活动

第三十条 高等学校自批准设立之日起取得法人资格。高等学校的校长为高等学校的法定代表人。

高等学校在民事活动中依法享有民事权得，承担民事责任。

第三十一条 高等学校应当以培养人才为中心，开展教学、科学研究和社会服务，保证教育教学质量达到国家规定的标准。

第三十二条 高等学校根据社会需求、办学条件和国家核定的办学规模，制定招生方案，自主调节系科招生比例。

第三十三条 高等学校依法自主设置和调整学科、专业。

第三十四条 高等学校根据教学需要，自主制订教学计划、选编教材、组织实施教学活动。

第三十五条 高等学校根据自身条件，自主开展科学研究、技术开发和社会服务。

国家鼓励高等学校同企业事业组织、社会团体及其他社会组织在科学研究、技术开发和推广等方面进行多种形式的合作。

国家支持具备条件的高等学校成为国家科学研究基地。

第三十六条 高等学校按照国家有关规定，自主开展与境外高等学校之间的科学技术文化交流与合作。

第三十七条 高等学校根据实际需要和精简、效能的原则，自主确定教学、科学研究、行政职能部门等内部组织机构的设置和人员配备；按照国家有关规定，评聘教师和其他专业技术人员的职务，调整津贴及工资分配。

第三十八条 高等学校对举办者提供的财产、国家财政性资助、受捐赠财产依法自主管理和使用。

高等学校不得将用于教学和科学研究活动的财产挪作他用。

第三十九条 国家举办的高等学校实行中国共产党高等学校基层委员会领导下的校长负责制。中国共产党高等学校基层委员会按照中国共产党章程和有关规定，统一领导学校工作，支持校长独立负责地行使职权，其领导职责主要是：执行中国共产党的路线、方针、政策，坚持社会主义办学方向，领导学校的思想政治工作和德育工作，讨论决定学校内部组织机构的设置和内部组织机构负责人的人选，讨论决定学校的改革、发展和基本管理制度等重大事项，保证以培养人才为中心的各项任务的完成。

社会力量举办的高等学校的内部管理体制按照国家有关社会力量办学的规定确定。

第四十条 高等学校的校长，由符合教育法规定的任职条件的公民担任。

高等学校的校长、副校长按照国家有关规定任免。

第四十一条 高等学校的校长全面负责本学校的教学、科学研究和其他行政管理工作，行使下列职权：

（一）拟订发展规划，制定具体规章制度和年度工作计划并组织实施；

（二）组织教学活动、科学研究和思想品德教育；

（三）拟订内部组织机构的设置方案，推荐副校长人选，任免内部组织机构的负责人；

（四）聘任与解聘教师以及内部其他工作人员，对学生进行学籍管理并实施奖励或者处分；

（五）拟订和执行年度经费预算方案，保护和管理校产，维护学校的合法权益；

（六）章程规定的其他职权。

高等学校的校长办公会议或者校务会议，处理前款规定的有关事项。

第四十二条 高等学校设立学术委员会，审议学科、专业的设置，教学、科学研究计划方案，评定教学、科学研究成果等有关学术事项。

第四十三条 高等学校通过以教师为主体的教职工代表大会等组织形式，依法保障教职工参与民主管理和监督，维护教职工合法权益。

第四十四条 高等学校的办学水平、教育质量，接受教育行政部门的监督和由其组织的评估。

第五章 高等学校教师和其他教育工作者

第四十五条 高等学校的教师及其他教育工作者享有法律规定的权利，履行法律规定的义务，忠诚于人民的教育事业。

第四十六条 高等学校实行教师资格制度。中国公民凡遵守宪法和法律，热爱教育事业，具有良好的思想品德，具备研究生或者大学本科毕业学历，有相应的教育教学能力，经认定合格，可以取得高等学校教师资格。不具备研究生或者大学本科毕业学历的公民，学有所长，通过国家教师资格考试，经认定合格，也可以取得高等学校教师资格。

第四十七条 高等学校实行教师职务制度。高等学校教师职务根据学校所承担的教学、科学研究等任务的需要设置，教师职务设助教、讲师、副教授、教授。

高等学校的教师取得前款规定的职务应当具备下列基本条件：

（一）取得高等学校教师资格；

（二）系统地掌握本学科的基础理论；

（三）具备相应职务的教育教学能力和科学研究能力；

（四）承担相应职务的课程和规定课时的教学任务。

教授、副教授除应当具备以上基本任职条件外，还应当对本学科具有系统而坚实的基础理论和比较丰富的教学、科学研究经验，教学成绩显著，论文或者著作达到较高水平或者有突出的教学、科学研究成果。

高等学校教师职务的具体任职条件由国务院规定。

第四十八条 高等学校实行教师聘任制。教师经评定具备任职条件的，由高等学校按照教师职务的职责、条件和任期聘任。

高等学校的教师的聘任，应当遵循双方平等自愿的原则，由高等学校校长与受聘教师签订聘任合同。

第四十九条 高等学校的管理人员，实行教育职员制度。高等学校的教学辅助人员及其他专业技术人员，实行专业技术职务聘任制度。

第五十条 国家保护高等学校教师及其他教育工作者的合法权益，采取措施改善高等学校教师及其他教育工作者的工作条件和生活条件。

第五十一条 高等学校应当为教师参加培训、开展科学研究和进行学术交流提供便利条件。

高等学校应当对教师、管理人员和教学辅助人员及其他专业技术人员的思想政治表现、职业道德、业务水平和工作实绩进行考核，考核结果作为聘任或者解聘、晋升、奖励或者处分的依据。

第五十二条 高等学校应当为教师、管理人员和教学辅助人员及其他专业技术人员，应当以教学和培养人才为中心做好本职工作。

第六章　高等学校的学生

第五十三条 高等学校的学生应当遵守法律、法规，遵守学生行为规范和学校的各项管理制度，尊敬师长，刻苦学习，增强体质，树立爱国主义、集体主义和社会主义思想，努力学习马克思列宁主义、毛泽东思想、邓小平理论，具有良好的思想品德，掌握较高的科学文化知识和专业技能。

高等学校学生的合法权益，受法律保护。

第五十四条 高等学校的学生应当按照国家规定缴纳学费。

家庭经济困难的学生，可以申请补助或者减免学费。

第五十五条 国家设立奖学金，并鼓励高等学校、企业事业组织、社会团体以及其他社会组织和个人按照国家有关规定设立各种形式的奖学金，对品学兼优的学生、国家规定的专业的学生以及到国家规定的地区工作的学生给予奖励。

国家设立高等学校学生勤工助学基金和贷学金，并鼓励高等学校、企业事业组织、社会团体以及其他社会组织和个人设立各种形式的助学金，对家庭经济困难的学生提供帮助。

获得贷学金及助学金的学生，应当履行相应的义务。

第五十六条 高等学校的学生在课余时间可以参加社会服务和勤工助学活动，但不得影响学业任务的完成。

高等学校应当对学生的社会服务和勤工助学活动给予鼓励和支持，并进行引导和管理。

第五十七条 高等学校的学生，可以在校内组织学生团体。学生团体在法律、法规规定的范围内活动，服从学校的领导和管理。

第五十八条 高等学校的学生思想品德合格，在规定的修业年限内学完规定的课程，成绩合格或者修满相应的学分，准予毕业。

第五十九条 高等学校应当为毕业生、结业生提供就业指导和服务。

国家鼓励高等学校毕业生到边远、艰苦地区工作。

第七章 高等教育投入和条件保障

第六十条 国家建立以财政拨款为主、其他多种渠道筹措高等教育经费为辅的体制，使高等教育事业的发展同经济、社会发展的水平相适应。

国务院和省、自治区、直辖市人民政府依照教育法第五十五条的规定，保证国家兴办的高等教育的经费逐步增长。

国家鼓励企业事业组织、社会团体及其他社会组织和个人向高等教育投入。

第六十一条 高等学校的举办者应当保证稳定的办学经费来源，不得抽回其投入的办学资金。

第六十二条 国务院教育行政部门会同国务院其他有关部门根据在校

学生年人均教育成本，规定高等学校年经费开支标准和筹措的基本原则；省、自治区、直辖市人民政府教育行政部门会同有关部门制订本行政区域内高等学校年经费开支标准和筹措办法，作为举办者和高等学校筹措办学经费的基本依据。

第六十三条 国家对高等学校进口图书资料、教学科研设备以及校办产业实行优惠政策。高等学校所办产业或者转让知识产权以及其他科学技术成果获得的收益，用于高等学校办学。

第六十四条 高等学校收取的学费应当按照国家有关规定管理和使用，其他任何组织和个人不得挪用。

第六十五条 高等学校应当依法建立、健全财务管理制度，合理使用、严格管理教育经费，提高教育投资效益。

高等学校的财务活动应当依法接受监督。

第八章 附 则

第六十六条 对高等教育活动中违反教育法规定的，依照教育法的有关规定给予处罚。

第六十七条 中国境外个人符合国家规定的条件并办理有关手续后，可以进入中国境内高等学校学习、研究、进行学术交流或者任教，其合法权益受国家保护。

第六十八条 本法所称高等学校是指大学、独立设置的学院和高等专科学校，其中包括高等职业学校和成人高等学校。

本法所称其他高等教育机构是指除高等学校和经批准承担研究生教育任务的科学研究机构以外的从事高等教育活动的组织。

本法有关高等学校的规定适用于其他高等教育机构和经批准承担研究生教育任务的科学研究机构，但是对高等学位专门适用的规定除外。

第六十九条 本法自 1999 年 1 月 1 日起施行。

中华人民共和国教师法

（1993 年 10 月 31 日第八届全国人民代表大会常务委员会第四次会议通过）

第一章　总　　则

第一条　为了保障教师的合法权益，建设具有良好思想品德修养和业务素质的教师队伍，促进社会主义教育事业的发展，制定本法。

第二条　本法适用于在各级各类学校和其他教育机构中专门从事教育教学工作的教师。

第三条　教师是履行教育教学职责的专业人员，承担教书育人，培养社会主义事业建设者和接班人、提高民族素质的使命。教师应当忠诚于人民的教育事业。

第四条　各级人民政府应当采取措施，加强教师的思想政治教育和业务培训，改善教师的工作条件和生活条件，保障教师的合法权益，提高教师的社会地位。

全社会都应当尊重教师。

第五条　国务院教育行政部门主管全国的教师工作。

国务院有关部门在各自职权范围内负责有关的教师工作。

学校和其他教育机构根据国家规定，自主进行教师管理工作。

第六条　每年九月十日为教师节。

第二章　权利和义务

第七条　教师享有下列权利：

（一）进行教育教学活动，开展教育教学改革和实验；

（二）从事科学研究、学术交流，参加专业的学术团体，在学术活动中充分发表意见；

（三）指导学生的学习和发展，评定学生的品行和学业成绩；

（四）按时获取工资报酬，享受国家规定的福利待遇以及寒暑假期的带薪休假；

（五）对学校教育教学、管理工作和教育行政部门的工作提出意见和建议，通过教职工代表大会或者其他形式，参与学校的民主管理；

（六）参加进修或者其他方式的培训。

第八条 教师应当履行下列义务：

（一）遵守宪法、法律和职业道德，为人师表；

（二）贯彻国家的教育方针，遵守规章制度，执行学校的教学计划，履行教师聘约，完成教育教学工作任务；

（三）对学生进行宪法所确定的基本原则的教育和爱国主义、民族团结的教育，法制教育以及思想品德、文化、科学技术教育，组织、带领学生开展有益的社会活动；

（四）关心、爱护全体学生，尊重学生人格，促进学生在品德、智力、体质等方面全面发展；

（五）制止有害于学生的行为或者其他侵犯学生合法权益的行为，批评和抵制有害于学生健康成长的现象；

（六）不断提高思想政治觉悟和教育教学业务水平。

第九条 为保障教师完成教育教学任务，各级人民政府、教育行政部门、有关部门、学校和其他教育机构应当履行下列职责：

（一）提供符合国家安全标准的教育教学设施和设备；

（二）提供必需的图书、资料及其他教育教学用品；

（三）对教师在教育教学、科学研究中的创造性工作给以鼓励和帮助；

（四）支持教师制止有害于学生的行为或者其他侵犯学生合法权益的行为。

第三章 资格和任用

第十条 国家实行教师资格制度。

中国公民凡遵守宪法和法律，热爱教育事业，具有良好的思想品德，具备本法规定的学历或者经国家教师资格考试合格，有教育教学能力，经认定合格的，可以取得教师资格。

第十一条 取得教师资格应当具备的相应学历是：

（一）取得幼儿园教师资格，应当具备幼儿师范学校毕业及其以上学历；

（二）取得小学教师资格，应当具备中等师范学校毕业及其以上学历；

（三）取得初级中学教师、初级职业学校文化、专业课教师资格，应当具备高等师范专科学校或者其他大学专科毕业及其以上学历；

（四）取得高级中学教师资格和中等专业学校、技工学校、职业高中文化课、专业课教师资格，应当具备高等师范院校本科或者其他大学本科毕业及其以上学历；取得中等专业学校、技工学校和职业高中学生实习指导教师资格应当具备的学历，由国务院教育行政部门规定；

（五）取得高等学校教师资格，应当具备研究生或者大学本科毕业学历；

（六）取得成人教育教师资格，应当按照成人教育的层次、类别，分别具备高等、中等学校毕业及其以上学历。

不具备本法规定的教师资格学历的公民，申请获取教师资格，必须通过国家教师资格考试。国家教师资格考试制度由国务院规定。

第十二条 本法实施前已经在学校或者其他教育机构中任教的教师，未具备本法规定学历的，由国务院教育行政部门规定教师资格过渡办法。

第十三条 中小学教师资格由县级以上地方人民政府教育行政部门认定。中等专业学校、技工学校的教师资格由县级以上地方人民政府教育行政部门组织有关主管部门认定。普通高等学校的教师资格由国务院或者省、自治区、直辖市教育行政部门或者由其委托的学校认定。

具备本法规定的学历或者经国家教师资格考试合格的公民，要求有关部门认定其教师资格的，有关部门应当依照本法规定的条件予以认定。

取得教师资格的人员首次任教时，应当有试用期。

第十四条 受到剥夺政治权利或者故意犯罪受到有期徒刑以上刑事处罚的，不能取得教师资格；已经取得教师资格的，丧失教师资格。

第十五条 各级师范学校毕业生，应当按照国家有关规定从事教育教学工作。

国家鼓励非师范高等学校毕业生到中小学或者职业学校任教。

第十六条 国家实行教师职务制度，具体办法由国务院规定。

第十七条 学校和其他教育机构应当逐步实行教师聘任制。教师的聘任应当遵循双方地位平等的原则，由学校和教师签订聘任合同，明确规定双方的权利、义务和责任。

实施教师聘任制的步骤、办法由国务院教育行政部门规定。

第四章 培养和培训

第十八条 各级人民政府和有关部门应当办好师范教育，并采取措施，鼓励优秀青年进入各级师范学校学习。各级教师进修学校承担培训中小学教师的任务。

非师范学校应当承担培养和培训中小学教师的任务。

各级师范学校学生享受专业奖学金。

第十九条 各级人民政府教育行政部门、学校主管部门和学校应当制定教师培训规划，对教师进行多种形式的思想政治、业务培训。

第二十条 国家机关、企业事业单位和其他社会组织应当为教师的社会调查和社会实践提供方便，给予协助。

第二十一条 各级人民政府应当采取措施，为少数民族地区和边远贫困地区培养、培训教师。

第五章 考 核

第二十二条 学校或者其他教育机构应当对教师的政治思想、业务水平、工作态度和工作成绩进行考核。

教育行政部门对教师的考核工作进行指导、监督。

第二十三条 考核应当客观、公正、准确，充分听取教师本人、其他教师以及学生的意见。

第二十四条 教师考核结果是受聘任教、晋升工资、实施奖惩的依据。

第六章 待 遇

第二十五条 教师的平均工资水平应当不低于或者高于国家公务员的平均工资水平，并逐步提高。建立正常晋级增薪制度，具体办法由国务院规定。

第二十六条 中小学教师和职业学校教师享受教龄津贴和其他津贴，具体办法由国务院教育行政部门会同有关部门制定。

第二十七条 地方各级人民政府对教师以及具有中专以上学历的毕业生到少数民族地区和边远贫困地区从事教育教学工作的，应当予以补贴。

第二十八条 地方各级人民政府和国务院有关部门，对城市教师住房的建设、租赁、出售实行优先、优惠。

县、乡两级人民政府应当为农村中小学教师解决住房提供方便。

第二十九条 教师的医疗同当地国家公务员享受同等的待遇；定期对教师进行身体健康检查，并因地制宜安排教师进行休养。

医疗机构应当对当地教师的医疗提供方便。

第三十条 教师退休或者退职后，享受国家规定的退休或者退职待遇。

县级以上地方人民政府可以适当提高长期从事教育教学工作的中小学退休教师的退休金比例。

第三十一条 各级人民政府应当采取措施，改善国家补助、集体支付工资的中小学教师的待遇，逐步做到在工资收入上与国家支付工资的教师同工同酬，具体办法由地方各级人民政府根据本地区的实际情况规定。

第三十二条 社会力量所办学校的教师的待遇，由举办者自行确定并予以保障。

第七章 奖 励

第三十三条 教师在教育教学、培养人才、科学研究、教学改革、学校建设、社会服务、勤工俭学等方面成绩优异的，由所在学校予以表彰、奖励。

国务院和地方各级人民政府及其有关部门对有突出贡献的教师，应当予以表彰、奖励。

对有重大贡献的教师，依照国家有关规定授予荣誉称号。

第三十四条 国家支持和鼓励社会组织或者个人向依法成立的奖励教师的基金组织捐助资金，对教师进行奖励。

第八章 法律责任

第三十五条 侮辱、殴打教师的，根据不同情况，分别给予行政处分或者行政处罚；造成损害的，责令赔偿损失；情节严重，构成犯罪的，依法追究刑事责任。

第三十六条 对依法提出申诉、控告、检举的教师进行打击报复的，由其所在单位或者上级机关责令改正；情节严重的，可以根据具体情况给予行政处分。

国家工作人员对教师打击报复构成犯罪的，依照刑法第一百四十六条的规定追究刑事责任。

第三十七条 教师有下列情形之一的，由所在学校、其他教育机构或者教育行政部门给予行政处分或者解聘。

（一）故意不完成教育教学任务给教育教学工作造成损失的；

（二）体罚学生，经教育不改的；

（三）品行不良、侮辱学生，影响恶劣的。

教师有前款第（二）项、第（三）项所列情形之一，情节严重，构成犯罪的，依法追究刑事责任。

第三十八条 地方人民政府对违反本法规定，拖欠教师工资或者侵犯教师其他合法权益的，应当责令其限期改正。

违反国家财政制度、财务制度，挪用国家财政用于教育的经费，严重妨碍教育教学工作，拖欠教师工资，损害教师合法权益的，由上级机关责令限期归还被挪用的经费，并对直接责任人员给予行政处分；情节严重，构成犯罪的，依法追究刑事责任。

第三十九条 教师对学校或者其他教育机构侵犯其合法权益的，或者对学校或者其他教育机构作出的处理不服的，可以向教育行政部门提出申诉，教育行政部门应当在接到申诉的三十日内，作出处理。

教师认为当地人民政府有关行政部门侵犯其根据本法规定享有的权利的，可以向同级人民政府或者上一级人民政府有关部门提出申诉，同级人民政府或者上一级人民政府有关部门应当作出处理。

第九章 附 则

第四十条 本法下列用语的含义是：

（一）各级各类学校，是指实施学前教育、普通初等教育、普通中等教育、职业教育、普通高等教育以及特殊教育、成人教育的学校。

（二）其他教育机构，是指少年宫以及地方教研室、电化教育机构等。

（三）中小学教师，是指幼儿园、特殊教育机构、普通中小学、成人初等中等教育机构、职业中学以及其他教育机构的教师。

第四十一条 学校和其他教育机构中的教育教学辅助人员，其他类型的学校的教师和教育教学辅助人员，可以根据实际情况参照 本法的有关规定执行。

军队所属院校的教师和教育教学辅助人员中央军事委员会依照本法制定有关规定。

第四十二条 外籍教师的聘任办法由国务院教育行政部门规定。

第四十三条 本法自 1994 年 1 月 1 日起施行。

中华人民共和国劳动争议调解仲裁法

（2007年12月29日第十届全国人民代表大会常务委员会第三十一次会议通过）

目　录

第一章　总　　则

第一条　为了公正及时解决劳动争议，保护当事人合法权益，促进劳动关系和谐稳定，制定本法。

第二条　中华人民共和国境内的用人单位与劳动者发生的下列劳动争议，适用本法：

（一）因确认劳动关系发生的争议；

（二）因订立、履行、变更、解除和终止劳动合同发生的争议；

（三）因除名、辞退和辞职、离职发生的争议；

（四）因工作时间、休息休假、社会保险、福利、培训以及劳动保护发生的争议；

（五）因劳动报酬、工伤医疗费、经济补偿或者赔偿金等发生的争议；

（六）法律、法规规定的其他劳动争议。

第三条 解决劳动争议，应当根据事实，遵循合法、公正、及时、着重调解的原则，依法保护当事人的合法权益。

第四条 发生劳动争议，劳动者可以与用人单位协商，也可以请工会或者第三方共同与用人单位协商，达成和解协议。

第五条 发生劳动争议，当事人不愿协商、协商不成或者达成和解协议后不履行的，可以向调解组织申请调解；不愿调解、调解不成或者达成调解协议后不履行的，可以向劳动争议仲裁委员会申请仲裁；对仲裁裁决不服的，除本法另有规定的外，可以向人民法院提起诉讼。

第六条 发生劳动争议，当事人对自己提出的主张，有责任提供证据。与争议事项有关的证据属于用人单位掌握管理的，用人单位应当提供；用人单位不提供的，应当承担不利后果。

第七条 发生劳动争议的劳动者一方在十人以上，并有共同请求的，可以推举代表参加调解、仲裁或者诉讼活动。

第八条 县级以上人民政府劳动行政部门会同工会和企业方面代表建立协调劳动关系三方机制，共同研究解决劳动争议的重大问题。

第九条 用人单位违反国家规定，拖欠或者未足额支付劳动报酬，或者拖欠工伤医疗费、经济补偿或者赔偿金的，劳动者可以向劳动行政部门投诉，劳动行政部门应当依法处理。

第二章 调 解

第十条 发生劳动争议，当事人可以到下列调解组织申请调解：

（一）企业劳动争议调解委员会；

（二）依法设立的基层人民调解组织；

（三）在乡镇、街道设立的具有劳动争议调解职能的组织。

企业劳动争议调解委员会由职工代表和企业代表组成。职工代表由工会成员担任或者由全体职工推举产生，企业代表由企业负责人指定。企业劳动争议调解委员会主任由工会成员或者双方推举的人员担任。

第十一条 劳动争议调解组织的调解员应当由公道正派、联系群众、热心调解工作，并具有一定法律知识、政策水平和文化水平的成年公民担任。

第十二条 当事人申请劳动争议调解可以书面申请，也可以口头申请。口头申请的，调解组织应当当场记录申请人基本情况、申请调解的争议事项、理由和时间。

第十三条 调解劳动争议，应当充分听取双方当事人对事实和理由的陈述，耐心疏导，帮助其达成协议。

第十四条 经调解达成协议的，应当制作调解协议书。

调解协议书由双方当事人签名或者盖章，经调解员签名并加盖调解组织印章后生效，对双方当事人具有约束力，当事人应当履行。

自劳动争议调解组织收到调解申请之日起十五日内未达成调解协议的，当事人可以依法申请仲裁。

第十五条 达成调解协议后，一方当事人在协议约定期限内不履行调解协议的，另一方当事人可以依法申请仲裁。

第十六条 因支付拖欠劳动报酬、工伤医疗费、经济补偿或者赔偿金事项达成调解协议，用人单位在协议约定期限内不履行的，劳动者可以持调解协议书依法向人民法院申请支付令。人民法院应当依法发出支付令。

第三章 仲 裁

第一节 一般规定

第十七条 劳动争议仲裁委员会按照统筹规划、合理布局和适应实际需要的原则设立。省、自治区人民政府可以决定在市、县设立；直辖市人民政府可以决定在区、县设立。直辖市、设区的市也可以设立一个或者若干个劳动争议仲裁委员会。劳动争议仲裁委员会不按行政区划层层设立。

第十八条 国务院劳动行政部门依照本法有关规定制定仲裁规则。省、自治区、直辖市人民政府劳动行政部门对本行政区域的劳动争议仲裁工作进行指导。

第十九条 劳动争议仲裁委员会由劳动行政部门代表、工会代表和企业方面代表组成。劳动争议仲裁委员会组成人员应当是单数。

劳动争议仲裁委员会依法履行下列职责：

（一）聘任、解聘专职或者兼职仲裁员；

（二）受理劳动争议案件；

（三）讨论重大或者疑难的劳动争议案件；

（四）对仲裁活动进行监督。

劳动争议仲裁委员会下设办事机构，负责办理劳动争议仲裁委员会的日常工作。

第二十条 劳动争议仲裁委员会应当设仲裁员名册。

仲裁员应当公道正派并符合下列条件之一：

（一）曾任审判员的；

（二）从事法律研究、教学工作并具有中级以上职称的；

（三）具有法律知识、从事人力资源管理或者工会等专业工作满五年的；

（四）律师执业满三年的。

第二十一条 劳动争议仲裁委员会负责管辖本区域内发生的劳动争议。

劳动争议由劳动合同履行地或者用人单位所在地的劳动争议仲裁委员会管辖。双方当事人分别向劳动合同履行地和用人单位所在地的劳动争议仲裁委员会申请仲裁的，由劳动合同履行地的劳动争议仲裁委员会管辖。

第二十二条 发生劳动争议的劳动者和用人单位为劳动争议仲裁案件的双方当事人。

劳务派遣单位或者用工单位与劳动者发生劳动争议的，劳务派遣单位和用工单位为共同当事人。

第二十三条 与劳动争议案件的处理结果有利害关系的第三人，可以申请参加仲裁活动或者由劳动争议仲裁委员会通知其参加仲裁活动。

第二十四条 当事人可以委托代理人参加仲裁活动。委托他人参加仲裁活动，应当向劳动争议仲裁委员会提交有委托人签名或者盖章的委托书，委托书应当载明委托事项和权限。

第二十五条 丧失或者部分丧失民事行为能力的劳动者，由其法定代理人代为参加仲裁活动；无法定代理人的，由劳动争议仲裁委员会为其指定代理人。劳动者死亡的，由其近亲属或者代理人参加仲裁活动。

第二十六条 劳动争议仲裁公开进行，但当事人协议不公开进行或者涉及国家秘密、商业秘密和个人隐私的除外。

第二节 申请和受理

第二十七条 劳动争议申请仲裁的时效期间为一年。仲裁时效期间从当事人知道或者应当知道其权利被侵害之日起计算。

前款规定的仲裁时效，因当事人一方向对方当事人主张权利，或者向有关部门请求权利救济，或者对方当事人同意履行义务而中断。从中断时起，仲裁时效期间重新计算。

因不可抗力或者有其他正当理由，当事人不能在本条第一款规定的仲裁时效期间申请仲裁的，仲裁时效中止。从中止时效的原因消除之日起，仲裁时效期间继续计算。

劳动关系存续期间因拖欠劳动报酬发生争议的，劳动者申请仲裁不受本条第一款规定的仲裁时效期间的限制；但是，劳动关系终止的，应当自劳动关系终止之日起一年内提出。

第二十八条 申请人申请仲裁应当提交书面仲裁申请，并按照被申请人人数提交副本。

仲裁申请书应当载明下列事项：

（一）劳动者的姓名、性别、年龄、职业、工作单位和住所，用人单位的名称、住所和法定代表人或者主要负责人的姓名、职务；

（二）仲裁请求和所根据的事实、理由；

（三）证据和证据来源、证人姓名和住所。

书写仲裁申请确有困难的，可以口头申请，由劳动争议仲裁委员会记入笔录，并告知对方当事人。

第二十九条 劳动争议仲裁委员会收到仲裁申请之日起五日内，认为符合受理条件的，应当受理，并通知申请人；认为不符合受理条件的，应当书面通知申请人不予受理，并说明理由。对劳动争议仲裁委员会不予受理或者逾期未作出决定的，申请人可以就该劳动争议事项向人民法院提起诉讼。

第三十条 劳动争议仲裁委员会受理仲裁申请后，应当在五日内将仲裁申请书副本送达被申请人。

被申请人收到仲裁申请书副本后，应当在十日内向劳动争议仲裁委员会提交答辩书。劳动争议仲裁委员会收到答辩书后，应当在五日内将答辩书副本送达申请人。被申请人未提交答辩书的，不影响仲裁程序的进行。

第三节 开庭和裁决

第三十一条 劳动争议仲裁委员会裁决劳动争议案件实行仲裁庭制。仲裁庭由三名仲裁员组成，设首席仲裁员。简单劳动争议案件可以由一名仲裁员独任仲裁。

第三十二条 劳动争议仲裁委员会应当在受理仲裁申请之日起五日内将仲裁庭的组成情况书面通知当事人。

第三十三条 仲裁员有下列情形之一，应当回避，当事人也有权以口头或者书面方式提出回避申请：

（一）是本案当事人或者当事人、代理人的近亲属的；

（二）与本案有利害关系的；

（三）与本案当事人、代理人有其他关系，可能影响公正裁决的；

（四）私自会见当事人、代理人，或者接受当事人、代理人的请客送礼的。

劳动争议仲裁委员会对回避申请应当及时作出决定，并以口头或者书面方式通知当事人。

第三十四条 仲裁员有本法第三十三条第四项规定情形，或者有索贿受贿、徇私舞弊、枉法裁决行为的，应当依法承担法律责任。劳动争议仲裁委员会应当将其解聘。

第三十五条 仲裁庭应当在开庭五日前，将开庭日期、地点书面通知双方当事人。当事人有正当理由的，可以在开庭三日前请求延期开庭。是否延期，由劳动争议仲裁委员会决定。

第三十六条 申请人收到书面通知，无正当理由拒不到庭或者未经仲裁庭同意中途退庭的，可以视为撤回仲裁申请。

被申请人收到书面通知，无正当理由拒不到庭或者未经仲裁庭同意中途退庭的，可以缺席裁决。

第三十七条 仲裁庭对专门性问题认为需要鉴定的，可以交由当事人约定的鉴定机构鉴定；当事人没有约定或者无法达成约定的，由仲裁庭指定的鉴定机构鉴定。

根据当事人的请求或者仲裁庭的要求，鉴定机构应当派鉴定人参加开庭。当事人经仲裁庭许可，可以向鉴定人提问。

第三十八条 当事人在仲裁过程中有权进行质证和辩论。质证和辩论终结时，首席仲裁员或者独任仲裁员应当征询当事人的最后意见。

第三十九条 当事人提供的证据经查证属实的，仲裁庭应当将其作为认定事实的根据。

劳动者无法提供由用人单位掌握管理的与仲裁请求有关的证据，仲裁庭可以要求用人单位在指定期限内提供。用人单位在指定期限内不提供的，应当承担不利后果。

第四十条 仲裁庭应当将开庭情况记入笔录。当事人和其他仲裁参加人认为对自己陈述的记录有遗漏或者差错的，有权申请补正。如果不予补正，应当记录该申请。

笔录由仲裁员、记录人员、当事人和其他仲裁参加人签名或者盖章。

第四十一条 当事人申请劳动争议仲裁后，可以自行和解。达成和解协议的，可以撤回仲裁申请。

第四十二条 仲裁庭在作出裁决前，应当先行调解。

调解达成协议的，仲裁庭应当制作调解书。

调解书应当写明仲裁请求和当事人协议的结果。调解书由仲裁员签名，加盖劳动争议仲裁委员会印章，送达双方当事人。调解书经双方当事人签收后，发生法律效力。

调解不成或者调解书送达前，一方当事人反悔的，仲裁庭应当及时作出裁决。

第四十三条 仲裁庭裁决劳动争议案件，应当自劳动争议仲裁委员会受理仲裁申请之日起四十五日内结束。案情复杂需要延期的，经劳动争议仲裁委员会主任批准，可以延期并书面通知当事人，但是延长期限不得超过十五日。逾期未作出仲裁裁决的，当事人可以就该劳动争议事项向人民法院提起诉讼。

仲裁庭裁决劳动争议案件时，其中一部分事实已经清楚，可以就该部分先行裁决。

第四十四条 仲裁庭对追索劳动报酬、工伤医疗费、经济补偿或者赔偿金的案件，根据当事人的申请，可以裁决先予执行，移送人民法院执行。

仲裁庭裁决先予执行的，应当符合下列条件：

（一）当事人之间权利义务关系明确；

（二）不先予执行将严重影响申请人的生活。

劳动者申请先予执行的，可以不提供担保。

第四十五条 裁决应当按照多数仲裁员的意见作出，少数仲裁员的不同意见应当记入笔录。仲裁庭不能形成多数意见时，裁决应当按照首席仲裁员的意见作出。

第四十六条 裁决书应当载明仲裁请求、争议事实、裁决理由、裁决结果和裁决日期。裁决书由仲裁员签名，加盖劳动争议仲裁委员会印章。对裁决持不同意见的仲裁员，可以签名，也可以不签名。

第四十七条 下列劳动争议，除本法另有规定的外，仲裁裁决为终局裁决，裁决书自作出之日起发生法律效力：

（一）追索劳动报酬、工伤医疗费、经济补偿或者赔偿金，不超过当地月最低工资标准十二个月金额的争议；

（二）因执行国家的劳动标准在工作时间、休息休假、社会保险等方面发生的争议。

第四十八条 劳动者对本法第四十七条规定的仲裁裁决不服的，可以自收到仲裁裁决书之日起十五日内向人民法院提起诉讼。

第四十九条 用人单位有证据证明本法第四十七条规定的仲裁裁决有下列情形之一，可以自收到仲裁裁决书之日起三十日内向劳动争议仲裁委员会所在地的中级人民法院申请撤销裁决：

（一）适用法律、法规确有错误的；

（二）劳动争议仲裁委员会无管辖权的；

（三）违反法定程序的；

（四）裁决所根据的证据是伪造的；

（五）对方当事人隐瞒了足以影响公正裁决的证据的；

（六）仲裁员在仲裁该案时有索贿受贿、徇私舞弊、枉法裁决行为的。

人民法院经组成合议庭审查核实裁决有前款规定情形之一的，应当裁定撤销。

仲裁裁决被人民法院裁定撤销的，当事人可以自收到裁定书之日起十五日内就该劳动争议事项向人民法院提起诉讼。

第五十条 当事人对本法第四十七条规定以外的其他劳动争议案件的

仲裁裁决不服的，可以自收到仲裁裁决书之日起十五日内向人民法院提起诉讼；期满不起诉的，裁决书发生法律效力。

第五十一条 当事人对发生法律效力的调解书、裁决书，应当依照规定的期限履行。一方当事人逾期不履行的，另一方当事人可以依照民事诉讼法的有关规定向人民法院申请执行。受理申请的人民法院应当依法执行。

第四章 附 则

第五十二条 事业单位实行聘用制的工作人员与本单位发生劳动争议的，依照本法执行；法律、行政法规或者国务院另有规定的，依照其规定。

第五十三条 劳动争议仲裁不收费。劳动争议仲裁委员会的经费由财政予以保障。

第五十四条 本法自2008年5月1日起施行。

人事争议处理规定

第一章 总 则

第一条 为公正及时地处理人事争议，保护当事人的合法权益，根据《中华人民共和国公务员法》、《中国人民解放军文职人员条例》等有关法律法规，制定本规定。

第二条 本规定适用于下列人事争议：

（一）实施公务员法的机关与聘任制公务员之间、参照《中华人民共和国公务员法》管理的机关（单位）与聘任工作人员之间因履行聘任合同发生的争议。

（二）事业单位与工作人员之间因解除人事关系、履行聘用合同发生的争议。

（三）社团组织与工作人员之间因解除人事关系、履行聘用合同发生的争议。

（四）军队聘用单位与文职人员之间因履行聘用合同发生的争议。

（五）依照法律、法规规定可以仲裁的其他人事争议。

第三条 人事争议发生后，当事人可以协商解决；不愿协商或者协商不成的，可以向主管部门申请调解，其中军队聘用单位与文职人员的人事争议，可以向聘用单位的上一级单位申请调解；不愿调解或调解不成的，可以向人事争议仲裁委员会申请仲裁。当事人也可以直接向人事争议仲裁委员会申请仲裁。当事人对仲裁裁决不服的，可以向人民法院提起诉讼。

第四条 当事人在人事争议处理中的地位平等，适用法律、法规平等。

当事人有使用本民族语言文字申请仲裁的权利。人事争议仲裁委员会对于不熟悉当地通用语言文字的当事人，应当为他们翻译。

第五条 处理人事争议，应当注重调解，遵循合法、公正、及时的原则，以事实为依据，以法律为准绳。

第二章 组织机构

第六条 中央机关及所属事业单位人事争议仲裁委员会设在人事部。

省（自治区、直辖市）、副省级市、地（市、州、盟）、县（市、区、旗）设立人事争议仲裁委员会。

人事争议仲裁委员会独立办案，相互之间无隶属关系。

第七条 人事争议仲裁委员会由公务员主管部门代表、聘任（用）单位代表、工会组织代表、受聘人员代表以及人事、法律专家组成。人事争议仲裁委员会组成人员应当是单数，设主任一名、副主任二至四名、委员若干名。

同级人民政府分管人事工作的负责人或者政府人事行政部门的主要负责人任人事争议仲裁委员会主任。

第八条 人事争议仲裁委员会实行少数服从多数原则，不同意见应如实记录。

第九条 人事争议仲裁委员会的职责是：

（一）负责处理管辖范围内的人事争议。

（二）决定仲裁员的聘任和解聘。

（三）法律、法规规定由人事争议仲裁委员会承担的其他职责。

第十条 人事争议仲裁委员会下设办事机构，其职责是：负责人事争议案件的受理、仲裁文书送达、档案管理以及仲裁员的考核、培训等日常工作，办理人事争议仲裁委员会授权的其他事宜。办事机构设在同级人民政府人事部门。

第十一条 人事争议仲裁委员会处理人事争议案件实行仲裁庭制度，仲裁庭是人事争议仲裁委员会处理人事争议案件的基本形式。仲裁庭一般由三名仲裁员组成。人事争议仲裁委员会指定一名仲裁员担任首席仲裁员，主持仲裁庭工作；另两名仲裁员可由双方当事人各选定一名，也可由人事争议仲裁委员会指定。简单的人事争议案件，经双方当事人同意，人事争议仲裁委员会可以指定一名仲裁员独任处理。

第十二条 人事争议仲裁委员会可以聘任有关部门的工作人员、专家学者和律师为专职或兼职仲裁员。仲裁员的职责是：受人事争议仲裁委员会的委托或当事人的选择，负责人事争议案件的具体处理工作。

兼职仲裁员与专职仲裁员在仲裁活动中享有同等权利。

兼职仲裁员进行仲裁活动时，所在单位应当给予支持。

第三章 管 辖

第十三条 中央机关、直属机构、直属事业单位及其在京所属事业单位的人事争议由中央机关及所属事业单位人事争议仲裁委员会处理。

中央机关在京外垂直管理机构以及中央机关、直属机构、直属事业单位在京外所属事业单位的人事争议，由所在地的省（自治区、直辖市）设立的人事争议仲裁委员会处理，也可由省（自治区、直辖市）根据情况授权所在地的人事争议仲裁委员会处理。

第十四条 省（自治区、直辖市）、副省级市、地（市、州、盟）、县（市、区、旗）人事争议仲裁委员会的管辖范围，由省（自治区、直辖市）确定。

第十五条 军队聘用单位与文职人员的人事争议，一般由聘用单位所在地的县（市、区、旗）人事争议仲裁委员会处理，其中师级聘用单位与文职人员的人事争议，由所在地的地（市、州、盟）、副省级市人事争议仲裁委员会处理，军级以上聘用单位与文职人员的人事争议由所在地的省（自治区、直辖市）人事争议仲裁委员会处理。驻京部队聘用单位与文职人员的人事争议，由中央机关及所属事业单位人事争议仲裁委员会处理。

第四章 仲 裁

第十六条 当事人从知道或应当知道其权利受到侵害之日起六十日内，以书面形式向有管辖权的人事争议仲裁委员会申请仲裁。

当事人因不可抗力或者有其他正当理由超过申请仲裁时效，经人事争议仲裁委员会调查确认的，人事争议仲裁委员会应当受理。

第十七条 当事人向人事争议仲裁委员会申请仲裁，应当提交仲裁申请书，并按被申请人人数递交副本。

仲裁申请书应当载明下列事项：

（一）申请人和被申请人姓名、性别、年龄、职业及职务、工作单位、住所和联系方式。申请人或被申请人是单位的，应写明单位的名称、住所、法定代表人或者主要负责人的姓名、职务和联系方式。

（二）仲裁请求和所依据的事实、理由。

（三）证据和证据来源、证人姓名和住所。

发生人事争议的一方在五人以上，并且有共同的仲裁请求和理由的，可以推举一至两名代表参加仲裁活动。代表人放弃、变更仲裁请求或者承认对方的仲裁请求，进行和解，必须经过被代表的当事人同意。

第十八条 人事争议仲裁委员会在收到仲裁申请书之日起十个工作日内，认为不符合受理条件的，应当书面通知申请人不予受理，并说明理由；认为符合受理条件的，应当受理，将受理通知书送达申请人，将仲裁申请书副本送达被申请人。

第十九条 被申请人应当在收到仲裁申请书副本之日起十个工作日内提交答辩书。被申请人没有按时提交或者不提交答辩书的，不影响仲裁的进行。

第二十条 仲裁应当公开开庭进行，涉及国家、军队秘密和个人隐私的除外。涉及商业秘密，当事人申请不公开开庭的，可以不公开开庭。当事人协议不开庭的，仲裁庭可以书面仲裁。

第二十一条 人事争议仲裁委员会应当在开庭审理人事争议案件五个工作日前，将开庭时间、地点、仲裁庭组成人员等书面通知当事人。申请人经书面通知无正当理由不到庭，或者到庭后未经仲裁庭许可中途退庭的，视为撤回仲裁申请。被申请人经书面通知无正当理由不到庭，或者未经仲裁庭许可中途退庭的，可以缺席裁决。

当事人有正当理由的，在开庭前可以申请延期开庭，是否延期由仲裁庭决定。

第二十二条 仲裁庭处理人事争议应注重调解。自受理案件到作出裁决前，都要积极促使当事人双方自愿达成调解协议。

当事人经调解自愿达成书面协议的，仲裁庭应当根据调解协议的内容制作仲裁调解书。协议内容不得违反法律法规，不得侵犯社会公共利益和他人的合法权益。

调解书由仲裁庭成员署名，加盖人事争议仲裁委员会印章。调解书送达后，即发生法律效力。

当庭调解未达成协议或者仲裁调解书送达前当事人反悔的，仲裁庭应当及时进行仲裁裁决。

第二十三条 当事人应当对自己的主张提供证据。仲裁庭认为有关证据由用人单位提供更方便的，应要求用人单位提供。

用人单位作出解除人事关系和不同意工作人员要求辞职或终止聘任（用）合同引发的人事争议，由用人单位负责举证。

仲裁庭认为需要调查取证的，可以自行取证。

第二十四条 人事争议仲裁委员会在处理人事争议时，有权向有关单位查阅与案件有关的档案、资料和其他证明材料，并有权向知情人调查，有关单位和个人不得拒绝并应当如实提供相关材料。人事争议仲裁委员会及其工作人员对调查人事争议案件中涉及的国家秘密、军队秘密、商业秘密和个人隐私应当保密。

第二十五条 当事人的举证材料应在仲裁庭上出示，并进行质证。只有经过质证认定的事实和证据，才能作为仲裁裁决的依据。

第二十六条 当事人在仲裁过程中有权进行辩论。辩论终结时，仲裁庭应当征询当事人的最后意见。

第二十七条 仲裁庭应当将开庭情况记入笔录。当事人和其他仲裁参与人认为对自己陈述的记录有遗漏或者差错的，有权申请补正。如果不予补正，应当记录该申请，并注明不予补正的原因。

笔录由仲裁员、书记员、当事人和其他仲裁参与人署名或者盖章。

第二十八条 仲裁裁决应当按照多数仲裁员的意见作出，少数仲裁员的不同意见应当记入笔录。

仲裁庭对重大、疑难以及仲裁庭不能形成多数处理意见案件的处理，应当提交人事争议仲裁委员会讨论决定；人事争议仲裁委员会作出的决定，仲裁庭必须执行。

仲裁庭应当在裁决作出后五个工作日内制作裁决书。裁决书由仲裁庭成员署名并加盖人事争议仲裁委员会印章。

第二十九条 仲裁庭处理人事争议案件，一般应当在受理案件之日起九十日内结案。需要延期的，经人事争议仲裁委员会批准，可以适当延期，但是延长的期限不得超过三十日。

第三十条 当事人、法定代理人可以委托一至二名律师或其他代理人进行仲裁活动。委托律师和其他代理人进行仲裁活动，应当向人事争议仲裁委员会提交有委托人签名或盖章的委托书。委托书应当明确委托事项和权限。

第三十一条 有下列情形之一的，仲裁员应当自行申请回避，当事人和代理人有权以口头或书面方式申请其回避：

（一）是案件的当事人、代理人或者当事人、代理人的近亲属。

（二）与案件有利害关系。

（三）与案件当事人、代理人有其他关系，可能影响公正仲裁的。

前款规定适用于书记员、鉴定人员、勘验人员和翻译人员。

第三十二条 当事人对仲裁裁决不服的，可以按照《中华人民共和国公务员法》、《中国人民解放军文职人员条例》以及最高人民法院相关司法解释的规定，自收到裁决书之日起十五日内向人民法院提起诉讼；逾期不起诉的，裁决书即发生法律效力。

第三十三条 对发生法律效力的调解书或者裁决书，当事人必须履行。一方当事人逾期不履行的，另一方当事人可以依照国家有关法律法规和最高人民法院相关司法解释的规定申请人民法院执行。

第五章 罚 则

第三十四条 当事人及有关人员在仲裁过程中有下列行为之一的，人事争议仲裁委员会应当予以批评教育、责令改正；触犯法律的，提请司法机关依法追究法律责任：

（一）干扰仲裁活动，阻碍仲裁工作人员工作的。

（二）拒绝提供有关文件、资料和其他证明材料的。

（三）提供虚假情况的。

（四）对仲裁工作人员、仲裁参与人、证人进行打击报复的。

（五）其他应予以批评教育、责令改正或应依法追究法律责任的行为。

第三十五条 仲裁工作人员在仲裁活动中有徇私舞弊、收受贿赂、敲诈勒索、滥用职权等侵犯当事人合法权益行为的，由所在单位或上级机关给予处分；是仲裁员的，由人事争议仲裁委员会予以解聘；触犯法律的，提请司法机关依法追究法律责任。

第六章 附 则

第三十六条 因考核、职务任免、职称评审等发生的人事争议，按照有关规定处理。

第三十七条 本规定由中共中央组织部、人事部、中国人民解放军总政治部负责解释，省、自治区、直辖市可根据本规定制定实施办法。

第三十八条 本规定自2007年10月1日起施行，1997年人事部发布的《人事争议处理暂行规定》（人发〔1997〕71号）同时废止。

学校教职工代表大会规定

第一章　总　则

第一条　为依法保障教职工参与学校民主管理和监督，完善现代学校制度，促进学校依法治校，依据教育法、教师法、工会法等法律，制定本规定。

第二条　本规定适用于中国境内公办的幼儿园和各级各类学校（以下统称学校）。

民办学校、中外合作办学机构参照本规定执行。

第三条　学校教职工代表大会（以下简称教职工代表大会）是教职工依法参与学校民主管理和监督的基本形式。

学校应当建立和完善教职工代表大会制度。

第四条　教职工代表大会应当高举中国特色社会主义伟大旗帜，以马克思列宁主义、毛泽东思想、邓小平理论和“三个代表”重要思想为指导，深入贯彻落实科学发展观，全面贯彻执行党的基本路线和教育方针，认真参与学校民主管理和监督。

第五条　教职工代表大会和教职工代表大会代表应当遵守国家法律法规，遵守学校规章制度，正确处理国家、学校、集体和教职工的利益关系。

第六条　教职工代表大会在中国共产党学校基层组织的领导下开展工作。教职工代表大会的组织原则是民主集中制。

第二章　职　权

第七条　教职工代表大会的职权是：

（一）听取学校章程草案的制定和修订情况报告，提出修改意见和建议；

（二）听取学校发展规划、教职工队伍建设、教育教学改革、校园建设以及其他重大改革和重大问题解决方案的报告，提出意见和建议；

（三）听取学校年度工作、财务工作、工会工作报告以及其他专项工作报告，提出意见和建议；

（四）讨论通过学校提出的与教职工利益直接相关的福利、校内分配实施方案以及相应的教职工聘任、考核、奖惩办法；

（五）审议学校上一届（次）教职工代表大会提案的办理情况报告；

（六）按照有关工作规定和安排评议学校领导干部；

（七）通过多种方式对学校工作提出意见和建议，监督学校章程、规章制度和决策的落实，提出整改意见和建议；

（八）讨论法律法规规章规定的以及学校与学校工会商定的其他事项。

教职工代表大会的意见和建议，以会议决议的方式做出。

第八条 学校应当建立健全沟通机制，全面听取教职工代表大会提出的意见和建议，并合理吸收采纳；不能吸收采纳的，应当做出说明。

第三章 教职工代表大会代表

第九条 凡与学校签订聘任聘用合同、具有聘任聘用关系的教职工，均可当选为教职工代表大会代表。

教职工代表大会代表占全体教职工的比例，由地方省级教育等部门确定；地方省级教育等部门没有确定的，由学校自主确定。

第十条 教职工代表大会代表以学院、系（所、年级）、室（组）等为单位，由教职工直接选举产生。

教职工代表大会代表可以按照选举单位组成代表团（组），并推选出团（组）长。

第十一条 教职工代表大会代表以教师为主体，教师代表不得低于代表总数的60%，并应当根据学校实际，保证一定比例的青年教师和女教师代表。民族地区的学校和民族学校，少数民族代表应当占有一定比例。

教职工代表大会代表接受选举单位教职工的监督。

第十二条 教职工代表大会代表实行任期制，任期3年或5年，可以连选连任。

选举、更换和撤换教职工代表大会代表的程序，由学校根据相关规定，并结合本校实际予以明确规定。

第十三条 教职工代表大会代表享有以下权利：

（一）在教职工代表大会上享有选举权、被选举权和表决权；

（二）在教职工代表大会上充分发表意见和建议；

（三）提出提案并对提案办理情况进行询问和监督；

（四）就学校工作向学校领导和学校有关机构反映教职工的意见和要求；

（五）因履行职责受到压制、阻挠或者打击报复时，向有关部门提出申诉和控告。

第十四条 教职工代表大会代表应当履行以下义务：

（一）努力学习并认真执行党的路线方针政策、国家的法律法规、党和国家关于教育改革发展的方针政策，不断提高思想政治素质和参与民主管理的能力；

（二）积极参加教职工代表大会的活动，认真宣传、贯彻教职工代表大会决议，完成教职工代表大会交给的任务；

（三）办事公正，为人正派，密切联系教职工群众，如实反映群众的意见和要求；

（四）及时向本部门教职工通报参加教职工代表大会活动和履行职责的情况，接受评议监督；

（五）自觉遵守学校的规章制度和职业道德，提高业务水平，做好本职工作。

第四章 组织规则

第十五条 有教职工 80 人以上的学校，应当建立教职工代表大会制度；不足 80 人的学校，建立由全体教职工直接参加的教职工大会制度。

学校根据实际情况，可在其内部单位建立教职工代表大会制度或者教职工大会制度，在该范围内行使相应的职权。

教职工大会制度的性质、领导关系、组织制度、运行规则等，与教职工代表大会制度相同。

第十六条 学校应当遵守教职工代表大会的组织规则，定期召开教职工代表大会，支持教职工代表大会的活动。

第十七条 教职工代表大会每学年至少召开一次。

遇有重大事项，经学校、学校工会或1/3以上教职工代表大会代表提议，可以临时召开教职工代表大会。

第十八条 教职工代表大会每3年或5年为一届。期满应当进行换届选举。

第十九条 教职工代表大会须有2/3以上教职工代表大会代表出席。

教职工代表大会根据需要可以邀请离退休教职工等非教职工代表大会代表，作为特邀或列席代表参加会议。特邀或列席代表在教职工代表大会上不具有选举权、被选举权和表决权。

第二十条 教职工代表大会的议题，应当根据学校的中心工作、教职工的普遍要求，由学校工会提交学校研究确定，并提请教职工代表大会表决通过。

第二十一条 教职工代表大会的选举和表决，须经教职工代表大会代表总数半数以上通过方为有效。

第二十二条 教职工代表大会在教职工代表大会代表中推选人员，组成主席团主持会议。

主席团应当由学校各方面人员组成，其中包括学校、学校工会主要领导，教师代表应占多数。

第二十三条 教职工代表大会可根据实际情况和需要设立若干专门委员会（工作小组），完成教职工代表大会交办的有关任务。专门委员会（工作小组）对教职工代表大会负责。

第二十四条 教职工代表大会根据实际情况和需要，可以在教职工代表大会代表中选举产生执行委员会。执行委员会中，教师代表应占多数。

教职工代表大会闭会期间，遇有急需解决的重要问题，可由执行委员会联系有关专门委员会（工作小组）与学校有关机构协商处理。其结果向下一次教职工代表大会报告。

第五章 工作机构

第二十五条 学校工会为教职工代表大会的工作机构。

第二十六条 学校工会承担以下与教职工代表大会相关的工作职责：

（一）做好教职工代表大会的筹备工作和会务工作，组织选举教职工代表大会代表，征集和整理提案，提出会议议题、方案和主席团建议人选；

（二）教职工代表大会闭会期间，组织传达贯彻教职工代表大会精神，督促检查教职工代表大会决议的落实，组织各代表团（组）及专门委员会（工作小组）的活动，主持召开教职工代表团（组）长、专门委员会（工作小组）负责人联席会议；

（三）组织教职工代表大会代表的培训，接受和处理教职工代表大会代表的建议和申诉；

（四）就学校民主管理工作向学校党组织汇报，与学校沟通；

（五）完成教职工代表大会委托的其他任务。

选举产生执行委员会的学校，其执行委员会根据教职工代表大会的授权，可承担前款有关职责。

第二十七条 学校应当为学校工会承担教职工代表大会工作机构的职责提供必要的工作条件和经费保障。

第六章 附 则

第二十八条 学校可以在其下属单位建立教职工代表大会制度，在该单位范围内实行民主管理和监督。

第二十九条 省、自治区、直辖市人民政府教育行政部门，可以与本地区有关组织联合制定本行政区域内学校教职工代表大会的相关规定。

有关学校根据本规定和所在地区的相关规定，可以制定相应的教职工代表大会或者教职工大会的实施办法。

第三十条 本规定自 2012 年 1 月 1 日起施行。1985 年 1 月 28 日教育部、原中国教育工会印发的《高等学校教职工代表大会暂行条例》同时废止。

后　记

本书系北京市教育委员会社科计划面上课题《聘任制下三级联动的高校教职工权益保障体系研究》研究成果，其中收录了部分高校实际工作的相关成果。希望本书出版能对高校更好地开展相关工作起到一定的启发和参考作用。

编著工作由赵凤琴同志主持并审定书稿。本书的第一章由解进强同志执笔，第二章由余立同志执笔，第三章由冯爱玲、许春燕、赵凤琴同志执笔，第四章由余立同志执笔，第五章由朱静同志执笔，第六章和附录由韩莹莹统稿，赵凤琴、冯世勇、王玲、李越苹、董静、靳万民、陈太栋、郭冠伟、张英、杨文锋、解进强编写。朱静、韩莹莹、余立同志做了部分编辑工作。

本书在编著过程中，得到了北京市教委、北京市总工会、北京市教育工会有关专家学者以及北京物资学院科研处、工会工作人员的大力支持。北京市教委副主任何劲松、北京市总工会副主席张青山、北京市教育工会主席史利国等同志为本书编辑出版给予了具体关心指导，提出了宝贵的意见。在此向本书的作者和所有支持本书出版的同志们致以衷心的感谢。

由于编者水平有限，本书难免有疏漏之处，敬请专家和读者批评指正。

编　者

2012 年 10 月